서정시학 신서 9

# 한국 근대시의 북방의식

곽효환(郭孝桓)

1967년 전북 전주에서 나서 서울에서 자랐다. 건국대학교 국문과를 졸업하였고 고려대학교 대학원 국어국문학과에서 박사과정을 마쳤다. 1996년 『세계일보』에 「벽화 속의 고양이 3」과 2002년 『시평』에 「수락산」 외 5편을 발표하였고, 현재 대산문화재단 사무국장으로 재직하고 있으며 서울국제문학포럼, 동아시아문학포럼 등 크고 작은 문학관련 행사 기획에 참여하고 있다. 시창작과 연구를 하며 고려대, 경기대, 명지전문대 등에 출강과 『문학나무』, 『우리문화』 편집위원으로 활동하고 있다. 시집으로 『인디오 여인』(2006)이 있으며 여러 권의 공동시집, 공저, 편저와 논문 등이 있다.

서정시학 신서 9
한국 근대시의 북방의식

2008년 7월 28일 초판 1쇄 발행
2009년 2월 20일 재판 1쇄 발행

지은이 | 곽효환
펴낸이 | 김구슬
펴낸곳 | 서정시학

주 소 | 서울시 성북구 동선동 1가 48 백옥빌딩 6층
전 화 | 02-928-7016
팩 스 | 02-922-7017
이메일 | poemq@dreamwiz.com
출판등록 | 209-07-99337

ISBN 978-89-92362-38-2   93810

값 19,000원
잘못된 책을 바꾸어 드립니다.

서정시학 신서 9

# 한국 근대시의 북방의식

곽효환 지음

서정시학

‖ 책 머리에 ‖

 우리에게 큰 울림을 주는 말 가운데 하나가 '北方'이 아닐까 싶다. 북방은 우리 민족의 역사가 시작된 시원지이다. 또 우리 역사상 가장 광활한 지역을 지배한 전성기를 구가한 고구려와 발해의 영화로운 기억이 어린 공간으로 인식되고 있다. 북방정서 또한 이러한 고대사에 바탕한 남성적이고 장대한 기개와 자유분방하면서도 강직한 기질로 이해된다. 하지만 북방이란 어떤 공간이고 우리 민족의 삶과는 구체적으로 어떤 관계였는가를 물으면 명쾌한 답을 내기가 쉽지 않다. 더 나아가 시대와 민족의 삶의 결정이자 거울과 같은 존재인 문학, 특히 삶과 의식의 첨단에서 이를 감지하고 반영하는 시에 나타난 북방과 북방의식을 정의하려면 더욱 곤궁해지는 것이 현실이다.
 영화로웠던 옛 기억으로부터 발원하는 북방은 오랜 세월 동안 여러 부족들이 화해롭게 때론 부딪치며 함께 살아온 공간이었다. 근대로 접어드는 과정에서는 트라우마와 피폐한 삶이 담긴 불행한 역사와 비극의 현장이었다. 따라서 고대사에서부터 오늘에 이르기까지 북방은 다양한 모습으로 비추어지고 중층적이면서도 다의적인 의미를 가지고 있다고 할 수 있다. 여기에 남과 북의 경계를 가르고 소통을 가로막은 분단은 북방을 우리의 문학공간으로부터 유리시켰다. 문학적 상상력 또한 한반도 내 군사분계선 이남으로 한정시킴으로써 이 공간을 한층 낯설고 아련한 저편의 공간으로 돌려놓았다.
 이 책은 이 같은 문제의식에서 출발하였다. 여기에 중국의 동북공

정이 사회적인 문제로 크게 부각된 시대적인 상황과 북방에 대한 면밀한 선행연구와 인식이 많지 않았다는 점도 한몫했다. 개인적으로 북방에 보다 본격적인 관심을 갖게 된 것은 뒤늦게 다시 시작한 공부 과정에서 '시름 가득한 북방정조의 시인 李庸岳'을 만나면서부터였다. 이는 「이용악의 북방시편과 북방의식」이라는 작은 연구결과로, 몇 차례의 북방 답사로 이어졌고 마침내 1920~40년대의 북방시편이 다루고 있는 북방과 북방의식을 연구, 분석하는 데까지 이르렀다.

북방시편, 즉 대륙과 접하고 있는 압록강, 두만강을 중심으로 한 함경도, 평안도 지역과 간도를 포함한 한반도 북쪽과 고토였던 만주 대륙 일원의 북방공간을 무대로 삶과 정서를 담은 이른바 북방시편이라 할 수 있는 작품들을 남긴 시인들로는 金東煥, 白石, 이용악, 이찬, 오장환, 유치환, 박팔양, 이육사, 서정주, 조영출 등을 꼽을 수 있다.

이 책에서는 북방이 고향이면서 북방정서나 의식이 가장 도드라지게 부각된 작품들을 남긴 김동환, 백석, 이용악을 대상으로 삼았다. 김동환의 활동시기는 1920년대 중반부터이고, 백석과 이용악은 한국 근대시의 전성기라 할 수 있는 1930년대 후반부터로 이 시기에 가장 괄목할만한 작품들을 남겼다. 이들의 문학적 출발과 문학의 길은 다소 차이가 있지만 '북방'이라는 범주에서 볼 때 북방이라는 공간과 그곳의 독특한 삶과 풍속과 의식을 끌어와 개성적인 시선과 기법으로 시에 담아냈다는 공통점이 있다. 이들은 한국문학의 영역을 확장하고 풍요롭게 한 의미를 갖고 있다.

　김동환과 이용악은 각각 1920년대와 1930년대 이후의 시대상을 반영한 북방을 핍진하게 담고 있다. 백석은 자신의 기억 속에 남아 있는 북방을 始原의 공간으로 재구하면서 다양한 방식으로 복원하고자 하였다. 또한 백석과 이용악은 1930년대를 지나 1940년에 이르러서도 북방이라는 공간을 지속적으로 천착하며 암울하고 절망적인 시대상황에 나름대로 응전하였다. 공간적으로는 김동환과 이용악이 담은 북방이 함경도와 두만강을 중심으로 한 북관과 그 이북지역을 중심으로 하고 있다면, 백석의 북방은 평북을 중심으로 한 관서지역을 담고 있고 후반기에 들어서는 만주지역으로 확대되고 있다. 이들이 남긴 북방시편들은 근대 한국문학에는 전에 없었고 분단과 함께 사라진 북방의 삶과 정서, 풍속과 풍물들을 생생히 담고 있다. 이들의 시편들은 독특한 문학적 보고인 동시에 크고 강렬한 울림과 여운으로 우리 근대 시사에 커다란 문학적 성취라고 할 수 있다. 한편으로 북방이 고향인 이들은 해방과 분단을 거치면서 납북(김동환), 선택(이용악) 혹은 남음(백석)으로써 재북 또는 월북시인이 되어 오랫동안 한국문학사에서 빛을 보지 못하는 불운을 겪기도 하였다. 이러한 면에서 볼 때 이들 3인의 북방시편들을 고찰하는 것은 북방이라는 문학공간이 처음 등장한 1920년대에서부터 1930년대 그리고 해방 전까지의 북방공간과 그곳에서의 삶과 정서와 의식을 총체적으로 조명하고 그에 값하는 자리매김하는 데 크게 부족하지 않을 것이라고 믿는다.

앞서 언급하였듯이 우리 근대문학의 북방에 대한 정의나 선행연구를 찾는 것은 쉽지 않다. 따라서 이들 세 시인을 통해 북방시편의 특성과 의식, 그리고 시사적 의미 등을 살핀 이 책이 한국 근대시의 북방전체를 포괄하고 규명할 수 있다고 단언하기는 어렵다. 그러나 한국 근대시에 있어서의 북방과 북방의식을 규명하고 여기에 덧붙여 북방시편의 시어와 미학적 특성을 규명하고자 한 이 글의 시도가 1차적으로는 근대 북방시편이 보여준 공간과 의식에 대한 이해를 돕고 나아가 근대시사 연구의 영역과 외연을 넓힘으로써 보다 깊이 있고 다양한 후속 연구들을 불러오는 역할을 할 수 있을 것으로 기대한다. 또한 분단과 함께 단절되고 잊혀지고 사라진 북방공간을 복원함으로써 온전한 문학사의 회복을 모색할 수 있다는 점과 한반도 전체와 고토인 북방 일원을 조망하는 상상력의 온전한 회복이라는 점에서 의의를 가질 수 있을 것으로 생각한다.

　이 책이 나오기까지는 주위의 많은 분들께 힘입은 바 크다. 늘 깨어 있도록 끊임없이 독려하고 자극해 주신 최동호 선생님과 세심한 지도와 조언을 아끼지 않으신 유종호, 김인환, 조남현, 고형진 선생님께 머리 숙여 감사드린다. 그리고 늘 든든한 힘이 되어주고 힘이 부칠 때마다 새로운 에너지의 원천이 되어준 가족들에게도 고마움을 전한다.

2008년 7월 저자

‖ 차 례 ‖

Ⅰ. 서 론

  1. 북방공간과 한국 근대시 / 14
  2. 선행연구 검토와 문제제기 / 22
  3. 북방과 북방시편을 바라보는 관점과 방향 / 42


Ⅱ. 장엄한 북방서사로의 문학공간 확장

  1. 1920년대 근대문학과 김동환 / 50
    1) 1920년대 시단과 김동환
    2) 김동환의 시세계와 북방, 북방시

  2. 거대 북방서사에서 서정, 민요시로 / 63
    1) 북방시의 두 초상, 「赤星을 손까락질 하며」와 「北靑물장사」
    2) 거대한 북방의 서사시 「國境의 밤」
    3) 북방서사의 축소, 이데올로기의 부상
    4) 민요시와 단시에 남은 북방의식

  3. 북관의 투박하고 억센 어조에서 시적 자기발견과
     동일성 성취로 / 117

## Ⅲ. 평화로운 기억 속 이상공간을 찾는 고투

1. 1930년대 후반 시단과 백석 / 126
   1) 1930년대 모더니즘과 백석
   2) 백석의 시세계와 북방, 북방시

2. 이상공간을 찾는 상실공간에서의 고투 / 139
   1) 폐허의 인식, 시원의 이상공간회복을 향한 북방
   2) 북방을 찾아나선 여행
   3) 시원의 북방 상실, 그리고 유랑과 체념

3. 상실과 절망을 담은 내면지향의 목소리 / 179


## Ⅳ. 침통한 북방정조에 담은 시대와 민족의 비극

1. 1930년대 시단의 변화와 이용악 / 188
   1) 1930년대 후반 모더니즘의 새로운 모색과 이용악
   2) 이용악의 시세계와 북방, 북방시

2. 시름 가득한 북방서정에 실은 비극의 서사 / 199

1) 가난과 불모의 고향, 북쪽
　　　2) 슬픈 가족사에서 비극의 민족사로
　　　3) 해방과 귀향, 끝나지 않은 비극

　　3. 절제된 목소리에 실은 서정과 서사의 울림 / 237


Ⅴ. 근대 북방시편의 성과와 의의

　　1. 북방시편에 투영된 북방의식의 공통점과 의미 / 246
　　2. 북방을 바라보는 시점과 기법의 차이 / 250


Ⅵ. 결 론 / 256

　참고문헌 / 267

# I. 서 론

1. 북방공간과 한국 근대시
2. 선행연구 검토와 문제제기
3. 북방과 북방시편을 바라보는 관점과 방향

## 1. 북방공간과 한국 근대시

　한국 근대문학, 특히 근·현대시에 '北方'이란 어떤 공간이고 어떻게 그려지고 있는가. 북방공간을 다루고 있는 문학작품에 담긴 북방의식이란 무엇인가. 그리고 북방을 그리고 있는 이른바 북방시편들이 갖는 시어와 기법의 특징은 무엇인가. 이것을 고찰해 보고 1920~40년대 한국 근대시에 나타난 북방이란 무엇인가를 규명해보고자 하는 것이 본 글의 목적이다.
　분단 이후 60여 년이 넘는 세월이 흐른 시점에서 이 질문은 낯설기도 하고 늦은 감이 있기도 하지만 한편으로는 명쾌한 정의를 내리기가 쉽지 않다. 오랜 분단은 남과 북의 경계를 가르고 소통을 막았을 뿐만 아니라 문학적 상상력의 공간을 한반도의 군사분계선 이남으로 한정시키는 결과를 가져왔으며 자연스럽게 반도의 북쪽과 그 너머의 공간을 아련한 기억의 저편으로 돌려놓았다. 사실 북방이라는 공간이 명확히 어디를 가리키는지에 대한 논의나 합의가 아직까지 분명치 않고 북방의 정서나 의식에 대한 합의된 정의 또한 찾기 어렵다. 다만 그간의 통념이나 논의들을 종합해 보면 대체로 다음과 같이 정리할 수 있다. 북방은 우리민족 최초의 국가인 고조선이 시작된 시원지로 그 영역이 절정기에 서쪽으로는 중국 전국시대의 연나라와 접한 '요수(지금의 난하)와 갈석산'[1]에 이르고 동북쪽으로는 흑룡강 밖에까지[2] 미쳤다. 이는 지금 중국의 요녕성, 길림성, 흑룡강성 등 동북 3성과 하북성 동북부 지역의 일부를 포괄하는 것이다. 또한 한반도 북쪽과 대륙의 북서쪽으로는 랴오허강(遼河), 북동쪽으로는 만주지방의 대부분을 차지하여 한국 역사상 최대의 大帝國을 이룬 고구려와 이를 이어받은 발해를 우리 역사가 계승하고 있으며 따라서 이 광활한 지역은 우리의 옛 땅이라는 것이다. 즉, 이 지역은 우리 민족의 역사가 시작되었고 꿈과 영화로운 기억이 깃든 시원의 공간이며 오랫동안 북방의 여러 부족들과 때로는 부딪치고 때로는 화해롭게 삶의 터전을 일구며 공존해온 역사의 무대이자 생활의 공간이다. 그리고 근대에 들어서는 고통스러운 역사와 함께 신산한 삶을 일궈온 애환과 정서가 살아 숨쉬는 터로 우리와 결코 유리되어 있지 않은 일부라 할 수 있다. 이러한 북방공간은 명확히 정의하기 어렵지만 4세기 후반 고구려 광개토대왕(375~413)과 장수왕(394~491) 때 이룬 남쪽 대동강 유역으로부터 평안도 함경도를 포함한 한반도 북쪽과 그 북쪽의 드넓은 평원, 즉 북쪽 '黑龍江 중하류 일대, 우수리강 중하류 유역, 松花江 중하류 지방의 사방 '5천리'에 달하는 광대한 지역'[3]을 가리키는 것이라고 할 수 있다.

---

1) 윤내현, 「고조선의 위치와 강역」, 『한국고대사신론』, 일지사, 1986, p. 47.
2) 윤내현, 『한국고대사』, 삼광출판사, 1989, p. 70.
3) 방학봉·장월령, 『고구려 발해 유적 소개』, 중국 길림성 내부자료, 1995., 윤영천, 「유이민의 비극적 삶을 직핍한 북방시편들의 울림」, 『대산문화』 2003년 가을호, p. 35. 재인용.

I. 서론 15

이런 북방공간에 대한 의식이나 정서는 몇 가지 층위를 가지고 나타난다. 첫 번째는 광활한 영토를 지배한 대제국을 건설하고 경영한 고대사의 영화에 바탕을 둔 호방하고 장대한 기개와 자유분방하면서도 강직한 기질이다. 이는 잃어버린 전성기와 거대 영토에 대한 꿈과 기억, 즉 고대 고구려와 발해가 경영했던 만주를 비롯한 드넓은 북방의 古土에 대한 향수와도 상통한다. 두 번째는 고대부터 시작된 북방지배는 일제 식민지배에 처하는 시기까지 계속해서 이어져 내려왔다는 점이다. 간도와 두만강 압록강을 중심으로 한 지금의 만주지역 일부는 18세기부터 20세기 초에 이르기까지 우리 민족이 실질적으로 지배해온 생활공간이었다. 18, 19세기 중국 동북 鳳凰城의 柵門은 실질적인 국경역할4)을 하였으며 이곳에서부터 압록강까지는 오랫동안 명·청과 조선, 양국 사이의 封禁地帶 및 無人地帶로 존재했다. 이 지역은 청의 유민들의 이주가 점차 증가하였으나 조선은 이들의 국경침범을 적극 축출하고 압록강과 두만강 대안에 이들이 출몰하는 것 자체를 막으려 하였으며 한편으로는 조선인들도 월강하여 이 지역에서 대안지역 촌락을 이루기도 하였다.5) 후에 淸나라가 책문을 압록강 쪽으로 옮기려는 시도를 하였고 조선이 이를 저지한 역사적 사실에 비추어 볼 때 이 지역은 조선인의 삶의 공간인 동시에 청의 유민들을 비롯한 북방의 여러 민족들이 함께 공존한 공간으로서의 의미를 가지고 있다. 세 번째는 근대로 접어드는 과정에서 겪은 역사적 비극의 현장으로서의 트라우마와 피폐한 삶에서 기인하는 도저한 비관주의가 그것이다. 일제 식민치하라는 비극적인 역사와 날로 가혹해져 가는 일제의 수탈로 인해 발생한 대규모 유이

---

4) 이규태, 『이규태의 신열하일기』, 신원문화사, 1997, pp. 31~34 참조.
5) 강석화, 『조선후기 함경도와 북방영토의식』, 경세원, 2000, pp. 269~279 참조.

민의 수난과 비극적인 삶의 현장이며 일본의 제국주의와 대륙에 위치한 중국·러시아의 힘이 충돌한, 혹은 근대 제국주의와 거대 봉건주의 세력이 맞부딪친 고통스러운 역사의 현장 또한 이곳이다. 이렇게 북방을 바라보는 시각이나 북방이 體現하는 것들은 오랜 역사를 가지고 복잡한 층위로 노정되지만 기본적으로는 거대하고 영화로운 고대사와 비극적인 근대사의 현실로 극단화되어 나타나거나 때로는 이 두 가지 시선이 교차되어 나타나기도 한다.

우리 근·현대문학에 있어 북방 역시 이와 같은 틀에서 논의될 수 있을 것으로 보인다. 특히 세계사적으로 근대 민족국가가 성립되는 시기에 일제 식민통치를 맞는 불행한 우리 근대사의 특성 때문에 북방은 한층 고통스럽고 궁핍한 삶을 일궈온 공간이었으며 그러한 삶의 이력이 담겨진 곳이 된다. 따라서 이를 반영한 문학작품들이 북방문학의 큰 줄기를 형성하고 있다. 북으로 한없이 펼쳐진 광활한 대륙에서 뿌리내리지 못한 민중의 삶과 민족의 고난을 그린 문학은 불행한 근대사로 인해 불가피하게 비극으로 점철되고 굴곡지어진 것이다. 북방문학, 특히 북방시편들은 일제 강점기에 전 조선적 규모로 발생한 유랑민과 국외 유이민(만주, 시베리아, 일본, 멕시코, 하와이, 사할린 등지)들의 비극적인 삶에 직핍하여 그 실상을 극히 평명하게 노래하는 경향성6)을 보이고 있다.

한국 근대시에 나타난 북방과 북방의식을 고찰하려는 이 글은 몇 가지 의의를 갖는다. 먼저 문학사적으로는 사라진 북방공간을 복원함으로써 온전한 문학사의 회복을 모색할 수 있다는 점이다. 분단과 함께 북방은 남쪽에는 아련한 기억만 남기고 사라진 공간으로, 북쪽에는 '위대한 김일성 동지께서 조직 영도하신 항일 혁명투쟁의 영웅

---

6) 윤영천, 「유이민의 비극적 삶을 직핍한 북방시편들의 울림」, 앞의 책, p. 37.

I. 서론  17

적 현실을 그린'7) 혁명문학의 공간으로 남아 있다. 그리고 재만 조선족 동포들에게는 새로운 고향이면서 남·북한이 별개의 국가로 존재하는 '조선반도의 문학사와 중복'을 피하면서 동시에 중국과의 '국가적 관계를 고려하는 원칙'8)에 입각한 결핍된 '그들' 만의 문학사로 존재하고 있다. 이처럼 한반도가 근대로 전환되고 또 분단을 겪는 과정에서 각각 단절되고 축소되고 왜곡되고 파편화된 북방을 온전하고 새롭게 복원하는 시야의 일단을 이 글을 통해 확보할 수 있을 것이다.

두 번째로 북방이라는 공간이 갖는 의미와 이 공간을 어떻게 이해할 것인가 하는 문제에 대해 고찰해 볼 수 있다. 우리 문학에서 북방시편은 서구문물과 제도가 쏟아져 들어오고 동시에 근대화와 식민체제에 급속히 편제되어갈 때 나타났다가 민족의 수난이 극에 달했던 30년대 후반 강렬한 호소력을 가지고 집중적으로 생산되었으며 해방과 분단을 맞으면서 사라진다. 이 글을 통해 규명해 나가겠지만 북방시편에 담겨진 '북방'은 북방의 여러 민족들이 공존하며 역사와 시대적인 삶을 함께 해온 공간으로 독특하게 발현되기도 한다. 따라서 이런 북방시편이 다룬 공간에서의 의식, 즉 북방의식이란 무엇인가에 대해 검토해 보는 것은 새로운 의미를 갖게 될 것이다. 아울러 오랜 분단과 분단체제의 고착화로 인해 사라진 문학공간인 북방을 회복하는 것은 한반도와 그 북쪽 일원을 조망하면서 이를 온전한 문학공간으로 되돌려놓는 것뿐만 아니라 우리 민족의 상상력을 본래대로 복원한다는 차원에서 의미가 크다 하지 않을 수 없다.

---

7) 사회과학원 주체문학연구소, 『문학예술사전 중』, 과학백과사전종합출판사, 1991, p. 241.
8) 조성일·권철주 편, 『중국조선족문학사』, 연변인민출판사, 1990, pp. 6~7.

北方이라는 공간과 北方意識이라는 심리적인 요소를 분석하고자 하는 데에는 다음과 같은 사항을 참고할 필요가 있다. 먼저 현대시가 추구하는 공간 지향성의 의미가 그것이다. 시에서 공간 또는 공간형식이란 지적·정서적 복합체를 제시하거나 서로 다른 별개의 경험을 결합하는 방법9)이라는 점이다. 공간은 시인의 현실에 대한 지각과 인식이 가장 잘 반영되어 나타나며 시대 또는 개인의 현실경험을 구체화, 객관화하는 바탕이 된다. 특히 모더니즘의 영향을 받으면서 현대시의 공간 지향성은 과거보다 두드러지게 나타나는데 이는 이념적인 성격을 띠게 되기도 하고 더 나아가 한 시인이 세계를 바라보는 특수한 생각을 담고 있는 것으로 이해되기도 한다. 특정 공간을 인식하고 기억하고 또 작품 속에 반영한다는 것은 곧 그 공간에 대한 시인의 세계관과 철학적 관점의 표현방식이라고 할 수 있다. 현대시에서 공간 또는 공간성이 점점 더 중요한 의미를 지니고 있다고 볼 수 있다.

다음으로 意識(Consciousness)의 문제이다. 의식이란 일반적으로 정신영역을 다룰 때 사용하는 용어로서 현상학에서는 '대상들의 중심이며 그래서 언제나 무엇인가에 대한 의식'이라고 정의한다. '현대이론은 의식의 본질과 의식의 행위력(Agency)만이 아니라 의식과 텍스트성(Textuality)의 상호작용에도 관심'10)을 갖는 추세를 보이고 있다. 한편으로는 '인간의 의식은 감각적 인식과 이성적 인식의 통일'11)이다. 의식은 무의식의 세계에서 발아하며 어떤 대상이나 요

---

9) Joseph Frank, *The Widening Gyre*, Indiana Univ. Press, 1968, pp. 9~10 참조.
10) Joseph Childers·Gary Hentzi 엮음, 황종연 역,『현대문학·문화비평 용어사전』, 문학동네, 1999, p. 120.
11) Gyorgy Lukacs 외, 이춘길 편역,『리얼리즘 미학의 기초이론』, 한길사, 1988, p. 2.

I. 서론 19

소에 대한 경험과 현상 등에 대해 감각으로 받아들인 것에 대한 총체적인 이성적 인식을 의미하는 것이다. 따라서 북방의식이란 북방이라는 대상에 대한 시인의 체험과 목격한 현상과 정신적 반응 등의 인식이 정서화한 결정물이라고 정의할 수 있다.

그러므로 북방시편들에 대한 고찰은 각각의 시인들이 그들의 언어질서에 의해 새롭게 재구한 북방공간에 대한 세계관과 역사관 및 시대관을 조명하는 것이라고 할 수 있다. 또한 북방에 대한 시인의 체험과 목격한 현실에 대한 시인의 의식과 정신적 응전결과가 담긴 중요한 의미의 텍스트를 관찰하는 것이기도 하다. 즉, 북방시편은 각각의 시인들이 바라본 북방공간을 그들의 언어질서에 의해 새롭게 재구하고 궁극적으로는 그것에 대한 세계관, 역사관, 시대관으로 형상화한 것이라고 할 수 있다.

이러한 개념과 인식을 토대로 이 글은 한국 근대시, 즉 1920~40년대의 북방시편이 다루고 있는 북방과 북방의식을 연구, 분석하고자 한다. 북방시편, 즉 대륙과 접하고 있는 압록강, 두만강을 중심으로 한 함경도, 평안도 지역과 간도를 포함한 한반도 북쪽과 고토였던 만주대륙 일원의 북방공간을 무대로 삶과 정서를 담은 작품들을 발표한 시인들로 김동환, 백석, 이용악, 이찬, 오장환, 유치환, 박팔양, 이육사, 서정주, 조영출 등을 꼽을 수 있다. 이 가운데 김동환, 백석, 이용악은 북방이 고향이면서 이들의 작품에는 북방정서나 의식이 가장 도드라지게 부각되어 나타나는 한편 각각의 방식으로 강한 서사적 충동과 함께 시적 울림을 보이는 문학적 성취를 보이고 있다. 분단 후 자의든 타의든 북을 선택한 이들이 그리고 있는 '북방,' '북국,' '북쪽,' '북간도,' '만주,' '북만,' '북새' 등은 여러 민족이 오랫동안 어우러져 살아온 독특한 공간이며 근대 한국문학에는 전에 없었고 분단과 함께 사라진 북방의 삶과 정서, 풍속과 풍물들을 생생히 담고 있는 독특한 문학공간이다. 또한 이곳은 일제 강점기 후반 한반도 전역에 걸쳐 일어난 流移民의 비극적 상황과 실상이 가장 대규모로 뚜렷하게 일어난 현장이기도 하고 동시에 일제 식민치하의 엄혹한 삶 속에서 회복하고 돌아가고 싶은 이상적인 공간이기도 하다.

따라서 이 글은 북방의식을 잘 담아낸 대표적인 시인인 김동환, 백석, 이용악 3인의 북방시편을 대상으로 삼는다. 북방공간을 배경으로 북방의 시대상과 삶, 풍속, 정서와 의식 등을 담은 이들의 시편들을 세밀하게 분석하는 방법을 통해 이들이 그리고 있는 북방공간의 특성과 북방의식이 무엇인가를 규명하고자 한다. 더불어 이들 북방시편들이 보이는 기법과 시어의 특성을 고찰, 개관하고자 한다. 방법론적으로는 어떤 이론적인 가설을 세우고 시편들을 검증해 나가는 방식이 아닌 세 시인의 북방시편들을 먼저 고찰하고 이를 통해 각각이 바라보는 북방에 대한 인식과 정서, 세계관과 역사적 현실에 대한 수용태도 그리고 시대관을 조명해 나갈 것이다. 또한 이들의 북방시편들이 변모해 나가는 양상과 그에 따른 각각의 의식 변화를 같이 관찰할 것이다. 이를 통해서 한국 근대시에 노정된 북방과 북방의식을 이해하는 데까지 나아갈 수 있을 것으로 기대한다.

## 2. 선행연구 검토와 문제제기


 '북방' 또는 '북방의식'을 주제로 한 한국 근·현대 시인들 또는 시편들에 대한 연구는 아직 미개척분야 가운데 하나이다. 이 글에서 대상으로 하고 있는 김동환, 백석, 이용악을 비롯한 이른바 북방시편들을 쓴 시인들과 그들의 시들을 논의할 때 북방정서라는 말과 함께 단편적으로 논의된 정도라고 할 수 있다. 이것은 북방지역이 해방과 분단 이후 잊혀진 문학공간이 되었으며 이어 냉전구도를 거치면서 남북대립의 심화로 인해 '북방'에 해당하는 중요한 많은 시인들과 작품을 문학사의 논의대상으로 삼는 것이 오랫동안 금지되어온 데서 기인하는 것이다. 실제로 개별 작가들에 대한 연구나 논의도 이들이 활동하던 당시에 나타났다가 위와 같은 사유로 오랫동안 자취를 감추었다. 다행이 1988년 이들 문인과 작품에 대한 해금조치가 이루어지면서 개별 작가와 작품에 대한 연구와 논의가 활성화되고 있고 특히 백석에 관한 논의와 연구는 양과 질적인 양면에서 놀라운 신장을 보이고 있다. 또한 최근에는 이들 작가들의 서사, 고향의식 등에 대한 주제연구가 전개되고 백석과 이용악의 북방시편에 대한 연구성과

가 나오기도 하였다. 여기에서는 김동환, 백석, 이용악을 대상으로 하거나 이들을 중심으로 한 주목할 만한 연구들과 이들의 북방시편에 대한 의미 있는 주요 연구들을 검토한다.

'북방문학'이라는 용어와 관련해서는 장윤익의 저술이 눈에 띄는데 그는 '북방에 위치한 중·소, 동구 공산국가, 북한 등의 공산주의 국가에서 전개되고 있는 모든 장르의 문학을 북방문학'이라고 다소 도식적으로 정의하고 있다. 이는 1980년대 말 냉전 구도가 종식되어 가는 시점에 북방외교의 개념에 의지하여 마르크스주의 국가의 문학이라는 개념에서 소련, 중국, 동구, 북한의 문학을 살피고 재소, 재중, 동포문학과 한국의 프롤레타리아문학과 민중 및 농민문학을 살피고 있다.12) 북방문학이라는 용어를 일찍이 사용하기는 했으나 방위 또는 지역이나 공간개념이 아닌 이데올로기의 관점에서 접근한 것으로 이 글의 방향과는 거리가 있다. 오양호는 『韓國文學과 間島』에서 間島와 滿洲에 주목하였다. '間島體驗과 韓國文學'에서는 한국소설에 나타난 간도에 대해서, '流謫地의 抒情'에서는 청마 유치환과 김동환 등의 북방시편을 고찰13)하였다. 이 책은 1940년에서 1945년 사이의 한국 현대문학사는 간도 이민문학을 중심으로 서술되어야 한다는 자신의 주장에 입각하여 이 시기에 間島와 北滿지방을 문학공간으로 한 안수길 등의 소설과 『在滿朝鮮人詩集』을 비롯한 청마와 김동환의 시를 분석하고 있지만 개관하는 수준에 그치고 있다.

2003년 『대산문화』의 기획특집 '북방대륙의 상상력'에서는 만주일원을 중심으로 한 북방대륙이 한국, 중국, 일본의 문학작품에 각각 어떻게 수용되고 발현되는가를 조명하였다.14) 윤영천은 「유이민의

---

12) 장윤익, 『북방문학과 한국문학』, 인문당, 1990.
13) 오양호, 『한국문학과 간도』, 문예출판사, 1988.
14) 『대산문화』 2003년 가을호에는 윤영천 「유이민의 비극적 삶을 직핍한 북방시편들

비극적 삶을 직핍한 북방시편들의 울림 —한국 근대문학과 '북방적 상상력'」에서 근대시를 중심으로 북방적 상상력의 문학적 발현 면모를 문화주의에 기반한 작품들(노천명, 서정주 등), 자유혼 또는 노마디즘적 상상력의 편린이 보이는 작품들(김동환, 유치진 등), 엄혹한 유이민의 현실에 굳건히 기초하면서도 유목적 상상력을 탄력적으로 착근시킨 경우(백석, 이용악 등) 등으로 개관하였다. 이경훈은 한국 대중문화 특히 대중가요에 투영된 북방에 대해 다루었고, 성민엽은 여성작가 샤오훙(蕭紅)의 중편소설 「生死場」의 분석을 통해 중국문학에서는 동북(북방)이 반봉건적 상태의 고통스럽고 비극적인 삶의 무대로 그려지고 있다고 보았다. 와타나베 나오키는 북방, 즉 만주는 '기억'과 '망각'의 형식 또는 장치로써 사소설이라는 형식으로 일본문학에 유지되어 왔다고 소개했고, 김경훈은 재만 조선족 문학에 있어 북방은 '수난과 투쟁'에서 '삶의 새로운 몸부림'으로 변모하고 투영되어 왔다고 소개하였다.

김동환, 백석, 이용악 이 세 시인의 시세계를 '북방' 또는 '북방정서'라는 말을 사용하여 접근한 연구도 있다. 이동순 등은 백석의 시의 정서가 '조선 북쪽의 정서'[15]라는 의미로서 사용하였으며 최동호는 이용악 특유의 분위기를 '침울한 북방적 정서'[16]라고, 오세영은 김동환과 이용악을 '북방의 정서'를 대표하는 시인[17]으로 각각 정의

---

의 울림—한국 근대문학과 '북방적 상상력'」, 이경훈 「대륙과 대중 : 무대위의 발해—한국 대중문화에 투영된 북방)」, 성민엽 「동북 변방의 황폐화하는 삶, 그리고 도저한 비관주의—중국 문학에서 북방이란 무엇인가」, 와타나베 나오키(渡辺直紀) 「기억·망각의 형식으로서의 사소설—'만주'와 일본문학」, 김경훈 「수난을 딛고 대륙에 싹 틔운 민족의식—조선족 문학에서의 북방의 상상력」 등 5편의 글이 실려 있다.
15) 이동순, 「민족시인 백석의 주체적 시정신」, 『白石詩全集』, 창작과 비평사, 1988. p. 174.
16) 최동호, 「북의 시인 이용악론」, 『평정의 시학을 위하여』, 민음사, 1991, p. 33.

하고 있다. 방연정은 이용악, 이찬의 국경지역에 대한 30년대적 표현과 백석의 토착방언을 통해 드러난 북방정서의 특징을 살펴 30년대 시의 특징과 위치를 점검하고자 하였다.18) 백석은 '유년시절의 풍속과 북방민이 설화적 분위기를 통해 전해주고' 있으며 '북방정서를 민족적 정서의 일부로 발전'시키고 있다고 보았다. 이용악은 '우울과 추위의 북국 이미지와 식민지 백성들의 유이민의 삶을 결합하여 독특한 북방의 정감을 전해'주었고 이찬은 '고향인 북청을 중심으로 변방에 살고 있는 이들의 비극적 상황과 전경'을 보여주었다고 평가했다. 이 연구는 북방정서에 대한 체계적이고 밀도 있는 접근이 아닌 기존 논의에 입각한 표면적인 접근에 머물고 있다. 유종호는 이동순이 편한 『백석 시전집』의 3부를 이루고 있는 '북방에서'에 수록된 14편 가운데 「산」, 「적막강산」, 「마을은 맨천 귀신이 돼서」, 「칠월백중」, 「南新義州柳洞朴時逢方」 5편을 제외한 9편을 '북방시편'이라고 명하며 비중 있게 다루었다.19) 이희중은 유종호의 논의를 발전시켜 유종호가 명명한 9편의 북방시편 가운데 「국수」를 배제하고 「南新義州柳洞朴時逢方」을 포함시켰다. 그리고 이를 다시 타자로서 이민족의 풍물과 풍속을 대면하는 시편들과 낯설고 불우한 환경에 처한 자신의 내면을 성찰하는 시편들로 구분하여 북방시편의 외향적 국면과 내향적 국면을 고찰하였다.20) 하지만 이 논문은 백석이 만주에 체류하던 시절에 창작한 시의 특징적 경향을 살펴본다는 목적대로 백석 시 전편에 걸쳐 나타나는 관서지역을 포함한 북방을 포괄하고

---

17) 오세영, 『한국현대시 분석적 읽기』, 고려대학교 출판부, 1998, p. 370.
18) 방연정, 「1930년대 시에 나타난 북방정서―백석·이용악·이찬의 시를 중심으로」, 『改新語文硏究』 제15집, 1998.
19) 유종호, 「넘치는 사랑과 슬픔 속에」, 『다시 읽는 한국시인』, 문학동네, 2002. pp. 285~296.
20) 이희중, 「백석의 북방시편 연구」, 『우리말글』 32, 우리말글학회, 2004.

있지는 못하다. 곽효환은 이용악의 작품세계에 나타나고 있는 북방 공간과 그곳에서의 민중의 피폐한 삶과 의식을 조명함으로써 1930, 40년대 북방문학과 의식을 조명하였다.21)

대표적인 백석 연구자인 고형진은 박사학위 논문에서 김동환, 백석, 이용악을 전통적인 서정시 양식의 시적 기법과 구조를 따르지 않고 그 토대 위에서 서사기법을 수용함으로써 서사지향적인 시의 양식과 구조를 지닌 새로운 미학을 창출한 대표적인 시인이라고 주목하였다. 그래서 서정, 서사, 극 양식의 특성과 구조에 대한 이론적 근거를 밝히고 이 토대 위에 이들의 시들이 서사양식의 특성과 기법을 수용하면서 양식적 갱신을 보이는 과정을 추적하고 분석하였다.22) 이원규는 1930~40년대 한국 현대시에 나타난 고향의식을 연구하며 정지용, 백석, 오장환, 이용악을 대상으로 삼았다. 이 논문은 정지용과 백석을 향수와 회귀의식이라는 범주로, 오장환과 이용악을 고향이탈과 현실인식이라는 범주로 각각 묶어 이들 시편에 형상화되어 나타난 고향의식과 고향의식이 지향하는 바를 각각 살폈다.23) 이경수는 백석, 이용악, 서정주의 시에 나타나는 반복어법과 언술구조를 분석하고 이로써 30년대의 시와 현대시를 계보화하고자 하였다.24) 이밖에 문호성 등이 이들 시인의 서사, 서술 등에 주제론적 접근을 하는 연구결과25)를 남겼다.

金東煥에 관한 연구는 주로 「國境의 밤」의 서사시 여부와 그의

---

21) 곽효환, 「이용악의 북방시편과 북방의식」, 『어문학』 88, 한국어문학회, 2005.
22) 고형진, 「1920~30년대 시의 서사지향성과 시적구조」, 고려대 대학원 박사학위 논문, 1991.
23) 이원규, 「한국시의 고향의식 연구」, 성균관대 대학원 박사학위논문, 2004.
24) 이경수, 「한국 현대시의 반복 기법과 언술 구조」, 고려대 대학원 박사학위 논문, 2002.
25) 문호성, 「이야기 시의 텍스트성 연구—백석·이용악의 시를 중심으로」, 텍스트언어학 15, 2003.

시편에 나타나는 '서사성'과 연관된 연구가 주를 이룬다. 김억은 시집 『國境의 밤』의 서문에서 '독특한 정서로써 설음 가득하고 늣김 만흔 고향인 '국경방면'서 재료를 취하여 침통 비장한 붓끗으로 '로맨틱'한 서사시와 그밧게 청춘을 노래한 서정시 몟편을 제작하야 「國境의 밤」이라는 이름으로 지금 세상에 보내'게 되었다고 하면서 「國境의 밤」을 표현형식에 있어서 장편서사시를 취한 우리 시단 최초의 서사시라라고 처음 불렀다.26) 김팔봉은 「국경의 밤」을 조선문단에 '처음으로 탄생된 향토적 문예작품'이라고 의의를 부여하면서 '용어의 질박성' '감각의 건강성' 등을 높이 평가하였다. 그러면서도 5, 6면까지의 앞부분과 그 이후의 뒷부분이 부조화를 보이고 세련되지 못한 표현이나 용어가 적지 않다는 비판도 잊지 않았다.27) 이 두 사람 모두 「국경의 밤」을 서사시 또는 서사시 범주에서 보고 있으나 처음 등장한 형식의 이 작품을 왜 서사시라고 하는지에 대해서는 논거하고 있지는 않다.

주요한은 「현대문학」에 발표한 글에서 김동환을 민요시인, 북국정서, 애국시인, 감격의 시인 등 여러 측면에서 파악할 수 있다고 하면서 '여진의 후예의 비련'이란 제재로 엮은 서사시 「국경의 밤」의 회색하늘과 백설의 감각은 단편 민요체의 새파란 하늘의 감각과 대척적인 듯하면서 하나'라고 김동환을 대표하는 서사시 「국경의 밤」과 민요시의 관계를 매김하였다.28) 주요한의 이 같은 언급은 이후 김동환 연구에 중요한 준거가 되고 있다. 김춘수는 「서사시는 가능한가?」라는 글에서 서사시로서 갖추어야 할 조건으로 집단의식을 반영할 것, 이야기를 가질 것, 시의 문체를 가질 것 등 서구의 기준을 내

26) 김 억, 「서문」, 김동환, 『國境의 밤』, 한성도서주식회사, 1925.
27) 김팔봉, 「파인 시집 <국경의 밤>에 대하야」, 『동아일보』, 1925. 5. 20.
28) 주요한, 「김동환의 시세계」, 『현대문학』, 1963. 1, p. 49.

세우면서 우리 문학에서 서사시다운 서사시는 「용비어천가」와 「국경의 밤」 정도라고 하였다. 그러나 1960년대 중반 장시가 잇따라 발표되는 상황에서 발표한 이 글은 「국경의 밤」이 그가 내건 조건을 어떻게 충족시키고 있는지에 대한 논증을 담고 있지는 않다.

1975년 『문학사상』에 발표한 글에서 김우종은 「국경의 밤」이 순이라는 비극적인 인물을 성공적으로 형상화한 면에서 '비극적 서사시,' 민족의 수난과 한국적, 토착적 의식의 세계가 짙게 나타난 면에서는 '민족적 서사시'라고 기존의 논의를 이어받는다.29) 반면 같은 지면에 발표된 홍기삼과 김종철의 글은 「국경의 밤」의 기존논의에 대한 회의론을 제기한다. 김종철은 '단지 외부적 사태를 엄밀한 통일성도 없이 기술함으로써 단순한 삽화의 집적이 되어버린 감'이 있다며 「국경의 밤」의 한계를 지적하였다.30) 홍기삼은 「국경의 밤」이 '서사시가 반드시 성취하지 않으면 안 될 사실성의 확보, 집단의식의 문제, 극적효과 같은 여러 가지 요소가 허황하고 산만하며 미숙하다'며 서사시로는 미달된다고 규정하였다.31)

1970년대 후반 오세영이 「국경의 밤」이 서사시로서의 요건을 갖추었는가에 대해 본격적인 문제제기를 함으로써 논의는 새로운 국면에 접어들게 되고 논쟁으로도 이어진다. 오세영은 서양의 서사시론을 절대적인 기준으로 놓고 서사시의 요건으로 '바드(Bard)에 의해 청중에게 낭송됨' 등 11가지를 제시한 다음 「국경의 밤」은 이 가운데 내러티브 요소만 있을 뿐 그 외의 요소는 없으며 따라서 이 시는 장르류의 개념에서 서정시에 속하며 장르종의 개념에서 발라드(서술시)에 해당한다고 보았다.32) 오세영의 주장은 기존의 통념을 뒤집는

---

29) 김우종, 「어두운 역사의 서사시」, 『문학사상』, 1975. 3.
30) 김종철, 「자기 객관화와 향수」, 『문학사상』, 1975. 3.
31) 홍기삼, 「한국서사시의 실제와 가능성」, 『문학사상』, 1975. 3.

것으로 상당한 반향을 불러일으켰으나 한국문학의 전통과 상황 및 문화적인 맥락을 고려하지 않고 서구적 기준만을 엄격히 들이댔다는 반론으로 이어진다.

조남현은 '스토리가 있는 시' '사건이 있는 시'가 서사시라고 규정하고 서사시의 요건은 그 시대와 사회적 조건, 문학의 전통 및 개인의 기질과 의도 등에 따라 얼마든지 변용, 굴곡이 가능하며 서양의 기준에서 볼 때 결격사유를 드러낸다 하더라도 우리 나름의 사회적·문화적 맥락에서 재고되어야 한다고 하며 「국경의 밤」을 다시 서사시의 위치에 되돌려놓았다. 그는 외국이론을 종합, 정리하여 '서사성장론'을 중심으로 「국경의 밤」, 「昇天하는 靑春」, 「우리 四男妹」사이의 공통점과 상이점을 조명하면서 이 작품들을 각각 이야기시, 인공적인 서사시, 자전적 서사시에 가깝다고 결론지었다.33) 김용직은 오세영이 주장한 영웅시체의 성립, 바드의 전통, 서사적 탐색 등의 조건론은 한 작품이 서사시 여부를 판정하는 데 별문제가 되지 않는 것이라고 전제하고 서사시란 제3자에 의한 서술적 언어로 이루어지고 사건의 인과적 연쇄를 보여주는 것이 주된 특징이라며 「국경의 밤」을 서사시라고 규정하였다. 다만 분명한 이야기를 갖추고 있

---

32) 오세영, 「국경의 밤과 한국서사시의 문제」, 『국어국문학』 75호. 1977. 5, pp. 87~108. 오세영이 제시한 서사시의 11가지 요건은 다음과 같다. 1) 바드(Bard)에 의해 청중에게 낭송됨. 2) 영웅시체(Heroic Verse)의 운문으로 사용됨. 3)서사적 탐색 혹은 인보케이션(Invocation)이 존재함. 4) 내러티브 문학. 5) 소재는 과거의 것이어야 하며 신화, 종교 역사에서 취재되어야 함. 6) 주인공은 신이나 영웅임. 7) 길이는 원칙적으로 제한되어 있지 않으나 보통 비극의 3부작 정도의 내용을 수록해야 함. 8) 삽화적 구성이 원칙이며 특히 여행원형이 중심이 됨 9)주제는 보편적 진리의 제시, 형이상학적 가치의 세계, 도덕성과 국민정신의 표현 및 사회적 기능에 관심을 가짐. 10) 민족 또는 집단의 운명을 표현한 객관적인 이야기. 11) 경이감을 지님.
33) 조남현, 「파인 김동환의 서사시에 대한 연구」, 『인문과학논집』 11, 건국대 인문과학연구소, 1978. pp. 102~120.

는 점, 잡다한 체험내용을 깔고 있는 점, 여행 모티브를 설정한 점, 필연구성에 도달한 점 등을 들어 유엽의 「소녀의 죽음」을 최초의 서사시로 보아야 한다고 주장하였다.34) 김재홍은 근대 서사시의 요건을 서사적 구조를 지니고 있을 것, 역사적 사실과 연관 대응될 것, 사회적 기능을 지니고 있을 것, 집단의식을 바탕으로 하고 있을 것, 당대현실과 암유적 관계를 지닐 것, 노래체 율문으로 짜여질 것, 길이가 비교적 길어야 할 것 등을 제시하고 「국경의 밤」은 이러한 요건을 잘 충족시키고 있는 서사시라고 보았다.35)

염무웅은 「국경의 밤」의 서사시 여부에 대한 논란은 무의미하며 중요한 것은 작품의 성격과 특징을 살펴보는 것이라며 이 시가 3인칭 소설의 이른바 '숨어있는 저자'의 시점으로 사건의 전개과정을 서술하고 있다고 하였다. 또한 작품에 희곡적 특성이 있음을 지적하고 구조분석을 통해 이 작품이 민중의 세계를 그리고 있다고 보았다.36) 김인환은 소략하나마 서정·서사·극에 대한 이론적인 전제를 토대로 「國境의 밤」이 지닌 양식적 특성을 논하면서 이 작품이 시, 소설, 희곡의 세 장르를 통합하려는 시도를 보이고 있으며 주제는 식민지와 봉건주의에 대한 항거라고 보았다.37) 민병욱은 서사시의 구조적 특성을 인물과 행위의 측면에서 주인공이 영웅임 등 7가지로 정리하고 이를 토대로 「국경의 밤」, 「우리 四男妹」, 「昇天하는 靑春」의 구조적 특성을 분석하고 이들 작품의 플롯, 구성방식, 화자 및 서술자, 표현방식 등을 규명하는 연구성과를 보였다.38)

---

34) 김용직, 『한국근대시사(上)』, 학연사, 1986. pp. 281~284.
35) 김재홍, 「파인 김동환」, 『한국현대시인연구』, 일지사, 1986, p. 83.
36) 염무웅, 「서사시의 가능성과 문제점」, 『한국문학의 현단계』, 창작과비평사, 1982, pp. 7~51 참조.
37) 김인환, 『한국문학이론의 연구』, 을유문화사, 1987, pp. 31~37 참조.
38) 민병욱, 『한국서사시의 비평적 성찰』, 지평, 1987, pp. 13~116 참조.

이밖에 주제 비평적 관점에서 접근한 이동하의 연구39)와 서사시 발생요인 서사시 구성방법 등에 대해 새롭게 조명한 김창수의 연구40) 등이 주목된다. 또한 파인 탄생 100주년을 전후하여 발표한 여러 편의 논문41)들이 있다.

백석에 관한 연구는 백석이 활동하던 시기에는 그다지 많지 않았으나 "1983년 고형진의 석사논문「백석 시 연구」이래 현재까지 (2005년 6월) 백석의 문학작품을 텍스트로 삼은 학술논문은 석·박사 학위 청구논문과 학술잡지 게재논문을 합쳐 326편"42)에 달한다는 집계에서 볼 수 있듯이 80년대 이후 매우 활발히 진행되었다.

김기림은 『사슴』이 나온 직후 『조선일보』에 "그 點에서 『사슴』은 外觀의 徹底한 鄕土趣味에도 不拘하고 주책없는 一聯의 鄕土主義와는 明徹하게 區別되는 '모더니티'를 품고 잇는 것"43)이라고 백석 시의 향토성과 그것을 다루는 방법에 있어 모더니티가 있음을 적시하였다. 이어 박용철은 백석의 시어에 주목하였다. "修整없는 방언에 依하야 表出된 鄕土生活의 詩篇들은 琢磨를 經한 寶玉類의 藝術에 속하는 것이 아니라, 서슬이 선 돌 生命의 本源과 接近해 있는

---

39) 이동하, 「김동환의 서사시에 나타난 지식인과 대중」, 『우리문학의 논리』, 정음사, 1988.
40) 김창수, 「전환기의 문학양식」, 『문학사상』, 1987. 2.
41) 김용직, 「격랑기의 시와 인간—파인 김동환론」, 김윤식, 「파인 김동환의 세계-평가사항과 음미사항」, 오세영, 「국민문학과 경향문학의 양면성—세 번의 문학적 변모를 통해 본 김동환의 문학성향」, 『파인 김동환탄생100주년기념집』, 도서출판 선인, 2002.
    박호영, 「김동환과 이용악의 비교연구」, 『국어교육』, 2001.
    장윤익, 「김동환 시에 나타난 근대의식」, 『국제언어문학』1호, 2000.
    최동호, 「탄생 백년을 맞는 시인들—이상화, 심훈, 김동환의 시」, 『근대문학, 갈림길에 선 작가들』, 민음사, 2004.
42) 이희중, 「백석 연구의 지평」, 『한국문학연구의 새로운 모색을 위한 국제학술대회 자료집』, 2005. 6.
43) 김기림, 「'사슴'을 안고—白石시집 독후감」, 조선일보, 1936. 1. 29.

藝術인 것"이라며 "우리 言語가 全般的으로 侵蝕받고 있는 混血作用에 對하여 그 純粹를 지키려는 意識的 反撥을 表示하고 있다"44)며 백석 시어의 생명력과 방언주의를 옹호하였다. 반면 오장환은 "아모리 善意로 解釋할려고 해도 입때 지은 그의 작품만으로는 스타일만을 찾는 모-던이스트라고 박에 볼 수 없"으며 "백석 씨의 회상시는 갖은 사투리와 옛이야기, 연중행사의 묵은 기억 등을 그것도 질서도 없이 그저 볏섬을 쌓듯이 그저 구겨넣은데 지나지 않"45)는 다며 백석 시의 시어와 정조에 대해 혹평을 가한다. 이러한 상반된 논의는 당시 시단을 지배하던 모더니즘의 관점에서 백석 시를 바라보며 의도된 향토성이 갖는 근대성과 시어의 새로움을 평가하는 긍정론과 이와는 반대로 그의 모더니즘을 부정적으로 바라보는 데서 오는 비판으로 볼 수 있다. 한편, 백철은 민속은 백석 시학의 출발점이자 결론으로서 시 정신에까지 앙양된 것이라고 보았다.46)

이후 80년대에 이르기까지는 백석에 대한 전면적인 논의보다는 시의 특징을 언급하는 방식으로 연구가 진행되었다. 유종호는 운명론적 관점에서 「南新義州柳洞朴時逢方」을 한국인의 생활철학과 인생관이 집약된 대표적인 思想詩47)로 보았다. 반면에 김현은 샤머니즘 세계의 탐닉을 지적하며 "샤머니즘의 세계에서 인간의 자유의지와 결단을 건져내지 못하고 체념, 수락의 수동적 세계관으로 후퇴한다"48)며 부정적인 진단을 내리고 있다. 김종철은 고향의 상실과 재현이라는 관점에서 접근하며 백석의 시가 '상실된 고향 그 자체를

---

44) 박용철, 「白石 시집 '사슴' 評」, 『박용철 전집 2』, 동광당서점, 1940, p. 122.
45) 오장환, 「백석론」, 『풍림』 통권 5호, 1937, p. 19.
46) 백 철, 『신문학사조사』, 신구문화사, 1989., pp. 540~541.
47) 유종호, 「한국의 페시미즘」, 『현대문학』 통권 81호, 1961. 9., p. 191.
48) 김윤식·김현, 『한국문학사』, 민음사, 1973, pp. 217~220.

묘사하는데 바쳐져' 있으며 궁극적으로 '존재의 근원을 탐구'하는 것을 지향하고 있다고 보았다.49)

백석에 대한 연구는 1980년대 들어 학위논문들이 발표되면서 본격화되는데 최두석과 고형진의 논문이 앞자리에 있다. 이후의 연구들은 토속적이고 향토적인 시세계, 완강한 평북방언, 주체의식의 회복과 민족적 원형탐색 등에 관심을 가졌다. 최두석은 석사학위 논문에서 정지용, 김영랑, 이상, 백석 시의 표현방법을 고찰하며 백석 시의 주된 표현방법이 서사라는 점을 처음으로 밝혔다.50) 김명인은 정지용, 김영랑, 백석 시를 중심으로 1930년대 시의 구조를 분석하면서 백석 시의 특징을 상실된 고향, 황폐한 시대와 건강한 식욕, 감각적 방언의 부연효과 등으로 요약하고 친족공간으로서의 고향의 추체험, 심화된 상실의식 등을 밝히고자 주력하였다. 또한 백석이 공동체적인 삶의 근원과 유대를 환기시키는 역할을 했으며 객관적 사실성과 체험의 명징성을 부여하고 자연어를 토착어에 중첩시키는 독특한 긴장감을 주었다고 평가하였다.51) 고형진은 전기적 생애를 고찰한데 이어 백석의 시를 형식적인 측면과 내용적인 측면으로 나누어 고찰하였다. 형식적인 면에서는 시어와 문체분석에, 내용적 측면에서는 표랑의식과 자족적 삶의 세계에 주목하였다.52) 이숭원은 백석의 토속세계와 유년에 대한 동경은 소외감, 단절감에서 오는 것이며 정신적 지향점은 풍속과 인정과 말이 어우러진 삶의 복원에 있다고 보았다.53) 이밖에 80년대에 백석에 관한 주요논문들로 윤지관, 이동순,

---

49) 김종철,「30년대의 시인들」,『시와 역사적 상상력』, 문학과지성사. 1978., pp. 40~42.
50) 최두석,「1930년대 시의 표현에 관한 고찰」, 서울대 대학원 석사학위논문, 1982.
51) 김명인,「백석 시고」,『우보 전병두 박사 회갑기념논문집』, 1983.
52) 고형진,「백석 시 연구」, 고려대 대학원 석사학위 논문, 1983.
53) 이숭원,「풍속의 시화와 눌변의 미학」,『한국시문학의 비평적 탐구』, 삼지원, 1985.

김영민, 김재홍, 김헌선, 정효구 등의 연구가 있다.[54]

90년대 이후 백석 시 연구는 시간, 공간, 시어, 서술구조, 서사성 등 더욱 폭넓고 다양한 방식으로 전개된다. 김윤식은 '백석에 있어서는 서양 것이든 조선 것이든 등가이지 어느 한쪽에 기울어져 있지 않'으며 이 균형 감각이야말로 백석 시학의 어른스러움(성숙성)에 승리'라고 백석 시어의 신선함, 정확한 묘사, 선명한 이미지 환기 등의 성숙성을 주목하였다.[55] 또한 '이야기 속에 놓인 모더니즘'이라며 백석 시의 근대성을 높이 평가하였다. 최학출은 1930년대 모더니즘의 근대성과 주체의 욕망체계를 연구한 학위논문에서 백석을 비근대성의 욕망체계를 갖는 시인으로 분류하며 백석을 한국시의 한 가능성으로 평가했다.[56] 심재휘는 시간의식을 중심으로 1930년대 시인들을 고찰하면서 백석의 시에는 낭만적 시간의식이 존재한다고 보았다. 그는 백석이 과거를 원형적 시간으로 상정함으로써 훼손된 현재를 치유할 방법을 모색한다고 보았다.[57] 박주택은 낙원상실에 따른 회복욕구를 백석 시의 요체로 보고 백석 시에는 내부 지향적 화자, 관찰 지향적 화자, 외부 지향적 화자가 있으며 이를 통해 각기 다른 측면의 존재상황을 드러내고자 하였다고 파악한다.[58]

유종호는 임화, 오장환, 이용악, 백석을 다시 읽는 저술에서 백석

---

54) 윤지관, 「순수시의 정치적 무의식—정지용과 백석」, 『외국문학』, 1988 겨울.
  이동순, 「민족시인 백석의 주체적 시정신」, 앞의 책.
  김영민, 「백석 시의 특질연구」, 『현대문학』, 1989. 3.
  김재홍, 「민족적 삶의 원형성과 운명애의 진실미—백석」, 『한국문학』, 1989. 10.
  김헌선, 「한국시가의 백석시의 변용」, 『한국현대시인연구』, 신아, 1988.
  정효구, 「백석시의 정신과 방법」, 『한국학보』, 일지사, 1989 겨울.
55) 김윤식, 「허무의 늪 건너기—백석론」, 『김윤식 선집 5』, 솔, 1996., pp. 197~202.
56) 최학출, 「1930년대 한국모더니즘 시의 근대성과 주체의 욕망체계에 대한 연구」, 서강대 대학원 박사학위 논문, 1995.
57) 심재휘, 「1930년대 후반기 시 연구」, 고려대 대학원 박사학위 논문, 1997.
58) 박주택, 「백석 시 연구」, 경희대 대학원 박사학위 논문, 1998.

의 시세계를 『사슴』,『사슴』 이후 그리고 북한에서 발표한 시로 구분하여 시적 화자와 일상적 화자의 친연성, 기억, 방언, 모더니즘의 반명제성 등에 주목하며 고찰하였다. 그는 특히 백석이 만주에 체류하면서 쓴 14편 중 9편을 '북방시편'으로 주목하고 "서도방언 지향과 특유의 열거법을 절제하면서 카스틸리오네의 예사로움의 독보적 경지를 보여주고 있다"고 상찬하였다. 또한 감정이나 생각의 정공적 토로, 동양철인이나 시인에 대한 사모, 외국시인과의 동일시 등의 경향을 보이며 시인됨의 의미와 사회로부터의 소외를 적고 있다고 북방시편의 특징을 설명하였다.59) 최정례는 백석 시의 근대적 특성에 주목하여 백석 시의 시선과 시간의식, '과거' 혹은 '기억'의 의미, 토속성의 근대적 의미, 자연어로서의 시어의 특성과 30년대 시단에서 갖는 위상 등을 규명하였다.60) 그의 연구는 백석의 시세계를 근대성(모더니티)의 관점에서 깊이 있게 천착한 것으로 평가할 만하다. 이 밖에 1990년대 이후 유재천, 박태일, 이은봉, 박혜숙, 김용직 등이 백석에 관한 주요 연구들61)을 남겼다.

이용악에 대한 연구는 당대의 몇몇 단평들이 있고 본격적인 연구는 해금 이후에 전개되었다. 최재서는 이용악의 시를 '古代의 敍事詩와 같은 담담하고 간결한 筆觸에 感情의 파동이 침통'한 '生活의 시인'이라고 언급하고 '쎈티멘탈리즘이나 히스테리에 빠짐이 없이 비통을 웃어버리는 屈疆한 정신을, 혹은 무감동한 표정 밑에 매장하여

---
59) 유종호, 『다시 읽는 한국시인』, 문학동네, 2002.
60) 최정례, 「백석 시의 근대성 연구」, 고려대 대학원 박사학위 논문, 2004.
61) 유재천, 「백석 시연구」, 이선영 편, 『1930년대 민족문학의 인식』, 한길사, 1990.
박태일, 「한국 근대시의 공간 현상학적 연구」, 부산대 대학원 박사학위 논문, 1991.
이은봉, 『한국현대시의 현실인식』, 국학자료원, 1993.
박혜숙, 『백석—우리 문화의 원형탐구와 떠돌이 삶』, 건국대학교출판부, 1995.
김용직, 「토속성과 모더니티 —백석론」,『한국현대시사』, 한국문연, 1996.

버리려는 스토이시즘을 보여준다'62)고 언급하며 이용악 시가 품고 있는 서사성과 독특한 정서를 주목한 것을 비롯하여 당대의 동료문인들이 이용악의 시세계를 주목한 단평들을 남겼다.63) 그리고 이용악의 투옥과 월북 등 외부적인 요인으로 인해 일체의 연구가 사라졌다가 1988년 해금조치 이후 비로소 본격적인 연구가 시작되었다. 가장 적극적으로 이용악 연구에 나선 윤영천은 이용악의 시를 민족문학의 성격을 띠고 있다고 평가했다. 특히 당시 극심하게 일어난 민족 수난의 모습이라 할 '국내외 유이민의 비극적인 삶을 깊이 있게 통찰하고 이를 민족모순의 핵심으로 명확히 인식 자기 시에 정당하게 형상화'시켰다고 보고 "용악시의 탁월함은 모더니즘에의 유혹이 축소 완화되고 그 대신 구체적인 자기 삶에 굳건히 토대한 '이야기시'를 지향할 때 잘 드러난다"며 이용악의 시적 성취를 리얼리즘 관점에서 보았다. 윤영천과 같이 리얼리즘에 기반을 두고 접근한 논의들64)은 내용적인 면에서 민족현실과 당대의 역사현장을 생생히 시

---

62) 최재서, 「詩와 道德과 生活」, 『조선일보』, 1937. 9. 17~18.
63) 한 식, 「분수령을 읽고」, 『조선일보』, 1937. 6. 25.
　　이해문, 「중견시인론」, 『시인춘추』, 1938. 1.
　　홍효민, 「북레뷰, 이용악 시집 『낡은 집』 평」, 『동아일보』, 1938. 12. 24.
　　안함광, 「이용악 시집 『낡은 집』 평」, 『조선일보』, 1938. 12. 28.
　　김동리, 「신세대의 정신」, 『문장』, 1940. 5.
　　김종한, 「시단시평」, 『인물평론』, 1941. 1.
　　김동석, 「시와 정치―38도에서를 읽고」, 『신조선보』, 1945. 12. 28.
　　김광현, 「내가 본 시인―정지용, 이용악 편」, 『민성』, 1948. 10.
　　백 철, 「모더니스트의 후예들」, 『조선신문학사조사―현대편』, 백양당, 1949.
　　이수형, 「용악과 용악의 예술에 대하여」, 『李庸岳集』, 동지사, 1949.
64) 윤지관, 「영혼의 노래와 기교의 시―이용악론」, 『세계의문학』, 1988 가을.
　　이숭원, 「李庸岳詩의 現實性과 民衆性」, 『論文集』, 한림대학교, 1989.
　　김재홍, 「문학의 歷史性과 예술성」, 『한국논단』, 1990. 6.
　　노 철, 「李庸岳 詩世界 變貌過程 硏究」, 고려대 대학원 석사학위 논문, 1990.
　　오선영, 「이용악 시 연구」, 연세대 대학원 석사학위 논문, 1990.
　　안효순, 「이용악 시의 리얼리즘적 특성 연구」, 충북대 대학원 석사학위 논문, 1990.

화하는 데 이용악의 시적인 성취가 있다고 평가한 반면 모더니즘은 부정적인 요인으로 작용한다고 보았다.

김명인은 리얼리즘의 입장에 서서 이용악의 시를 '주제론적 접근 일변도로 空洞化 시키려는 시도'와 함께 '해석의 층위를 바르게 선택하지 못한 어설픈 분석이론을 적용'하여 시를 파편화시키는 기계적인 시 분석이론의 적용을 비판한다. 그는 이용악 시가 가지고 있는 '미적 긴장의 근거'와 '체험의 생생한 직접성' 그리고 '그 시적 생명력'을 분석을 통해 입증하였다.65) 이용악 시의 내용보다는 언어와 형식 및 기법 등의 특성에 주목한 연구들66)은 이용악의 시적 성취에 모더니즘이 부정적인 요인으로 작용하는 것이 아니라 일정하게 기여하고 있음을 밝히면서 모더니즘을 긍정적인 측면에서 규명하기 위해 노력하였다. 이러한 연구경향은 이용악의 시세계에 형식적인 면에서는 모더니즘이, 내용적인 면에서는 리얼리즘이 자리잡고 있다는 리얼리즘과 모더니즘의 결합론, 즉 절충론으로 이어지는 연구경향을 가져왔다.

---

  신범순,『韓國現代詩史의 매듭과 魂』, 민지사, 1992.
  김용직,「현실의식과 서정성―李庸岳論」,『현대시』, 1993. 7.
  최두석,「시와 리얼리즘」, 창작과비평사, 1996.
  박윤희,「이용악 시세계 연구」, 연세대 대학원 석사학위 논문, 1996.
  이명찬,「이향과 귀향의 변증법」,『민족문학사연구』, 1998. 8.
65) 김명인,「李庸岳 詩考」,『경기대 논문집』, 1992.
66) 장영수,「吳章煥과 李庸岳의 比較硏究」, 고려대 대학원 박사학위 논문, 1987.
  황인교,「이용악 시의 언술 분석」, 이화여대 대학원 박사학위 논문, 1991.
  이희경,「이용악 시 연구」, 전북대 대학원 석사학위 논문, 1991.
  박건명,「이용악론」, 건국대 대학원 논문집, 1991
  김현이,「李庸岳 詩 硏究」, 한국외대 대학원 석사학위 논문, 1992.
  박경수,「1930년대 시의 현실지향과 저항적 문맥」, 부산외대『문화연구 4집』, 1992.
  이은봉,「1930년대 후기시의 현실 인식 연구」, 숭실대 대학원 박사학위 논문, 1992.
  권 혁,「이용악 시「낡은 집」연구」,『홍익어문』15집, 1996.
  오세영,「오세영의 분석적 시읽기―이용악의「낡은 집」」,『현대시』, 1996. 10.

김종철은 이용악 시의 특성을 '민중의 구체적인 삶에 뿌리내린, 평민적인 소박성'으로 들고 '이것은 용악의 시가 갖는 강력한 호소력의 원천이며, 다른 민족 시인들로부터 그를 구분짓게 하는' 요소라고 정의하면서 이용악을 '민족 시인이라기보다 민중 시인이라는 이름이 훨씬 더 잘 어울'리는 시인이라고 하였다. 또한 이용악의 시적 운율에 대한 세심한 고려가 인상적이라며 "용악은 말의 음악성 자체에 탐닉해 있는지도 모른다는 비판도 받을 만한 모더니스트다운 데가 있지만 이런 면은 보다 리얼리즘적 경향이 농후한 민중시에도 나타나 있다"며 모더니즘과 리얼리즘이 긍정적으로 수용되고 있는 것으로 보았다.[67] 최동호는 이용악의 작품제작 순서에 따른 시세계의 변모양상에 관심을 두면서 시의 일관된 맥락과 특성을 '사조적으로는 모더니즘과 리얼리즘의 결합'으로 기법상으로는 '서사적 구도 속에 서정성을 탁월하게 형상화'한 것으로 보았다. 그러면서 이용악의 시가 토착적 서정성에 기초하면서도 서사성을 수용하여, 부르주아적 탐미적 서정시가 아닌 서사적 구도를 가진 리얼리즘적 서정시의 근원을 이루고 있다며 서사지향적인 시의 특성을 지적하였다. 또한 이처럼 서정과 서사를 결합시킨 이용악의 리얼리즘적 서정시는 신경림으로 대표되는 민중시의 원형을 이루는 것이라고 보았다.[68] 감태준은 이용악의 시세계를 시적 대상과 유형의 특성, 형식주의적 측면에서 구조적 원리와 방법적 특성, 그리고 자아와 현실의 갈등양상을 분석하였다. 특히 자아와 현실의 갈등이 시인의 내면세계를 무겁게 지배한다고 보고 그 양상이 비극적 현실과 정신적 고뇌, 이향과 귀

---

[67] 김종철, 「용악—민중시의 내면적 진실」, 『시적인간과 생태적 인간』, 삼인, 1999. pp. 143~161.
[68] 최동호, 「북의 시인 이용악론」, 앞의 책, pp. 23~48.

향의 악순환, 절망과 공동체의식, 자의식의 위축과 확대의 4단계로 나누어진다고 분석하였다.69)

이와 같이 리얼리즘과 모더니즘이라는 두 가지 평가를 모두 수용하여 이용악 시의 특징을 포착하려는 절충주의적 논의들70)은 이후 계속 진행되어 1990년대 중반부터는 이를 토대로 보다 깊이 있는 연구가 계속되었다. 류순태는 이용악 시의 특징이 서정과 서사를 결합하는 새로운 시적 대응에 있다고 보고 서정적 특징으로 은유를, 서사적 특징으로 시적 플롯을 들어 이용악의 시가 지닌 구조적 특징을 단순화시켰다.71) 이는 이용악 시의 리얼리즘적 측면의 기존 연구를 계승하면서 시적 성과를 이룰 수 있었던 형식적 특징을 밝힌 것이라 할 수 있다. 한상철은 이미지 패턴에 대한 세밀한 분석을 통해 이미지와 시적 현실과의 연관을 고찰하면서 이미지를 통해 주제의식에 접근하려는 시도를 보였다.72) 그는 '용악의 시는 지각적 이미지의 적절한 활용을 통해 시적 대상을 감각적으로 즉물화한다는 특징'이 있으며, 그것이 현실의 구체성을 확보하는 역할을 한다고 보았다. 장석원은 바흐친의 이론에 근거하여 이용악 시의 대화적 구조를 고찰하였다.73) 그는 이용악 시를 대화적 구조의 반복에 의한 내적 대

---

69) 감태준, 「이용악 시 연구」, 한양대 대학원 박사학위 논문, 1989.
70) 이병헌, 「境界人, 그 고뇌의 詩的 歷程」, 『현대시학』, 1989. 10.
  이정애, 「이용악 시 연구」, 서울대 대학원 석사학위 논문, 1990.
  여지희, 「이용악 시 연구」, 서울시립대 대학원 석사학위 논문, 1991.
  오교정, 「이용악·오장환 시에 나타난 고향 이미지의 대비 연구」, 전주대 대학원 석사학위 논문, 1992.
  허병두, 「백석과 이용악의 시적 상상력 연구」, 서강대 대학원 석사학위 논문, 1993.
  이 탄, 「이용악론」, 『한국대표시인론』, 문학아카데미, 1994.
  심재휘, 앞의 책.
71) 류순태, 「李庸岳 詩 硏究」, 서울대 석사논문, 1994.
72) 한상철, 「李庸岳 詩의 이미지 硏究」, 충남대 석사논문, 1996.
73) 장석원, 「李庸岳 詩의 對話的 構造 硏究」, 고려대 대학원 석사학위 논문, 1999.

화 관계 성립으로 파악하면서 현실대응의 한 방법으로 시를 통해 자신과 대화를 하고 있다는 해석을 내놓으면서 친일시를 포함한 이용악의 시 전편이 '끝없이 현실에 응전'하려는 시적 인식에서 출발한다고 평가하였다. 신용목은 유랑을 발생시키는 사회·역사적 환경이 시 속에 어떻게 드러나는지와 유랑과정에 나타나는 장면의 대상화 방식, 그리고 화자가 유랑을 자각하는 순간에 나타나는 세계인식의 방법과 태도 등을 고찰하였다.74)

이상과 같이 김동환, 백석, 이용악의 북방과 북방의식에 관한 논의와 이들에 관한 개별연구들의 성과와 한계에 대해 개략적이나마 살펴보았다. 이러한 논의를 종합해보면 북방에 대한 논의는 김동환, 백석, 이용악을 논의하는 과정에서 부분적으로 북방정서 또는 북방의식이라는 용어로서 거론되고는 있으나 '북방'과 '북방의식'을 주제로 한 본격적인 논의는 찾아보기 어려웠다. 다만 백석과 이용악의 서사, 고향의식 등에 대한 주제연구가 전개되면서 이들의 북방의식에 관한 연구가 유종호, 이희중, 방연정, 곽효환 등에 의해 일부 등장하고 있는 것을 확인할 수 있었다.

개별적으로는 金東煥에 관한 연구는 주로 「國境의 밤」이 서사시냐 아니냐에 여부와 그의 시편에 나타나는 '서사성'과 연관된 연구가 주를 이루었음을 확인하였다. 白石에 관한 연구는 1980년대 이후 가장 활발히 연구가 진행되고 있으며 이 연구들은 초기에는 토속적이고 향토적인 시세계, 완강한 평북방언, 주체의식의 회복과 민족적 원형 탐색 등에 관심이 모아졌고 1990년대 이후에는 시간, 공간, 시어,

---

74) 신용목, 「이용악 시에 나타난 유랑 의식 연구」, 고려대 대학원 석사학위 논문, 2005.

서술구조, 서사성, 근대성 등으로 폭넓게 전개되고 있다. 李庸岳에 관한 연구는 리얼리즘에 기반을 두고 접근한 논의와 시의 내용보다는 언어와 형식 및 기법 등의 특성에 주목한 모더니즘에 입각한 연구들이 있었다. 최근에는 형식적인 면에서는 모더니즘이, 내용적인 면에서는 리얼리즘이 각각 이용악의 시적 성취를 돕는다는 절충론으로 이어져 이를 토대로 연구가 진행되고 있다.

이러한 연구들은 이들 시인들의 시적 배경과 정신적 뿌리에 해당하는 '북방'에 대한 깊이 있는 천착으로까지는 아직 나아가지 못하고 있음을 보여주고 있다. 하지만 김동환, 이용악, 백석 세 시인이 서사 지향적인 시라는 새로운 시의 양식을 창출해냈고 양식의 변화를 통하여 새로운 시세계를 펼쳐 보인 점에서 더 나아가 이들 시편의 서사양식 특성과 기법의 수용과정에서 나타난 양식적 갱신을 추적한 고형진의 연구나 정지용, 백석, 오장환, 이용악을 대상으로 1930~40년대 한국 현대시에 나타난 고향의식을 연구한 이원규의 주제론적인 연구들은 본 연구에 좋은 선례를 제공해 주고 있다.

## 3. 북방과 북방시편을 바라보는 관점과 방향

　이 글은 북방공간을 배경으로 북방의 시대상, 삶, 정서, 풍속 등을 담은 김동환, 백석, 이용악 3인을 통해 한국 근대시, 즉 1920~40년대 북방시편들이 다루고 있는 '북방'과 북방공간의 특성 및 북방의식을 규명하고자 한다. 또한 엄혹한 식민지시대에 세 시인이 각각 보인 북방에 대한 인식과 세계관, 역사적 현실에 대한 수용태도 등을 살펴보면서 이들이 일군 북방시편의 개성적인 세계와 응전방식을 고찰할 것이다. 이를 위해 이들의 북방시편들의 구조를 세밀하게 분석할 것이며 이들의 북방시편들이 변모해 나가는 양상과 시인의 의식변화를 같이 밝혀 보고자 한다.
　연구대상으로 삼은 김동환, 백석, 이용악 3인은 활동시기가 김동환은 1920년대 중반에서부터 백석과 이용악은 한국 근대시의 전성기라 할 수 있는 1930년대 후반에 각각 작품활동을 시작하였으며 이 시기에 가장 괄목할 만한 작품들을 남겼다. 이들의 문학적 출발과 선택한 문학의 길은 서로간에 다소 거리감이 있지만 '북방'이라는 범주에서 볼 때 이들은 북방이라는 공간과 그곳의 독특한 삶과 풍속과 의식을 끌어 와 개성적인 시선과 기법으로 시에 담아냄으로써 한국문학의 영역을 확장하고 풍요롭게 하였다는 차원에서 같이 논의할 수 있다.

　김동환과 이용악은 각각 1920년대와 1930년대 이후의 시대상을 반영한 북방을 핍진하게 담고 있으며 백석은 자신의 기억 속에 남아 있는 북방을 始原의 공간으로 재구하면서 다양한 방식으로 복원하고자 하였다. 또한 백석과 이용악은 1930년대를 지나 1940년에 이르러서도 북방이라는 공간을 지속적으로 천착하며 암울하고 절망적인 상황에 나름대로 응전하였다. 이는 변화무쌍한 모습과 수많은 선택의 길을 걸었던 김동환과는 다른 면모이다. 한편으로는 김동환과 이용악이 담은 북방이 함경도와 두만강을 중심으로 한 북관과 그 이북 지역을 중심으로 하고 있다면 백석의 북방은 평북을 중심으로 한 관서지역을 담고 있으며 후반기에 들어서는 만주지역으로 확대되고 있다. 물론 백석의 북방시편 가운데는 「咸南道安」, 「咸州詩抄」 등과 같이 북관지역을 배경으로 한 시편들도 여러 편 있으나 백석의 북방시편의 특성은 관서지역을 소재로 하거나 배경으로 삼은 시편에 잘 나타난다. 그리고 북방이 고향인 이들은 해방과 분단을 거치면서 납북(김동환)되거나 북을 선택(이용악)하거나 혹은 북에 남음(백석)으로써 재북 또는 월북시인이 되어 오랫동안 한국문학사에서 빛을 보지 못하는 불운을 겪기도 하였다. 이러한 면에서 볼 때 이들 3인의 북방시편들을 고찰하는 것은 1920년대에서부터 1930년대 그리고 해방 전까지의 북방공간과 그곳에서의 삶과 정서와 의식을 총체적으로 조명하고 그에 값하는 자리를 매김하는 데 크게 부족하지 않을 것이다.

　따라서 이 글에서는 김동환, 백석, 이용악 순으로 이들의 북방시편을 살핌으로써 이들이 각각 북방을 어떻게 바라보고 어떻게 인식하고 있는지를 규명하고 나아가 북방시편들의 변모과정과 의식의 변화를 함께 추적할 것이다. 그러기 위해 우선 각 시인들이 활동하던 시기의 시대상황과 시단의 흐름을 간략히 살펴보고 그 연장선상에서 해당시인의 문학적 출발점과 위상을 점검한다. 이어 시인의 생애와 시적 흐름을 관찰함으로써 개개 시인에 대한 기본적인 이해의 틀을 마련할 것이다. 그리고 북방시편의 궤적과 변모과정, 특히 북방시편들이 변모해 가는 과정, 즉 시대적 상황이나 시인이 처한 상황 또는 인식에 따라 변화하는 북방시편의 양식과 소재, 의식, 특성 등의 흐름을 구분하여 단계적으로 고찰함으로써 북방시편들의 전체와 부분의 이해를 함께 도모할 것이다. 이는 '어떤 텍스트든 그 전체를 이해하기 위해서는 그 구성부분을 이해해야 하고 부분을 이해하려면 전체를 어느 정도 파악'[75]해야 한다는 문헌학적인 원이 지니는 순환의 처리방식을 말하는 해석학적 순환에 입각한 것이다. 이들 북방시편이 공간적 특수성, 시대적 상황, 그리고 이 공간에서 태어나 성장한 시인의 전기적 사실과 의식 등이 긴요하게 작용한 것으로 볼 수 있기 때문이다. 이러한 방법은 작품과 삶을 완전히 분리해서 보기 어려운 경우에는 매우 효과적인 방법으로 작품을 둘러싸고 있는 요소들을 염두에 두고 읽음으로써 작가와 작품의 총체적인 면모를 파악하는 데 유용하다. 뿐만 아니라 개개의 작품, 나아가 특정 시기의 작품에 대한 충실한 이해 역시 전체적인 관련성 아래서 좀 더 온전히 이룰 수 있으며 동시에 개개 작품이 상호 텍스트성을 갖고 각각의 성과에 맞는 위치를 매김할 수 있게 한다. 여기에 더하여 북방시편들의 시어와 기법상의 특성을 개관함으로써 이해를 도울 것이다.

Ⅱ장에서부터 Ⅳ장까지는 각각 김동환과 백석, 이용악 순으로 이

---

[75] Joseph Childers · Gary Hentzi 엮음, 황종연 역, 앞의 책, p. 213.

들의 북방시편과 북방의식을 살펴볼 것이다.

Ⅱ장은 북방이라는 낯설고 새로운 공간과 서사를 한국문학의 場 안으로 처음 끌어들이고 북방의 정조를 대륙적이고 남성적인 것으로 인상짓게 만든 巴人 金東煥의 북방시편들을 살핀다. 김동환은 「國境의 밤」이라는 굵은 족적을 남긴 시인이자 소설, 평론, 희곡에 이르기까지 전방위적으로 활동하며 많은 작품을 생산한 문인이다. 한편으로는 엄청난 에너지를 분출한 근대적 지식인이자 근대 식민지하의 굴절된 모습이 고스란히 투영된 생애를 살았다. 김동환에게 있어 북방시편은 대표작 「國境의 밤」을 비롯하여 스스로 서사시라 부른 몇 편과 북방을 배경으로 한 시편들을 들 수 있는데 시기적으로는 1924년부터 1929년까지 기간에 주로 나타난다. 이 시기에 그는 경향파 시인을 자처하고 경향파를 옹호하는 평론들을 발표하며 프로문학의 중심에 서 있었다. 20년대 후반 카프에서 이탈하였으며, 동시에 민요에 눈을 뜨고 민요가락에 향토적 서정을 담으려고 했다. 또한 1927년 카프에서 제명당한 후에는 민족주의로 선회하여 1929년 춘원 이광수, 주요한 등과 함께 『詩歌集』을 냈다.

김동환의 첫 작품 「赤星을 손까락질 하며」에서부터 첫 시집 『國境의 밤』 사이의 북방시편들에는 크게 두 가지 특성을 발견할 수 있다. 하나는 북방시하면 전형적으로 떠오르는 광활하고 장엄한 북방과 북방대륙을 배경으로 한 거대서사, 장엄하고 험난한 자연환경과 이를 꿋꿋하게 극복하는 힘이 넘치는 남성적인 어조와 기개, 그리고 거친 북방언어 등이 담긴 작품들이다. 다른 하나는 「北靑물장사」로 대표되는 소박하고 정감 있는 북방 서정시가 그것이다. 여기서 향후 김동환의 거대한 北方敍事가 축소되고 민요조 서정시로 옮겨 가는 과정의 前兆를 확인할 수 있다. 이 글에서는 이 두 가지 특성을 축으로 삼아 이 시기의 북방시편들을 4개의 시기 또는 경향으로 구분하여 관찰할 것이다.

Ⅲ장에서는 白石의 북방시편들을 고찰한다. 백석은 1930년대 모더니즘 방법론을 토대로 식민지하의 근대라는 절망적인 상황을 극복하기 위해 민중들이 공동체 속에서 하나로 어우러져 살았던 기억의 공간인 북방마을을 재구하고자 했다. 그가 작품 속에 끌어온 세계는 식민지 이전에 하나로 어우러져 살고 있는 공동체의 세계이자 과거 우리 문학에서 볼 수 없었던 關西지역을 중심으로 한 북방의 풍속과 삶과 정서이다. 그리고 북방마을을 이상공간의 대상으로 상정하고 이를 회복하고자 시도하였으나 식민지 현실은 끝내 이를 허락하지 않았을 것이라는 관점에서 논의의 시야를 확보하고 글을 전개할 것이다.

따라서 백석의 북방시편들을 理想空間으로서의 始原의 북방마을 재구와 회복노력, 이상과 현실의 괴리에서 오는 이상공간으로서의 북방모색을 위한 旅行, 그리고 시원의 북방을 회복하려는 노력의 좌절과 이로 인한 유랑과 체념이라는 의식의 흐름을 가정하고 백석 북방시편의 의미와 특성, 그리고 북방의식을 규명할 것이다. 나아가 관서지방을 중심으로 한 북방을 살펴봄으로써 김동환과 이용악으로 이어지는 함경도 지방을 중심으로 한 北關지역의 북방과 함께 우리 근대시의 북방공간과 북방의식을 폭넓게 조명하는 의미를 확보할 수 있을 것으로 기대한다. 특히 백석의 북방시편을 만주 유랑기에 한정하지 않고 이상적 공동체 세계로 제시한 관서지역을 중심으로 한 북방과 그가 여행을 하면서 찾고자 한 북방, 그리고 만주 유랑시절에 그리고 있는 북방이라는 3가지 관점에서 각각 조명하려 한다.

이어 Ⅳ장은 비참한 삶의 현장이었던 북방을 깊이 있게 천착한

李庸岳의 북방시편을 검토한다. 이용악은 1930년대 후반부터 1940년대 초반 일제 식민지치하의 비극적인 역사의식을 바탕으로 극심해진 일제말의 수탈과 이로 인해 전국적으로 일어난 流移民 문제에 주목했다. 특히 그는 유이민이 가장 대규모로 일어난 현장이자 그들의 비참한 삶이 전개되었던 북방에서 시선을 떼지 않았다. 그는 일제 식민치하라는 비극적인 시대상을 인식하고 날로 심해져 가는 일제말의 극심한 수탈과 이로 인한 민중의 처참한 삶, 그리고 이에 뒤따라 발생한 대규모 유이민 문제가 펼쳐진 북방을 깊이 있게 통찰하고 이를 자신의 체험을 토대로 시에 담아내었다.

유이민이 가장 대규모로 일어난 비극의 현장인 북방을 배경으로 당대의 핵심적인 문제를 짚어내고 있는 이용악의 역사의식과 문학적 성취는 주목에 값하는 것이 아닐 수 없다. 그는 북방을 배경으로 고대의 영화로운 거대서사 복원을 꿈꾸거나, 북방을 始原의 이상공간으로 그리는 것이 아닌 고통 받고 절박한 상황에 내몰린 유이민의 삶을 구체적이면서도 담담한 목소리로 형상화하였다. 그의 목소리는 분노하거나 감정에 함몰되지 않고 일정한 거리감을 확보함으로써 더 큰 울림을 이루어내는 시적 성취의 바탕을 이루고 있다. 따라서 같은 고장의 선배 시인 김동환과 더불어 대표적인 북방시인으로 꼽히는 이용악의 작품세계에 나타나고 있는 북방공간과 그곳에서의 민중의 피폐한 삶과 의식을 조명하는 것은 1930년대부터 해방 전후까지의 북방문학과 시대의식을 조명하는 방법으로 유효할 것이다.

아울러 각 장에는 김동환, 백석, 이용악 세 시인의 북방시편들이 성취하고 있는 기법과 미학 그리고 이들 시편을 이루고 있는 시어에 대해 개괄적으로 살핀다. 이 글의 목적이 북방시편의 북방이라는 공간과 그 공간에 대한 시인의 의식과 이들이 남긴 시편의 울림을 확인하는 데 있으므로 여기에서는 세 시인의 북방시편에서 볼 수 있는 시어의 특성과 동시대 다른 시인들 또는 그들 자신의 다른 시편들과 변별되는 기법상의 특징을 개괄적으로 정리할 것이다. 이로써 이들 북방시편이 갖는 언술76)의 주요한 특성을 이해할 수 있을 것이다.

V장에서는 김동환, 백석, 이용악의 북방시편과 북방의식을 종합, 정리할 것이다. 이들이 각각의 북방시편들을 통해 개성적으로 보여준 북방과 북방의식을 종합하고 나아가 이들 시편이 보여주고 있는 공통된 북방의식에 대해 정리할 것이다. 낯선 문학공간인 북방의 지리적·역사적 특성과 인식에서 발현되는 독특한 북방의식의 공유점을 정의함으로써 북방시편들을 시대별로 그리고 거시적으로 조망할 수 있는 시야를 확보할 수 있을 것이다. 나아가 이들이 북방을 바라보는 시선과 기법상의 차이를 정리함으로써 각각의 변별적 특성을 확인할 수 있을 것이다.

한국문학, 특히 근대문학의 북방에 대한 정의나 선행연구를 찾는 것은 쉽지 않다. 따라서 이 글이 한국 근대시의 북방전체를 포괄하고 규명할 수 있다고 하기는 어려울 것이다. 하지만 김동환, 백석, 이용악 세 시인의 북방시편들을 고찰한 이와 같은 연구와 논의를 통해 1920~40년대 한국 근대시에 있어서의 북방과 북방의식을 규명하고 여기에 덧붙여 북방시편의 시어와 미학적 특성을 규명한다면 한국 근대시 연구의 영역을 확장하고 새로운 과제를 제시하는 데 일정한 역할을 할 수 있을 것으로 기대한다.

---

76) 언술(Discourse)은 1960년대 후반과 1970년대 초반 구조주의(Structuralism)를 거치면서 말하기나 글쓰기에서의 正格 표현이라는 전통적인 의미를 넘어서 수많은 의미로 사용되고 있다. 여기서는 '여러 문장으로 이루어진, 복잡한 언표를, 그것을 이루고 있는 문장들이 짜여 나가는 규칙의 견지에서 이르는 개념'이라는 김인환의 정의에 따른다(김인환, 『비평의 원리』, 나남, 1994, p. 285 참조).

## Ⅱ. 장엄한 북방서사로의 문학공간 확장

— 金東煥의 북방시와 북방의식

1. 1920년대 근대문학과 김동환
2. 거대 북방서사에서 서정, 민요시로
3. 북관의 투박하고 억센 어조에서 시적 자기발견과 동일성 성취로

## 1. 1920년대 근대문학과 김동환

### 1) 1920년대 시단과 김동환

한국문학에서 1920년대는 서구적 개념의 근대문학을 급속히 수용하는 과정에서 필연적으로 겪을 수밖에 없는 시행착오와 혼란, 그리고 많은 실험이 이루어진 시기라고 할 수 있다. 이러한 현상은 1920년대를 관통하여 나타나며 20년대 전반기에 더욱 두드러진다. 1919년 민족의 염원을 담은 3·1 독립운동이 좌절된 후 일제의 통치방법이 무단통치에서 문화통치로 전환됨으로써 역설적으로 한국문학은 활기를 띠게 된다. 비폭력적이지만 민족의 염원이 담긴 독립운동 이후 '세계의 여론에 눌려서 시행된 기만적인 표면적 완화'[1]에 불과한 것이기는 하지만 부분적으로 언론과 출판의 자유가 허용되었고 활발한 문화·예술·교육·운동이 일어났다. 문학부문에 있어서는 서구

---

[1] 이기백, 『한국사신론』, 일조각, 1967., p. 408.

의 다양한 문예사조가 한꺼번에 쏟아져 들어왔고 잡지와 동인지들의 잇따른 창간을 바탕으로 문학작품이 활발히 발표되었다. 1910년대에 도입되기 시작한 서구적 개념의 근대문학을 계승하여 보다 발전적인 형태로 전개하기 시작한 것이다.

이 시기의 문학은 전대의 『創造』(1919년) 동인들에 의해 계몽주의 문학관을 탈피한 데서 출발한다. 이들에 의해 자연주의와 사실주의 문학이 개척되었으며 시에서는 현대적 의미의 자유시 형식이 정립되는 등 근대문학의 면모를 일정하게 닦은 토대 위에서 전개되었다는 점이 두드러진 외형적인 특징이다. 건설적 퇴폐주의를 표방한 『폐허』(1920년), 최초의 시 전문지 『薔薇村』(1921년), 낭만주의 문학관에 기초한 『白潮』(1922년), 계급주의와 경향주의 문학의 산실이 된 『開闢』(1920년), 앞선 문학적 경향과는 다른 방향을 추구한 『金星』(1923년) 그리고 동인지가 아닌 대문예지를 표방한 『朝鮮文壇』 (1924년) 등 여러 동인지와 잡지들이 봇물처럼 쏟아져 나옴으로써 전문 문인 집단이 등장하게 되고 이른바 문단이 형성된 것도 이 시기의 주요한 특징이다.

내용적으로는 20년대 초반기는 3·1 운동의 실패와 독립의 좌절에서 오는 우울하고 암울한 시대의식과 정서가 주류를 이루었다. 감상적 낭만주의와 퇴폐적 허무주의가 주조를 이루면서 몽환적이고 감상적인 정서와 영탄적인 어조를 보이며 현실로부터 도피하고자 하는 시들이 큰 흐름을 형성하였다. 여기에 상징주의, 탐미주의 등의 서구 문예사조가 원칙 없이 뒤섞여 혼재하는 양상을 보였다. 1920년대 초의 이러한 절망과 퇴폐의 분위기와는 별개로 식민지 조선의 '현실에 대한 부정에서 출발하여 현실개조로 향'[2]한 신경향파가 등장하며 식

---

2) 장윤익, 『북방문학과 한국문학』, 인문당, 1990., pp. 229~230.

민지하의 사회현실을 직시하고자 하는 노력이 시작되었다. 뒤이어 박영희, 김기진 등이 주도하는 카프(KAPF, 조선프롤레타리아예술가동맹)가 1925년 결성되면서 계급주의 프로문학이 새로운 큰 축을 형성하였다. 한편으로는 이에 대한 반동으로 문학의 순수성과 역사성을 강조하는 국민문학파와 '우리문학의 건설'과 '세계문학의 호상범위를 넓히는 데' 목적을 두고 외국문학을 소개하는 데 앞장선 해외문학파가 각각 1926년 결성되었다. 또한 고전문학의 부흥을 주장하는 시조와 민요부흥운동이 전개되었다.

이처럼 이 시기는 짧은 시간 동안 서구의 여러 문예 사조가 도입되어 다양하게 창작이 시도되고 역동적인 문학활동이 전개되었다. 하지만 이러한 흐름을 수용, 발전시킬 수 있는 정신적 문화적 토대가 마련되어 있지 않음으로써 현대시 정립을 위한 다양한 문학적 모색기로서의 의미를 갖는 데 그친다. '1919年 以後로 新文藝界는 正히 壯觀이었으니 (중략) 文藝理想主義 自然主義 浪漫主義 藝術至上主義 惡魔主義 등의 潮流가 雜然히 橫溢하'[3]였다는 김기진의 말처럼 이 시기의 문학은 여러 가지 문예사조가 혼류하면서 다양한 가능성을 모색하고 또 타진한 시기이기도 하다. 계몽주의의 극복과 본격적인 근대문학의 출발이라는 점에서 이 시기의 문학과 문학인들은 같은 출발선상에 서 있었다. 그러나 한꺼번에 쏟아져 들어와 혼재한 서구 문예사조의 미숙한 수용에 따른 시행착오와 계급주의에 입각한 프로문학과 민족주의문학, 해외문학 등 수많은 갈림길에 서서 자의로든 타의로든 자신의 문학의 길을 선택하지 않을 수 없었다. 또한 허약한 문학적 토대 아래서 습작기에 처해 있거나 그 과정을 넘어선

---

3) 김기진, 「10年間 朝鮮文藝變遷過程」, 白鐵, 『新文藝思潮史』, 신구문화사, 1968, p. 126. 재인용.

젊은 작가들이 담당했던 '20년대의 문학계는 필연적으로 그런 미숙성을 보여'4)준 한국 근대문학이 필연적으로 통과해야만 했던 습작기라고도 할 수 있다.

선택하지 않을 수 없는 수많은 갈림길과 미숙한 습작, 그리고 격류로 가득한 20년대 한국시단에 있어 문예사조와 동인지들과 관계없이 활동하면서도 문학적 성과를 보인 예외적인 시인들로 김소월과 한용운 그리고 김동환을 꼽을 수 있다. 이들은 1920년대 문학의 한계점으로 지적되는 퇴폐와 낭만, 허무와 감상이 주조를 이루는 낭만주의 성향의 시를 극복하는 근대적 서정성을 확보하였다는 점과 1920년대 중반에 거대한 흐름을 형성한 階級主義 프로문학에 휩쓸리지 않고 일정한 거리를 확보하면서 각각 독자적인 시세계를 일구었다는 면에서 공통점을 가지고 있다.

'김소월은 민요적 율격을 토대로 하여 한국인의 보편적인 정서를 가장 한국적으로 시에 승화시킨 우리 근대시사의 위대한 서정시인'5)으로 뛰어난 운율과 섬세한 시어, 그리고 탁월한 시적 감수성을 성취함으로써 전통 서정시의 전형을 만들었다. 승려이자 사상가이기도 한 만해 한용운은 '불교적 상상력을 토대로 삶의 존재론적인 문제와 사회적인 문제를 변증법적으로 조화'6)시켰으며 시집 『님의 침묵』을 통해 암담한 시대적 상황 속에서 불교적 세계관과 강한 역사의식을 결합시킨 시적 성취를 이룩하였다. 특히 그는 서양문학을 창작의 모형으로 삼지 않고 '전통사상을 스스로 혁신한 데 근거를 두고 민족운동과 깊은 관련이 있는 문학'7)활동을 했다는 평가를 받고 있다.

---

4) 정한숙, 『현대한국문학사』, 고려대학교출판부, 1982., pp. 24~25 참조.
5) 오세영, 『한국현대시 분석적 읽기』, 고려대학교출판부, 1998., p. 19.
6) 오세영, 앞의 책, p. 71.
7) 조동일, 『한국문학통사 5』, 지식산업사, 1994., p. 180.

김소월과 한용운이 1920년대를 대표하는 문학적 성과를 이룬 시인으로서 평가받는다면 김동환은 이들과는 다른 관점에서 중요한 시인으로 평가받고 있다. 낭만주의 계열의 도회적 감상에서 헤어나지 못하고 있던 당시 시단에 북방이라는 낯설고 새로운 공간과 대륙적이고 남성적인 시세계를 보여주었다는 점과 많은 논쟁을 남겼지만 이러한 정조를 바탕으로 최초의 서사시라 불리는 「國境의 밤」과 『昇天하는 靑春』을 발표함으로써 한국 시사의 외연을 확대했다는 점 때문이다. 특히 「國境의 밤」을 비롯한 장엄하고 험준한 북방을 배경으로 한 일련의 北方詩篇들은 근대 장편 서사 시인으로서의 그의 문학적 위치를 확고하게 자리매김 해준 동시에 종래의 한국시사에서 볼 수 없었던 북방이라는 문학공간을 갖게 해주었다. 詩史的으로 볼 때 형식적인 면에서는 낭만주의 문학관이나 서정시에 안주하지 않음으로써 복잡다기한 시대적 상황을 담아낼 서사시로의 문학 양식상의 확장을 이루었다. 내용상으로는 그동안 한국문학의 배경 또는 문학적 공간으로 주목받지 못했던 북방공간을 암울하고 시련이 가득한 일제하 시대 상황의 상징공간으로 담아냄으로써 짙은 민족정서를 표현해 냈다.

### 2) 김동환의 시세계와 북방, 북방시

巴人 金東煥(1901~?)은 문학인으로서의 모습보다는 엄청난 에너지를 분출한 근대적 지식인으로서의 면모를 가지고 있다. 다재다

능한 언론인이자 잡지 편집인인 동시에 출판인이었으며 다대한 생산량을 가진 문학인이었다. 「國境의 밤」이라는 굵직한 족적을 남김으로써 시인으로 문학사에 각인되었을 뿐만 아니라 소설과 평론, 희곡에 이르기까지 장르를 넘나들며 전방위적으로 활동영역을 넓힘으로써 시 426편, 수필 86편, 평론 56편, 희곡 7편, 소설 4편 등 수많은 작품을 남긴 多産의 문학인으로 기억되고 있다.

파인은 20세기의 원년인 1901년 두만강을 끼고 북간도와 마주한 국경과 멀지 않은 함경북도 경성에서 부친 김석구와 모친 마윤옥 사이 4남 3녀 가운데 3남으로 태어났다[8]. 가족사적으로는 중시조인 매월당 김시습의 18대 손으로서 그의 文士的 맹아를 추측해 볼 수 있다. 경성 소재 함일학교의 경영에 참여할 정도로 경제적인 여유도 있고 시대적으로 일찍 깨어 있던 것으로 보이는 부친 김석구는 한일합방이 일어나자 망국의 울분으로 지금의 경성역 터인 승암산 아래 옥토 1만여 평을 함일학교에 희사한 후 가사를 등지고 북간도와 러시아 일원을 떠돌았으며 혁명운동에 투신한 것으로 전해지기도 한다. 부친의 유랑으로 남은 가족들은 빈한한 생활을 하지 않을 수 없었고 김동환은 고학으로 공부를 해야 했다. 1912년 경성보통학교를 졸업하고는 잠시 학업을 중단하고 경성군청에서 일을 했으며 부친을 찾아 방황하기도 했다. 1916년에야 서울로 올라와 상급학교인 중동중학교에 진학했지만 여전히 고학으로 학비를 마련해야 했다. 중동학교 4학년 재학중이던 1920년 학생들이 집필자이자 편집자인 잡지

---

8) 김동환 생애 연보, 『근대문학, 갈림길에 선 작가들』, 민음사, 2004., pp. 89~94. 김동환의 생애, 연보에 관한 내용은 1901년에 태어난 문인들을 기리는 '탄생 100주년 문학인 기념문학제'의 일환으로 발간된 위 논문집에 수록된 연보 내용을 기본적인 근거로 삼았다. 이 연보는 연구자가 파인의 3남 김영식 씨의 도움을 받아 작성한 것으로 서지연구자의 조사와 가족의 기록이 종합된 것이다.

『학생계』현상공모에 시「異性따의 美」가 1등으로 당선되었는데 이 시기에 이미 상당한 습작과정을 거친 것으로 보인다. 1921년 중동중학교를 졸업하고 일본 도요(東洋)대학 문화학과에 진학하여 고학하였으며 1923년 관동대지진이 나자 학업을 중단하고 귀국하였다. 일본 유학시절 재일조선노동총연맹 중앙집행위원으로 일하는 등 노동운동에 간여하기도 하였다. 이 시기는 러시아혁명이 성공(1917년)한 직후로 일본 내에 '대정 데모크라시'라 불리는 자유주의적인 분위기가 팽배했던 때로 사상적으로 문화적으로 상당한 영향을 받았을 것으로 짐작된다.

귀국한 이듬해에는 양주동이 주도한 『금성』지에 시 「赤星을 손까락질하며」로 문단에 첫발을 내디뎠고 『경성일일신문』과 『동아일보』 기자로 언론에 투신하였고 『시대일보』와 『조선일보』 기자로 활동했다. 1925년 그의 대표작인 장편 서사시「國境의 밤」과 『昇天하는 靑春』을 발표하여 문단에 확고히 자리매김을 하였으며 계급주의 노선을 내세우는 카프에 참여하였다가 1920년대 후반에 이탈하였다. 카프에서 이탈하며 카프와는 반대편에 위치한 이광수, 주요한 등 민족주의자들과 교류하는 등 친분을 쌓았으며 이들과 함께 1929년 『詩歌集』을 내는 변신을 하였다. 같은 해 조선총독부가 총독부 출입기자들에게 제공한 촌지를 밑천으로 시작한 잡지 『三千里』가 기대를 뛰어넘는 성공을 거두면서 출판인으로의 길을 본격적으로 걷기 시작했다. 대중 종합잡지를 표방한 『삼천리』는 대중의 기호에 영합하고 시류에 민감하게 반응하며 1942년 일제의 간섭으로 인해 152호로 종간하기까지 외면적으로 성공의 길을 걸었다. 뿐만 아니라 『삼천리』는 김동환에게 잡지 편집인으로서의 명예와 사회·문화적으로 왕성한 활동을 펼칠 수 있는 확고한 기반을 제공하였다. 반면 그를 20년대 건강한 의식과 시어로 무장한 시인에서 가벼운 소품류의 민요시나 애상적 서정시를 쓰는 시인으로 변모케 하였고 현실순응적인 잡지의 편집과 경영방향으로 인해 친일의 길로 접어들게도 하였다.

1940년대에 접어들면서 저항적이거나 민족주의적인 김동환의 면모는 자취를 감추고 친일의 길을 걷는다. 김동환은 1942년 『삼천리』의 제호를 『大東亞』로 바꾸고 일제의 침략적 군국주의를 설파하였다. 또한 이름을 白山靑樹로 창씨개명을 하며 일본 제국주의를 칭송하는 시를 쓰고 학병에 참여할 것을 권하는 강연에 나섰으며 황군작가위문단, 조선문인협회, 조선문인보국회 등의 친일단체에 두루 참여하는 굴절된 모습을 보였다. 해방 후에는 『삼천리』 복간과 사회정치 활동에 나서 1946년에는 조선민주당 대변인격으로 활동하기도 하였다. 1949년 반민특위가 조직되자 자수하여 친일행적과 관련된 조사를 받았고 공민권 5년 정지라는 비교적 무거운 실형을 선고받았다. 이후 이승만 정권에 의해 반민특위가 해체되면서 유야무야 되었지만 그 후유증 때문인지 한동안 칩거하기도 하였다. 이후 한국전쟁이 발발하며 1950년 7월 23일 북한정치보위부에 출두하였다가 납북되었고 1958년 『평남일보』 교정원 및 제본원을 거쳐 납북, 월북인사들로 구성된 재북평화통일촉진협의회 중앙위원으로 활동하다가 같은 해 12월 평북 철산지방의 집단수용소로 추방된 후 생사를 알 수 없게 되었다.

김동환의 이력에서 볼 수 있듯이 20세기의 첫 장을 여는 해에 태어났다는 상징성과 러시아, 중국과 국경을 맞대고 있는 북쪽 변방의 국경마을이라는 출생지, 독특한 유년의 체험과 가족사의 특별함, 그리고 20세기와 함께 전개된 식민지라는 조국의 불행과 근대화 체험

등은 파인의 생애와 문학이 전개되는 데 직·간접적으로 영향을 끼쳤다고 볼 수 있다. 그의 생애와 함께 진행된 20세기 전반기의 식민지와 근대화의 체험은 그에게 근대적 인식과 함께 계몽주의와 개혁주의에 눈을 뜨게 한 자양분이 되었고 부친을 비롯한 불행한 가족사는 민족주의와 애국주의를 가슴에 품게 하였다. 또 거듭되는 빈곤과 고학의 체험은 계급주의에 눈을 뜨게 하는 동시에 개인으로서는 타파할 수 없는 거대한 현실에 타협하고 순응하는 바탕이 되었을 것이다. 또한 러시아와 중국과 맞댄 북방 국경과 멀지 않은 마을에서의 출생과 성장은 북방이라는 낯설고 참신한 문학적 소재와 공간과 서사를 제공함으로써 단숨에 그를 한국 근대문학의 중심에 진입케 하는 추동력이 되었다. 이러한 배경은 '데뷔작부터 비슷한 또래의 시인들처럼 퇴폐와 절망의 포즈를 취하는 대신 식민지 조선의 현실을 폭넓게 그려내려고 했고 실제로 일정한 성취를 거둘 수 있'[9]게 하였다고 할 수 있다.

특히 무엇보다 김동환을 동시대의 시인들과 변별되게 하고 또 돋보이게 하는 것은 남성적이고 대륙적인 어조와 정서로 북방이라는 낯설고 새로운 공간과 서사를 한국문학의 영역으로 끌어들였다는 점에 있다. '그는 근대 초기시단에 보기 드문 장중한 남성적 어조로 황량한 설원 북극의 정서를 노래하여 고향을 떠난 이들의 향수를 자극하고 민족사의 비극을 일깨워'며 이로써 "다기한 사조의 혼류 속에 방향을 잡지 못하고 부유하던 당대의 기성문단에 충격적인 반향을 불러일으켰다"[10]는 최동호의 지적은 그것을 뒷받침한다. 이전까

---

9) 오성호, 『한 근대주의자의 행로 김동환』, 건국대학교출판부, 2001., pp. 31~32.
10) 최동호, 「탄생 백년을 맞는 시인들—이상화, 심훈, 김동환의 시」, 김윤식·유종호 외 『근대문학, 갈림길에 선 작가들』, 민음사, 2004., pp. 39~40.

지 한국문학의 공간으로 취급되지 못했던 북방이라는 공간을 대륙적이고 남성적인 어조로 강렬하게 노래하며 험준한 자연환경과 식민치하의 민족 수난사를 오버랩시키는 시편들이 보이는 특장은 시인으로서의 김동환의 자리를 분명히 매김하고 있으며 이 글에서 다루고자 하는 부분이기도 하다. 김동환이 보여준 북방공간을 배경으로 한 북방시편들은 소재의 새로움과 함께 북방서사를 담은 서사시라는 형식 또는 양식의 혁신을 가져옴으로써 한층 그의 문학적 위치를 확고하게 해 주었다고 할 수 있다.

'서구의 낭만주의와는 궤를 달리하는 허무주의와 상징주의의 영향을 받은 섬약한 여성취향의 서정시들이 많이 쏟아져 나'11)오던 때에 이례적인 출발을 하여 단숨에 문단의 주목을 받으며 출발한 김동환의 시세계는 크게 3기로 구분할 수 있다. 파인의 시세계 구분에 있어서는 다소 차이12)가 있으나 그의 시세계의 변모과정과 시대적 흐

---

11) 유재엽, 「悲哀와 所望의 詩精神-巴人 金東煥의 文學世界」, 『출판잡지연구』 제9권 제1호, 통권 제9호, 2001., p. 71.
12) 오세영은 등단에서부터 잡지 『삼천리』를 발행하는 1929년까지의 1기, 『삼천리』 발행에서부터 해방까지의 2기, 해방에서부터 1950년 납북되기까지를 3기로 구분하고 있고(「파인의 문학론과 문학」, 김영식 편, 『파인 김동환탄생100주년기념집』, 도서출판 선인, 2002., pp. 127~129), 오양호는 현실을 밤, 겨울로 인식할 뿐 이를 억제하지 못하고 결국 자조나 감상으로 일관한 初期(『國境의 밤』, 『昇天하는 靑春』) 시대), 이를 초극하고자 하는 中期(『詩歌集』 시대), 민요지향 그리고 현실을 기대의 세계로 옮겨가는 末期(『海棠花』 시대)로 구분하고 있다(「沈沒과 上昇의 抒情-김동환 론」, 『韓國文學과 間島』, 문예출판사, 1988., p. 188). 최동호는 1920년대와 1930년대를 각각 세분하여 등단에서부터 시집 『국경의 밤』, 『승천하는 청춘』을 상재한 1925년까지를 제1기, 프로문학이 맹위를 떨치던 1920년대 후반기로서 김동환이 프로문학 이념에 동조하는 작품을 발표하는 한편 「봄이 오면」, 「산 너머 남촌에는」 등 섬세하고 부드러운 민요조에 향토적 서정을 담은 시들을 발표한 제2기, 프로문학 운동이 급격히 쇠퇴하고 순수시운동이 새롭게 전개되던 1930년대 전반기로 김동환이 격정과 대사회적인 관심을 잠재우고 내부세계로 침잠하는 제3기, 그리고 미래세계에 대한 낙관적인 전망을 상실하고 자기를 방기하면서 친일문학의 길로 적극 나아간 1930년대 후반 이후를 제4기로 구분하고 있다(「탄생 백년을 맞는 시인들─이상화, 심훈, 김동환의 시」, 앞의 책, pp. 39~43).

름을 대비하면서 거시적인 차원에서 보면 아래의 3기로 구분하는 것이 적절하다.

제1기는 1924년부터 1929년까지로 문단 데뷔에서부터 잡지『삼천리』를 발행하기까지 기간이다. 이 시기에 파인은 대표작「國境의 밤」을 비롯한 2편의 長篇 敍事詩와 북방을 배경으로 한 장엄한 북방시편들을 발표하였다. 스스로 경향파 시인을 자처하며 경향파를 옹호한 평론들을 발표하여 프로문학의 중심에 섰다가 20년대 후반 카프에서 이탈한 시기이며 동시에 민요에 눈을 뜨고 민요가락에 향토적 서정을 담으려 한 시기이기도 하다. 1927년 '카프 내에서 주도권을 쥔 소위 '제3전선파'(동경에서 건너온 소장 볼셰비키, 즉 임화, 김남천, 윤기정 등)들에 의하여 자신이 제명'13)당하면서 민족주의로 선회하였고 1929년 춘원 이광수, 주요한과 함께『시가집』을 냈다. 오세영은 이 시기의 특징 가운데 하나로 '그가 민족의식을 고취한 몇 편의 작품을 썼다는 점'을 들으며 '파인의 문학생애에서 가장 애국적인 문학활동'14)이 이루어진 시기라고 평가하기도 한다. 김동환 문학세계의 중요한 작품과 주목해야 할 문학적 변화는 사실상 이 시기에 모두 집중되어 있다고 할 수 있다.

제2기는『삼천리』의 발행인이 되는 1929년부터 해방까지이다. 이 시기 파인은 잡지발행과 경영에 전념하면서 1920년대의 격정적인 모습과는 달리 개인적 서정에 침잠하면서 民謠詩와 순수 서정시 창작에 몰두하였다. 일제의 식민통치가 매우 가혹해진 1940년대 들어서는「총, 1억 자루 나아간다」,「比律賓 하늘 위의 일장기」등의 노골적인 친일시와 수필, 기행문 등을 발표하며 친일의 길에 적극 협

---

13) 오세영,「파인의 문학론과 문학」, 앞의 책, p. 129.
14) 오세영, 앞의 책, p. 128.

조하는 훼절의 길을 걷는다. 1942년에는 서정시집 『海棠花』를 출간했다.

제3기는 해방에서부터 1950년 납북까지 기간으로 여전히 서정적 민요시들을 주로 발표하였으며 일제가 패망하자 애국시 몇 편을 발표하였다. 반민특위에 의해 공민권이 제약되는 상황 속에서 정중동하며 재기를 노렸으나 한국전쟁이 발발한 1950년 7월 납북됨으로써 파인의 문학적 생애는 종지부를 찍게 된다.

김동환의 문학세계의 흐름을 대략적으로 살펴보면 알 수 있듯이 한국문학사에 있어서 김동환의 위치 그리고 김동환의 문학세계를 볼 때 모두 제1기에 중요한 방점을 찍을 수 있다. 1920년대 시단에 새롭고 낯선 충격을 일으키며 그가 끌고 들어온 북쪽의 변방과 광활한 대륙, 거칠고 험난한 자연환경, 여기에 오버랩되는 식민치하에 본격화되기 시작한 초기 유이민15)의 고통과 비애, 그리고 가없이 펼쳐지는 북방설원 속에서 장중한 남성적 어조로 펼쳐지는 서사 등 북방을

---

15) 김필영, 『소비에트 중앙아시아 고려인문학사』, 강남대학교출판부, 2004., pp. 19~20. 이 책에 따르면 조선인들의 북방으로의 이민은 19세기 후반인 1864년경부터 경제적 어려움으로 인해 조선의 쇄국정책을 어겨가며 제정러시아가 차지한 연해주와 아무르주 등 중국 접경지역으로 시작되었다. 그리고 일제가 조선을 합병하고 토지조사사업을 시작한 1910~19년경에는 생활이 더욱 피폐해진 많은 농민과 정치적 망명자가 제정러시아 원동지역으로 이주하기 시작했고 조선이 국권을 상실하자 제정러시아 공민으로 대거 입적하였다.
실제로 통계에는 조선 농가 중 소작농 비중이 1925년에 50%라는 수치에 달하고 있는데 이는 1916년의 25%였던 것에서 불과 10년 만에 급증한 수치이며 더욱이 절대농지가 부족한 함경남북도를 제외한 수치에 의하면 농가호수의 약 80%가 소작농인 것으로 조사되었다(사공표, 「조선경제와 조선공산주의자의 임무」, 배성찬 편역, 『식민시대 사회운동론』, 돌베게, 1987., p. 75 참조). 여기에서 미루어 볼 때 조선 농민들의 빈농화는 이미 1910년대에 본격적으로 진행되었으며 1920년대 중반에는 80%가 넘는 농민 대부분이 소작농으로 전락했다고 볼 수 있다. 이 과정에서 절대빈농층 이하로 전락한 농민들의 대부분이 간도, 만주, 연해주, 아무르주 등 북쪽으로 유이민의 길에 오르기 시작했음을 알 수 있다.

매개로 한 소재와 양식은 김동환을 우리 근대시사에 확고히 자리매김하게 하고 있다. 이러한 장점은 김동환의 시세계 전반에 걸쳐 지적되는 낭만주의적 경향의 완전한 극복 실패, 미숙한 미학적 완결성과 민족의식, 친일문제 등 많은 문제점으로부터 일정한 거리를 확보하게 만들거나 일정부분 상쇄하고 그의 문학적 성과를 논의토록 만드는 부분이기도 하다. 따라서 북방과 북방정서를 맨 처음 소개하고 문학작품이라는 그릇에 담아낸 김동환의 북방시편들을 검토하는 것은 우리 시사의 북방공간과 그곳 민중들의 삶과 정서를 살펴보고 北方意識을 논의하는 데 중요한 단초를 제공할 것이다. 또한 그의 북방시편들이 특징적으로 보이는 시어와 기법, 미학 등을 논의하는 것도 북방시편을 새롭게 조명하는 기회가 될 것이다.

## 2. 거대 북방서사에서 서정, 민요시로

　북방공간을 시의 배경이나 소재로 차용하고 있거나 북방 사람들의 삶과 정서를 담은 김동환의 북방시편들은 제1기, 즉 데뷔작「赤星을 손까락질 하며」부터 『삼천리』誌를 창간한 1929년까지 사이에 발표한 작품 가운데 대부분 포함되어 있으며 동시에 이 작품들은 그의 대표작으로 꼽힌다. 이 시기의 북방시편들은 김동환의 원체험을 바탕으로 하고 있기에 생동감 있고 호소력 깊게 다가온다. 겨울을 배경으로 한 북방지역의 험난한 자연환경과 중국, 러시아와 국경을 맞대고 있음으로써 빚어지는 팽팽한 긴장감, 북으로 북으로 이주하는 유이민들의 황량하고 고통스러운 삶의 모습, 출몰하는 마적 떼와 국경을 감시하는 순사들이 자아내는 긴장감 등 북방 특유의 분위기와 북방민의 의식을 생생히 옮기는 데 성공함으로써 북방의식을 형성하였다.
　이 북방정서는 선 굵은 파인의 초기 북방시편과 서사시뿐만 아니라 '1920년대에 발표된 그의 서정시들에도 적지 않은 자양분을 제공'했고 '초기시에 여러 형태로 변주되'16)어 나타난다. '북방'은 김동환 초기시의 핵심적인 화두이며 그의 시세계 전반에 걸쳐 가장 빛나는 지점이라 할 수 있다. 1920년대 시사에 김동환과 그의 시편이 '북방'이라는 이름으로 큰 획을 긋게 된 것이다.

1) 북방시의 두 초상, 「赤星을 손까락질 하며」와 「北靑물장사」

첫 작품 「赤星을 손까락질 하며」부터 첫 시집 『國境의 밤』 사이의 북방시편들을 살펴보면 두 가지 특성을 발견할 수 있다. 하나는 북방시 하면 전형적으로 떠오르는 광활하고 장엄한 북방과 북방대륙을 배경으로 한 거대서사, 장엄하고 험난한 자연환경과 이를 꿋꿋하게 극복하는 힘이 넘치는 남성적인 어조와 기개, 그리고 거친 북방 언어 등이 담긴 작품들이다. 「赤星을 손까락질 하며」와 「先驅者」 그리고 「國境의 밤」에까지 이어지는 초기 파인의 시들은 거대하고 남성적인 북방정서라는 커다란 흐름을 형성하고 있다. 아울러 일본 동경대지진이라는 이재와 이로 인한 한인 학살이라는 체험을 토대로 근대문명과 도시의 황폐함, 그리고 민족의식을 담은 「哭廢墟」와 『昇天하는 靑春』도 같은 흐름에서 살펴볼 수 있다. 다른 하나는 「北靑물장사」로 대표되는 소박하고 정감 있는 서정시인데 여기서 향후 김동환의 거대한 북방서사가 축소되고 민요조 서정시로 옮겨 가는 과정의 일단을 볼 수 있다.

먼저 첫 시집 『國境의 밤』의 「序詩」를 보면 김동환이 당시의 시

---
16) 오성호, 앞의 책, p. 76.

와 시단을 바라보는 시각과 자신이 펼치고자 하는 문학에 대한 의지를 상징적으로나마 확인할 수 있다.

> 하픔을 친다,
> 詩歌가 하픔을 친다,
> 朝鮮의 詩歌가 困해서 하픔을 친다.
>
> 햇발을 보내자,
> 詩歌에 햇발을 보내자,
> 朝鮮의詩歌에 再生의햇발을 보내자—
>
> 「序詩」 전문(『國境의 밤』, 1925. 3.)17)

이 시는 파인이 일본유학에 돌아온 후, 즉 일본에서 근대문학을 막 접하고 돌아와서 바라본 '조선의 시가'에 대한 생각과 의지가 담겨 있다. 2연 6행의 짧은 이 시의 1연에서 그는 1920년대 초반 낭만주의와 퇴폐주의의 잔영에서 벗어나지 못하고 답보상태에 있는 조선 근대시들에 대해 "朝鮮의 詩歌가 困해서 하픔을 친다"라고 비판적인 시선을 보낸다. 이어 2연에서는 그런 "朝鮮의詩歌에 재생의햇발을 보내자"고 말하고 있는데 이는 조선시가에 새로움과 변화가 필요함을 역설하는 동시에 시를 쓰는 자신을 향한 강한 다짐을 담고 있다. '재생의 햇발'은 '조선시가의 참모습을 근대화의 간절한 소망으로 의식'18)하는 것이기도 하고 기존 시문학에 대한 부정적인 입장을 취하면서 기성의 것들과는 확연히 구분되는 새로운 시풍의 출현을 바

---

17) 인용된 시는 발표된 신문이나 잡지, 시집의 표기를 따랐으며 명백한 오식이나 오독의 우려가 있을 때에 한해 바로잡았다.
18) 장윤익, 「김동환 시에 나타난 근대의식」, 『국제언어문학』 1호, 2000., p. 177.

라는 김동환의 의지를 담고 있는 것이기도 하다. 쉽고 단순해 보이는 이 시는 그의 첫 시집 『國境의 밤』의 序詩이기도 하지만 무분별한 서구 문예사조의 수용과 감상적 낭만주의로 인한 미숙성에서 벗어나지 못하고 있는 당시 조선의 시가에 근대적이고 새로운 '再生의 햇발을 보내'고자 하는 염원이 담긴 그의 시세계 전체의 序詩로도 읽힌다. 이러한 그의 의지는 첫 데뷔작 「赤星을 손까락질 하며」에서부터 잘 나타나 있다. 그가 의식했던 의식하지 않았던 조선의 시가에 보내고자 한 '재생의 햇발'은 '북방'이었던 것으로 보인다.

　　　北國에는 날마다밤마다 눈이오느니
　　　灰色하늘속으로 눈이퍼부슬째마다
　　　눈속에파뭇기는 하—연北朝鮮이보이느니


　　　갓금가다가도, 당나귀울니는눈바래가
　　　漠北江건너로 굵은모래를쥐여다가
　　　추움에어넛허는 白衣人의귀뽈을짜리느니


　　　춥길내밀니서 오신손님을
　　　부득히挽留도못하느니
　　　봄이라고개나리꼿보려온손님을
　　　눈발위에실어곱게도 南國에돌녀보내느니


　　　白熊이울고 北狼星이눈쌈쌕일째마다
　　　제비가는곳그립어하는 우리네는
　　　서로부둥켜안고 赤星을손까락질하며 氷原벌에서춤추느니—
　　　모닥불에빗최는 異邦人의샛파란 눈알을보면서

  北國은춥어라, 이추운밤에도
  江넉에는 密輸入馬車의지나는소리들니느니
  어름짱갈니는소리에 방울소리는잠겨지면서

  오, 저눈이 쏘내리느니 보―얀눈이
  北塞으로가는 移舍꾼짐우에
  말업시 함박갓흔눈이 잘도내리느니
       「赤星을 손사락질 하며」 전문(『금성』, 1924. 5.)

 1924년 『金星』지에 발표한 이 작품은 첫 시집 『國境의 밤』에 「눈이 내리느니」라는 이름으로 수록되어 있는데 비교해 보면 몇몇 구절을 고친 것을 제외하고는 처음 발표할 때의 틀과 내용, 정서를 그대로 유지하고 있다. 양주동이 추천사에서 '北國情調가 넘쳐흐르는 佳作'[19]이라고 언급한 이 작품은 김동환의 제1기 문학과 북방시편의 서두를 차지하는 작품으로 데뷔작 이상의 의미를 갖는다. 눈 내리는 장엄한 두만강변의 겨울을 배경으로 한 이 작품은 중국 러시아와 조선(또는 조선을 식민지화한 일본)이 국경을 맞댄 지역의 팽팽한 긴장감을 잘 드러낸다. 뿐만 아니라 근근이 생계를 꾸리는 국경지역의 사람들과 강을 건너 북쪽으로 이주해 가는 사람들의 험난하고 처절한 모습을 장중한 남성적 언어로써 선 굵게 형상화해내고 있다. 이 한 편으로 낯설고 생경한 북방과 그곳 사람들의 삶을 한국 문학의 중심부에 옮겨 놓는 데 성공한 것이다. 이 낯설고 새로운 북방정서와 서사는 김동환이 곤해서 하품을 치는 조선 시가에 보내는 '재생의 햇발'이다. 또한 퇴폐주의와 낭만주의의 그늘 아래서 도시적

---

19) 양주동, 『금성』 제3호, 1924., p. 88.

이고 여성적인 위축된 자아에 갇혀서 감상성에 머물고 있던 답보상태의 당시 시단에 결여되어 있던 문학공간과 정서를 찾아주는 동시에 새로운 활로를 모색케 하는 추동력을 부여하고 있다고 볼 수 있다.

　이 시에서 가장 먼저 주목할 수 있는 것은 북방공간과 북방정서이다. 이 공간은 날마다 밤마다 눈이 퍼부어 눈 속에 파묻힌 두만강을 낀 만주 벌판이다. 당나귀를 울리는 눈보라가 끝없이 몰아쳐 추위에 얼어 떠는 백의인(조선인)의 귓불을 때리고 흰곰이 울고 北狼星이 깜박거리는 곳이다. 또 이방인의 파란 눈이 모닥불에 비치고, 얼음장 깔리는 소리에 쇠방울 소리가 잠겨지면서 밀수입마차가 강녘으로 지나고, 내리는 눈 속에서 두만강 건너로 유이민이 길을 가는 북방의 겨울밤이다. 광활한 대륙과 접하고 있는 북방이라는 공간과 눈 내리는 추운 겨울이라는 계절 그리고 겨울밤이라는 시간적인 배경이 1920년대 북방이라는 이국적인 시공간을 생생하게 그리고 있다. 아울러 엄혹한 자연환경과 식민지라는 시대적인 암울함 속에 사는 북방 사람들의 꿋꿋한 삶의 모습을 성공적으로 형상화해내고 있다. 이러한 점들은 거대한 서사를 품고 있는 듯한 느낌과 함께 시인이 앞으로 풀어 놓을 북방 서사의 서장을 보여주고 있는 듯한 인상을 풍긴다.

　이 시는 6연 모두 마지막 행에 의고적인 어미 '—느니'를 반복하면서 당시의 상황을 장중하게 표현하면서도 일정한 거리감을 확보하고 있다. 여기에서 무엇보다 주목해야 할 점은 엄혹한 시대적 계절적 공간적 배경에도 불구하고 시가 자아내는 분위기가 절망적이거나 비애에 젖어 있지 않다는 점이다. 세상이 눈 속에 파묻히고 눈보라가 거세게 몰아쳐 '漠北江건너로 굵은모래를쥐여다가 / 추움에 어넛허는 白衣人의귀쏠을짜리'고 손님을 남국으로 되돌려 보내는 속에서도 "제비가는곳그립어하는 우리네는" 적성을 손가락질하면서 얼음벌판에서 부둥켜안고 춤을 춘다. 모닥불에 비치는 새파란 눈알은 러시아 사람들로 보이는데 김동환의 북방은 열악한 여건 속에서도 異民族들이 서로 대립하지 않고 함께 모닥불을 쬐는 공간이다. 또 그가 이 시에서 말하는 북방사람들의 정서는 험난한 환경 속에서도 北狼星이 깜박일 때마다 서로 부둥켜안고 춤을 추면서 赤星을 가리키며 희망을 접지 않는 것임을 알 수 있다.

여기서 赤星은 그 지방 사람들이 가리키는 특정한 별이라고 볼 수 있다. 하지만 문맥상으로는 어떤 희망이나 이상적인 바람을 실어 보내거나 그것을 염원하는 대상으로서 북방하늘에서 일상적으로 볼 수 있는 별로 보는 것이 타당해 보인다.[20] 이러한 어조는 5, 6연에서도 이어진다. 5연에서는 추운 북국의 겨울밤에도 밀수입 마차가 지나는 북방 사람들의 삶의 풍경을, 그리고 마지막 연에서는 경제적인 어려움을 견디지 못하고 北塞로 이주하는 이삿짐 위에 "말업시 함박갓흔눈이 잘도내리느니"라고 담담히 그리고 있다. 특히 북으로 가는 이삿짐 위에 내리는 눈은 함박꽃 송이처럼 굵고 탐스럽게 내리는 눈으로 고통과 상처를 안고 북방으로 유이민의 길을 떠나는 사람들의 알 수 없는 미래를 말없이 축복해 주고 있다. 김동환은 험난한 환경 속에서도 희망을 잃지 않고 부둥켜안고 춤을 추며 희망을 품고 어렵고 험난한 이주의 길을 떠나는 사람에게 축복을 보내는 건강한 북방의 의식을 보이면서 힘찬 문학적 출발을 하고 있다.

---

20) 김윤식은 '赤星'은 제사를 지내는 곳인 영성사를 가리키거나 용의 뿔이 붉기 때문이라는 뜻이, '北狼星'은 별빛이 파란 승냥이의 눈빛과 같다는 의미에서 타오르는 별이라는 의미가 있다며 여기서 파인이 사용한 적성이란 그 지방에서 가리키는 특정한 별을 가리키거나 아니면 별다른 뜻이 없는 듯하다고 보고 있다(김윤식, 「파인 김동환의 세계―평가사항과 음미사항」, 파인 김동환탄생 100주년기념 학술세미나 발제집, 『파인 김동환탄생 100주년기념집』, p. 122 참조).

또한 김동환의 이러한 투박하고 듬직한 남성적인 목소리와 비장감 어린 작품의 계보는 이찬의 「눈 나리는 보성의 밤」이나 이용악의 「오랑캐 꽃」 등으로 이어진다. 이 두 시인의 작품 역시 북방을 배경으로 비감에 젖어 있고 말씨 또한 남성적이라는 점에서 關西 출신인 주요한이나 김억으로 대표되는 고운 가락과 부드러운 말씨가 주조를 이루는 시편들과는 대조되는 다른 흐름을 형성하였다고 볼 수 있다.[21]

눈이 몹시퍼붓는 어느해 겨울이엇다,
눈보래에우는 당나귀(驢馬)를잇끌고 豆滿江녁까지 오니,
江물은 얼고 그우에 힌눈이 석자나 싸엿섯다.

人跡은업고, 해는 지고—
나는 몇번이고 도라서려 망서리다가
大膽하게 어름장쌀닌 江물우를 건넛다.

올째 보니
北塞으로가는 移徙군들손에

넓다란 新作路가 맨들어노엿다,
지난밤 건너든 내외곡 길우에다—

「先驅者」 전문(『國境의 밤』, 1925. 3.)

아하, 녯날의 東京이어!
大地의우는소리—煙氣, 火焰, 피, 사람의反逆,—그래서 屈從-發狂-

---

21) 김용직, 「격랑기의 시와 인간—파인 김동환론」, 『파인 김동환탄생100주년기념집』, pp. 404~405 참조.

哄笑-呼泣,

아하,東京이어!이러케 悽慘하게 人類의記憶을 불살나버리는 이날을 想像이나 하엿던가.

歷史再造의 偉大한힘압헤 우두두쩌는 可憐한罹災의 市民을 그러나보왓던가

아하, 한녯날의榮華에 告別하는城砦여,

大自然의洗禮에 鳴咽하는 市民이어!

울기를 끗치고 웃기도 그만두어라,

힘은 모든것을 超越하는 무엇이다.


그러타 힘이다! 지나간녯날을 奪還함에는 오직 크다란힘이 잇슬뿐이다,

아, 人類여, 黎明前에 선 저東京의悲壯한우름소리에 고요히 고요히 듯는귀를 가저라.

―大震災나던째―

「哭廢墟」 2연(『國境의 밤』, 1925. 3.)


「先驅者」는 초기 파인 시에 나타나는 북방의 연장선상이라는 점에서, 「哭廢墟」는 북방이 아닌 동경대지진이라는 재난과 그것을 계기로 발생한 조선인 학살을 그렸지만 파인 특유의 서사충동을 볼 수 있다는 점에서 각각 살펴볼 필요가 있다. 「赤星을 손까락질 하며」가 북방의 공간과 사람들과 그들의 삶의 모습을 담담히 그렸다면 「先驅者」는 그 길을 먼저 걸어간 선행자의 모습을 그리고 있으며 그 선행자는 곧 시인 자신이기도 하다. 눈이 몹시 퍼붓는 어느 해 겨울 두만강 변까지 왔으나 강물은 얼고 그 위에 눈이 석 자나 내려 있다. 게다가 해도 지고 인적이 끊어져 있다. 한 발짝도 앞으로 나아가기

매우 어려운 엄혹한 자연환경은 식민지 북방 국경의 차갑고 암담한 현실을 상징하고 있다. 그 길을 '나'는 몇 번을 망설이다 대담하게 건넌다. 몇 번을 돌아서서 망설이다 간 길은 민족이 걸어가야 할 근대를 향한 고통스러운 길이고 눈이 몹시 퍼붓는 가혹한 식민치하의 길이다. 하지만 그 시련의 길은 뚫고 가야만 할 선구자의 길이며 시인의 길이다. 그래서 돌아올 때 그가 지난밤에 대담하게 걸어갔던 北塞로 가는 길은 널따란 新作路가 되어 있는 것이다. 북방의 풍경을 담담히 노래하는 데서 한 발짝 더 나아가 그 험난한 길을 먼저 걸은 선구자의 입장에서 북방의 서사를 구현하려는 강한 충동이 발현되고 있다.

「哭廢墟」는 동경대지진과 그로 인한 학살극을 직접 목격한 결과물이다. 이 작품은 그가 하품을 친다고 지적했던 20년대 초반 시단의 시편들과 별다른 차이를 느끼기 어려울 정도로 비탄에 어린 영탄조가 전면에 노정되며 주관적인 느낌과 걸러지지 않은 격앙된 감정이 표출되고 있다. 하지만 직접 목격한 엄청난 재앙을 그리고 있다는 점을 감안하면 터무니없는 감정의 표출이라고만 하기는 어려운 면도 있고 어느 면에서는 비장한 어조로 대재앙과 참극을 효과적으로 전달하고 있기도 하다. 여기서 주목할 것은 참상에 절규하는 데 그치지 않고 비극의 폐허를 바라보는 시인의 서사충동이 발현되고 있다는 점이다. '大地의우는소리' '사람의反逆' '人類의記憶을 불살나 버리는 이날' '歷史再造의 偉大한힘' '可憐한罹災의 市民' '한녯날의 榮華에 告別하는城砦' '大自然의洗禮에 嗚咽하는 시민' '모든것을 超越하는 무엇' '크다란힘' 등 대재앙이 일어난 후 곳곳에 어린 수많은 서사를 함축하고 있는 시어들이 그것이다. 그래서 그는 자신이 내뿜을 울음소리 가득한 '東京의悲壯한' 서사를 '고요히 고요히 듯는

귀를 갸지라고 마지막 행에 주문하고 있다. 「赤星을 손까락질 하며」가 「國境의 밤」을 향한 서사충동을 그대로 함축하고 있다면 「哭廢墟」는 『國境의 밤』에 이어 내놓을 서사시 『昇天하는 靑春』을 예고하고 있다고 볼 수 있다. 이 작품들은 강렬한 서사를 담고 있는 파인의 초기시의 전형적 특징을 나타내고 있는 시편 가운데 하나임을 확인할 수 있다.

새벽마다 고요히 꿈길을 밟고와서
머리마테 찬물을 쏴—퍼붓고는
그만 가슴을드듸면서 멀니 사라지는
北靑물장사.

물에 저즌꿈이
北靑물장사를 부르면
그는 쎄걱쎄걱 소리를치며
온자최도업시 다시 사라진다.

날마다 아츰마다 기대려지는
北靑물장사.
「北靑물장사」 전문(『國境의 밤』, 1925. 3.)

가장 널리 알려진 김동환의 시 가운데 하나인 「北靑물장사」는 파인의 초기시에 나타나는 서사충동이 강하게 담긴 대표적인 시편들과는 다소 다른 위치에 있다. 다른 북방시편들이 갖는 큰 스케일과 장중한 어조, 강한 서사충동 등과 같은 야심 찬 모습을 찾아보기 어렵다. 오히려 간결하고 절제된 시어로 시적 대상을 참신하게 포착해내고 있다는 점에서 앞서 살펴본 시편들과 다르면서도 매력적이다. 서울에서 객지생활을 하는 화자는 새벽마다 '꿈길을 밟고와서' 물을 솨-하고 붓고 총총히 사라지는 물장수에게 상당한 친밀감을 느끼고 있다. 그 친밀감은 시인과 동향, 즉 북방의 北靑에서 왔다는 데 있다. 당시는 새벽마다 물을 길어 집집마다 배달하는 물장수들이 많았는데 북청에서 서울로 이주해 온 사람들이 대표적이었다. 이들은 자녀교육을 위해 이 힘든 일을 묵묵히 수행한 것으로 널리 알려져 있다. 이러한 저간의 사정을 잘 아는 시인은 각별한 친밀감과 떠나온 고향에 대한 향수를 느끼며 날마다 아침마다 물장수가 기다려진다고 말하는 것이다. 여기서 기다림의 대상은 단순히 고향만이 아닌 북방을 가리키는 것으로 읽을 수 있다. 이로써 김동환은 북방을 범접하기 힘든 거칠고 장엄한 곳만이 아닌 친밀하고 정감 있는 공간으로 변환시켜내고 있다.

'北靑물장사'가 함축하고 있는 서사적 충동이 전혀 없다고 말할 수는 없지만 '군더더기 없는 깔끔한 언어, 그리고 무심코 지나칠 수도 있는 소리의 변주를 통해서 시적 화자의 내면을 효과적으로 표현하는 참신한 수법'22)으로 빚어낸 서정성이 돋보이는 시편이다. 이 시기 김동환에게는 강한 북방의 서사충동과 함께 「北靑물장사」에 담긴 것과 같은 내밀한 서정성이 병존해 있었고 이는 훗날 민요조 시가 펼쳐지는 자양분이 되었다고 볼 수 있다.

---

22) 오성호, 앞의 책, p. 88.

## 2) 거대한 북방의 서사시 「國境의 밤」

　　김동환의 대표작 「國境의 밤」은 아직 이견이 있기는 하지만 최초의 敍事詩라는 점에서 우리 詩史 전체에서 큰 의미와 위치를 점하고 있다. 특히 「赤星을 손까락질 하며」, 「先驅者」 등에서 보인 북방의식과 강한 서사충동이 서사시라는 양식을 통해 발현된 시편이라는 점에서 주목하고 논의할 가치가 있는 작품이다. 그런데 지금까지 「國境의 밤」에 대한 논의와 연구는 작품이 담고 있는 서사성과 북방의식 등 내용적인 면보다는 서사시로서의 형식적 요건, 즉 장르 규명 논쟁에 논의의 중심이 기울어져 있다. 앞서 김억이 『國境의 밤』 서문에 '이 표현형식을 장편서사시에 취하게 되엿슴은 아직 우리 시단에 처음 잇는 일'23)이라고 하며 최초의 서사시라고 자리매김을 한 후 장르에 대한 논쟁은 서사시가 다시 등장하기 시작한 60년대부터 꾸준히 계속되고 있다.

　　간략히 요약하자면 「國境의 밤」이 서사시냐에 대해 홍기삼,24) 오세영,25) 김종철26) 등은 부정론에 김춘수,27) 김우종,28) 염무웅,29) 김용직,30) 조남현,31) 윤호병,32) 장윤익,33) 김재홍34) 등은 긍정론에 각

---

23) 김　억, 「서문」, 김동환, 『國境의 밤』, 한성도서주식회사, 1925. 김억은 이 시집의 편집자이자 발행인이다.
24) 홍기삼, 「한국서사시의 실제와 가능성」, 『문학사상』, 1975년 6월호.
25) 오세영, 「'국경의 밤'과 한국서사시의 문제」, 『국어국문학』 75호, 1977.
26) 김종철, 「자기 객관화와 향수」, 『문학사상』, 1973년 3월호.
27) 김춘수, 「서사시는 가능한가」, 『사상계』, 1965년 9월호.
28) 김우종, 「어두운 시대의 서사시」, 『문학사상』, 1975년 3월호.
29) 염무웅, 「서사시의 가능성과 문제점」, 백낙청·염무웅 編, 『한국문학의 현단계』, 창작과비평사, 1982.
30) 김용직, 『한국근대시사』, 상권, 학연사, 1986, pp. 281~284.
31) 조남현, 「파인 김동환론」, 『국어국문학』 75호, 1977.

각 서 있다. 이들 논쟁 가운데 서사시는 현대에 와서 소멸한 장르라고 지적하며 서구 기준의 서사시 요건 11가지를 제시하며 「國境의 밤」은 이 가운데 한두 가지 정도밖에 해당이 안 된다는 오세영의 부정론과 '스토리가 있는 시' '사건이 있는 시'가 서사시라고 전제하며 그 시대와 사회조건, 문학상의 전통 그리고 개인의 기질과 의도에 따라 얼마든지 변용 가능하며 양식상 결격사항이 드러난다 해도 우리 나름의 사회적·문화적 맥락에서 재고되어야 한다는 긍정론은 두 논의의 가장 대표적인 논쟁으로 꼽는다. 조남현 등의 긍정론은 '서사시는 초기에는 민족, 국가의 문제를 안고 있는 영웅을 다루었으나 시간의 경과에 따라 개인적 차원의 문제를 다루게 되었다는 점, 즉 서사시는 단순한 '서술시'로 바뀌게 되었다는 점, 서사시는 시간의 흐름뿐만 아니라 시인의 기질과 실험정신, 시대적 조건, 지방색 등에 따라서도 얼마든지 변용될 수 있다는 점, 한마디로 서사시는 성장하는 것'이라는 W. P. Ker의 주장[35]에 입각해서 볼 때 설득력을 얻는다. 「國境의 밤」은 '일정한 성격을 지닌 인물과 일정한 질서를 지닌 사건을 갖춘, 있을 수 있는 이야기가 등장하여 이야기를 전개'[36]하는 서사의 기본요건을 갖추었다고 할 수 있으며 실제로 「國境의 밤」을 최초의 서사시로 보는 것이 바람직하다는 쪽이 다수를 차지하며 힘을 받고 있다.

3부 72장으로 구성되어 있고 총 900여 행에 이르는 서사시 「國

---

32) 윤호병, 「시집 『國境의 밤』에 나타난 김동환의 시세계」, 『陸士論文集』 20집, 1980.
33) 장윤익, 『한국 현대 서사시 연구』, 명지대 박사학위 논문, 1984.
34) 김재홍, 「파인 김동환-서사적 저항과 순응주의」, 『한국현대시인연구』, 일지사, 1986.
35) W. P. Ker, *Epic and Romance*, Dover Publication, 1957. pp. 13~20, p. 144., 조남현, 「서사시 논의의 개요와 쟁점」, 『한국 현대문학사상 연구』, 서울대학교출판부, 1994., p. 199 재인용.
36) 조동일, 『敍事民謠硏究』, 계명대출판부, 1983., p. 44.

境의 밤」은 초기 김동환 시를 가로지르는 강렬한 북방의 정서와 기개 그리고 서사충동이 발현한 총체라고 할 수 있다. 이 작품은 북방의 험난한 자연환경과 역사적인 유래, 북방민들의 혹독한 생활모습과 비극, 청춘남녀의 사랑과 북방의 인습으로 인한 절망, 식민지 시대의 지난한 삶과 이를 극복하고자 하는 선구자의 의지와 좌절, 그리고 국경을 맞대고 있는 식민지 시대 북방 국경마을의 팽팽한 긴장감에 이르기까지를 선 굵은 남성적인 목소리로 담아내고 있다. 여기에 '다채로운 서사적 기법을 구사하면서 짤막한 서정시에서는 담아낼 수 없는 폭넓고 다양한 의미공간을 형성'[37]하며 북방의 서사와 정서를 쏟아내고 있는 것이다.

1부(1~27장) 현재, 2부(28~57장) 과거, 3부(58~72장) 현재의 순으로 구성되어 있는 이 작품은 현재의 계절적·시간적 배경은 겨울과 밤으로 그려지고 있는데 이는 부정적인 결말 또는 비극을 암시[38]하고 있다. 반면 과거와 대과거는 주로 봄부터 가을까지의 낮 시간을 배경으로 하며 현재와 대비시키고 있다. 여기서 현재와 과거를 바라보는 시인의 의식을 관찰할 수 있다. 내용을 살펴보면 순이와 청년의 아름다운 사랑의 좌절이라는 비극에 밀수출에 나갔다가 총에 맞아 시체로 돌아오는 남편 병남의 죽음이라는 비극이 중첩되는데 이 모두가 끊이지 않고 계속되는 북방의 비극을 상징하고 있다. 이 비극성은 '식민지 치하 국경지방의 변두리 계층의 불안한 현실과 소외된 삶에서 연유'[39]하는 것이다. 자세한 내용을 살펴보면 다음과 같다.

---

37) 고형진, 『한국시의 서사 지향성과 미적 구조』, 시와시학사, 2003., p. 75.
38) Northrop Frye, 임철규 역, 『비평의 해부』, 한길사, 1989., p. 223. 프라이는 4계절은 아침-정오-저녁-밤이라는 하루의 4기와 청년-장년-노년-죽음이라는 인생의 4기에 대응된다고 보고 있다. 따라서 이 작품의 배경이 되는 겨울과 밤은 죽음에 대응되는 것으로 불모, 위기, 비극, 부정적 결말을 의미한다.
39) 김세아, 「김동환의 「國境의 밤」 서사성 연구」, 『대전어문학』 18호, 2001., p. 221.

<「國境의 밤」 구성과 내용>

| | 시제 | 계절적·시간적 배경 | 내 용 |
|---|---|---|---|
| 1부 (1~27장) | 현재 | 겨울, 밤 | • 1~7장 : 두만강변 國境地帶의 음산한 겨울밤을 배경으로 밀수 떠난 남편의 안위를 걱정하는 妻女 순이.<br>• 8~11장 : 국경지대 마을 S촌에 낯선 청년이 노래를 부르면서 배회함으로써 긴장감 조성.<br>• 12~16장 : 남편을 밀수 길에 떠나보낸 순이는 결혼 초 시절과 언문 아는 선비와의 첫사랑을 회상.<br>• 17~27장 : 마을을 배회하던 청년이 순이의 집에 찾아와 문을 두드리고 순이와 청년(언문을 아는 선비)이 8년 만에 재회. |
| 2부 (28~57장) | 과거, 대과거 | 봄~가을, 낮 | • 28~35장 : 순이의 신분이 패망한 여진족의 후예인 在家僧의 딸임이 밝혀지고 在家僧의 역사적인 내력이 설명됨.<br>• 36~46장 : 재가승의 딸인 순이와 언문을 아는 선비와의 사랑.<br>• 47~52장 : 순이와 언문을 아는 선비는 신분 차이로 인해 맺어지지 못함. 처녀는 같은 여진족인 마을 尊位집에 시집을 가고 상심한 청년은 낡은 율법을 저주하고 다시는 돌아오지 않을 작정을 하며 마을 떠남.<br>• 53~57장 : 청년이 떠난 뒤 일상으로 회복되나 '검은 문명'의 손에 의해 사람들은 차츰 마을을 떠나고 순이도 남편을 따라 강변마을로 이사. |
| 3부 (58~72장) | 현재 | 겨울, 밤~아침 | • 58장 : 청년은 순이에게 재결합을 요청하지만 순이는 이를 거절함.<br>• 59~62장 : 밀수출을 떠난 남편 병남이 마적의 총에 맞아 시체로 돌아옴.<br>• 63~72장 : 마을사람들과 순이는 병남의 장례를 치르고 청년은 다시 떠남. |

제1부는 두만강변 國境地帶의 음산한 겨울밤을 배경으로 밀수를 떠난 남편(병남)의 안위를 걱정하는 妻女(순이)의 불안한 심정이 그려지고(1~7장), 국경지대 마을 S촌에 웬 청년 하나가 나타나 노래를 부르며 배회하면서 긴장감이 조성된다(8~11장). 남편을 밀수 길에 떠나보낸 순이는 결혼 초 시절과 언문 아는 선비와의 첫사랑을 회상(12~16장)하고 이 장면에 이어 마을을 배회하던 청년이 순이의 집에 찾아와 문을 두드림으로써 순이와 청년(언문을 아는 선비)은 8년 만에 재회(17~27장)한다.

제2부는 8년 전 이전의 과거로 돌아가 28~35장에는 順伊의 신분이 패망한 여진족의 후예인 在家僧의 딸임이 밝혀지고 在家僧의 역사적인 내력이 설명된다. 36~46장은 재가승의 딸인 순이와 언문을 아는 선비와의 사랑이 그려진다. 47~52장에는 순이와 언문을 아는 선비는 신분 차이로 인해 끝내 맺어지지 못하게 된다. 처녀는 같은 여진족인 마을 尊位집에 시집을 가고 상심한 청년은 낡은 율법을 저주하고 다시는 돌아오지 않을 작정을 하며 마을을 떠난다. 53~57장은 청년이 떠난 뒤 일상으로 회복되나 '검은 문명'의 손에 의해 사람들은 차츰 마을을 떠나고 순이도 남편을 따라 강변마을로 이사한다.

제3부, 58장은 순이와 청년의 재회와 대화가 희곡적으로 구성되어 전개되고 있다. 청년은 순이에게 재결합을 요청하지만 순이는 이를 거절하고 이어 밀수출을 떠난 남편 병남이 마적의 총에 맞아 시체로 돌아온다(59~62장). 마을 사람들과 순이는 병남의 장례를 치르고 청년은 다시 떠나(63~72장)는 비극적인 결말을 맺는다.

「國境의 밤」은 순이와 청년의 단순한 연애담으로 치부될 수 있을 정도로 서사구조가 취약하다. 구성상으로도 마을을 배회하는 낯선 청년의 정체가 순이의 첫사랑으로 밝혀지는 순간 긴장감이 일시에 무너지는 점을 비롯하여 작품전체에 유기적인 통일성을 갖추지 못한 점 등 마치 新派劇을 보는 듯한 많은 약점을 노출하고 있는 것이 사실이다. 하지만 어느 겨울 저녁부터 이튿날 아침까지 하루 동안 벌어진 이야기40)에 8년 전의 과거에서부터 수백 년 전의 역사가 삽입되는 형태로 짜여진 이야기 구조는 엉성하기는 하지만 그 이전까지 한국시에서는 볼 수 없는 새로운 구성형식을 보이고 있다는 면에서 주목할 필요가 있다. 또한 작품의 중심인물인 순이와 청년 그리고 순이의 남편(병남) 등은 각각 시대적 상징성을 가지고 있다. 여기에 시대적 공간적 배경 등이 결합해서 중층적인 의미구조를 만들어 내며 많은 점들을 시사하고 있다.

1
「아하, 無事히 건넛슬가,
이한밤에 男便은
豆滿江을 탈업시 건너슬가?

저리 國境江岸을 警備하는
外套쓴 거문巡査가
왓다―갓다―
오르명 내리명 奔走히하는대

---

40) 민병욱은 이야기가 시작된 어느 날 저녁, 병남이 시체로 돌아온 다음날 새벽(+1일), 병남의 시체를 매장하는 다음날 아침(+2일)까지 3일 동안 벌어진 이야기라고 하고 있다(『한국서사시의 비평적 성찰』, 지평, 1987, p. 82). 이는 시간에 대한 구체적인 설명이 없는 데다 병남이 주검으로 돌아온 다음 장인 63장의 '이튿날 아침'이라고 시작되는 구절의 해석에서 오는 것으로 보인다. 하지만 전체적인 이야기의 흐름상으로 볼 때 '이튿날 아침'을 '날이 밝은 후' 정도로 보는 것이 바람직하며 이렇게 볼 때 「國境의 밤」은 하루 동안의 이야기를 다룬 것으로 보는 것이 보다 자연스럽다.

發覺도 안되고 無事히 건넛슬가」
　　소곰실이 密輸出馬車를 씌워노코
　　밤새가며 속태이는 젊은안낙네
　　물네젓든손도 脈이 풀녀저
　　파!하고 붓는 魚油등장만 바라본다,
　　北國의겨울밤은 차차 깁허가는대.

　　2.
　　어대서 불시에 쌍밋흐로 울녀나오는듯
　　「어-이」하는 날카로운 소리들닌다.
　　저 서쪽으로 무엇이 오는군호라도
　　村民들이 넉을일코 우두두 썰적에
　　妻女만은 잽히우는 男便의소리라고
　　가슴을 쓰드며 긴 한숨을 쉰다―
　　눈보래에 늦게내리는
　　營林廠 山村실이 花夫쩨41)소리언만.

　검은 순사가 오르락 내리락하며 국경을 지키는데 겨울밤, 소금 밀수출을 떠난 남편의 안위를 걱정하는 젊은 아내의 독백 "아하, 無事히 건넛슬가, / 이한밤에 男便은 / 豆滿江을 탈업시 건너슬가?"로 시작하는 이 작품은 도입부부터 팽팽한 긴장과 고조된 불안감을 조성하는 데 성공하고 있다. 이러한 면모는 남편의 안위를 걱정하는 젊은 아내의 "물네젓든손도 脈이 풀녀저 / 파!하고 붓는 魚油등장만 바라본다"는 구절에서 여실히 나타난다. 젊은 아내의 걱정스러운 마음은 2장과 3장에 불길한 긴장감이 조성되며 한층 더 고조된다. 산

―――――――――――
41) '花夫쩨'는 '筏夫쩨'의 오식으로 보인다.

촌 벌부떼의 '어-이' 하는 소리는 남편이 잡혀가는 소리(2장)로, 얼음장 깨지는 소리는 남편이 얻어맞는 소리(3장)로 들린다. 이런 불안감은 젊은 아내에게만 국한된 것은 아니다. '어-이' 하는 날카로운 소리에 촌민들은 넋을 잃고 우두두 떨고, 얼음장 깨지는 소리에 또 무슨 변고가 났다고 백성들은 숨을 죽인다. 아울러 아내의 깊어지는 걱정과 불안은 마을에 사는 사람들이 숨을 죽이고 떠는 불안감으로 확대, 고조되면서 시적 긴장감이 조성되는 한편 앞으로 불길한 사건이 전개될 것임을 암시하고 있다.

  김동환은 남편을 소금 밀수출에 떠나보낸 젊은 아내의 불안한 심경을 그리면서 그 불안과 초조와 긴장을 북방 국경마을 사람들 전체의 심경으로 확대시키고 있다. 나아가 1920년대 두만강을 사이에 둔 북방 전체를 암울하고 불안하며 긴장감으로 가득한 세계로 일거에 그려내는 탁월한 성취를 불과 도입부 몇 연에서 이루어내고 있는 것이다. 뿐만 아니라 엄혹한 자연환경과 불안에 떠는 백성들의 모습은 식민지 치하의 어둡고 무력한 민족의 처지로 확대되어 읽힘으로써 도입부는 중층적인 의미를 띠게 된다. 거대한 북방대륙의 정서가 식민지의 암울한 현실과 결합하여 비극적인 서사로 발현되는 것이다.

  8

  그날저녁 우스러한때이엇다
  어대서 왓다는지 焦燥한靑年하나
  갑작히 이마을에 나타나 오르명내리명
  구슬픈노래를 불으면서—
  「달빗에 잠자는 豆滿江이어!
  눈보래에 쌀녀 우는 녯날의거리여,

나는 살아서 네품에 다시 안길줄 몰낫다,
아하, 그리운 녯날의거리여!」
애쳐러운 그소리 밤하날에 울녀
靑霜寡婦의 하소연갓치 슬푸게 들엿다.
그래도 마을百姓들은
쏘 「못된녀석」이 왓다고,
수군거리며 門을 다더매엿다.

11
바람은 이조고마한 S村을 삼킬드시 심하여간다
S村뿐이랴 江岸의두다른 國土와 人家와 風景을 시름업시 덥흐면서
筏夫의소리도, 고기잡이어름쨩끄는도 溝火불에마조선42) 中國巡警의주정소리도, 수비대보초의소리도
檢閱마튼「필림」가치 쭉쭉 중단되여가면서, 그래도
이숙에도 어린애 안고 우는 村妻女의소리만은 더욱 分明하게 쏘한가지
放浪者의 呼訴도 더욱 쑤렷하게,
울며, 짜며 한숨짓는 이모든 揆音이
마서진「피아노」의鍵盤갓치
散散히 쌔트러노앗다, 이마을平和를―

불안감이 가득한 춥고 고요한 마을에 갑자기 구슬픈 노래를 부르며 나타난 초초한 청년의 등장으로 긴장감은 더욱 고조된다. 청년의

---

42) '고기잡이어름쨩끄는도 溝火불에마조선'에서 앞의 '고기잡이어름쨩끄는도'는 '고기잡이어름쨩끄는소리도'의 '소리'가 누락된 것으로, 뒤의 '溝火불에마조선'은 '篝火불에마조선'의 오식으로 보인다.

II. 장엄한 북방서사로의 문학공간 확장 83

애처로운 노랫소리에 대한 마을 사람들의 반응은 또 '못된녀석'이 왔다고 수군거리며 이내 문을 닫는 것으로 나타난다. '밀정'이라는 말이 머리에 번개처럼 지나가고 두려운 과거를 떠 올린다. 낯선 청년의 등장만으로도 마을 사람들은 두려움에 떨며 애처로운 과거의 기억을 떠올리게 되는데 이는 마을 사람들의 생활이 '못된녀석'의 지속적이고 반복적인 출연으로 움츠러들어 있으며 누군가에 의해 끊임없이 감시받고 억눌려 있을 뿐만 아니라 이것이 두려운 기억으로 남아 있음을 알 수 있다. 이러한 상황은 S촌에 한정된 것이 아닌 북방 전역에 거쳐 확산되어 있음을 11장에서 보여주고 있다. '바람'은 S촌뿐만 아니라 '江岸의두다른 國土와 人家와 風景을' 덮어 버리며 벌부의 소리, 고기잡이의 얼음장 끄는 소리, 중국순경의 주정소리, 수비대 보초의 소리와 같은 북방의 소리들마저 중단시키고 마침내는 부서진 피아노의 건반같이 마을의 평화를 산산이 깨뜨려 놓는다.

이처럼 고조되어가던 긴장감은 1부 후반부에 순이가 결혼 초의 시절과 언문 아는 선비와의 첫사랑을 회고하며 이완되기 시작하더니 말미에 초조한 청년과 순이가 재회하고 '두려운 과거'가 실체가 없는 것으로 유야무야되면서 급격히 풀어지고 만다. 결국 청년과 순이와의 사랑 이야기로 전환되고 마는 파행을 맞게 되는 것이다. 하지만 1부에서는 전형적인 북방의 풍경과 정서 그리고 북방 사람들의 삶이 식민지라는 시대적 불행과 만나는 지점을 보여준다. 특히 1부 도입부에서 보여준 암울한 식민지시대 북방 국경 사람들의 불안과 긴장이 북방의 험준한 자연환경과 함께 결합되어 빼어나게 형상화되는 부분은 「國境의 밤」이 거둔 성과라고 할 수 있다.

### 30
在家僧이란—그由來는
咸鏡道에 尹瓘이 드러오기前,
北關의六鎭벌을 遊牧하고 다니든 一族이 잇섯다.
갑옷 입고 풀투구 쓰고 돌로 싹근 독기를 메고
해잘드는 陽地볏을 싸라 노루와 사슴잡이 하면서
東으로 西에 푸른하늘아래를
水草를 싸라 아모대나 단녓다, 이리저리.
婦人들은
해쓰면 天幕밧게 기어나와,
山果일을 따 먹으며 노래를 부르다가,
져녁이면 고기를 쯔리며 술을 맨드러,
사내와갓치 먹으며 입맛추며 놀며지냇다.
그리다가 靑山을 두고 구름만 가는아츰이면
山嶺에 올나 솟도 싸고, 풀도 썩고—

### 34
그러나 일이 낫다
압마을에 고구려군사가 처드러왓다고 써들째,
天幕마다 여러곳에서 나만은壯丁들이 모조리
石斧 를차고 활을 메고
여러代 누려먹든 제쌍을 안쎄끼려,
싸홈터로 나갓다
나갈째엔 울며불며 매어달니는 안해를 물니치면서
처음으로 大義를 위한눈물을 흘녀보면서.
남은食口들은 써난날부터
냇가에 七星壇을 뭇고 밤마다 비럿다, 하늘에

>  無事히 사라오라고! 싸홈에 익이라고!
>  그러나 그 이듬해가을엔 슬푼奇別이 왓섯다,
>  싸홈에 나갓던 군사는 모조리 敗해서 모다는 죽고 더러는 江을
>  건너 오랑캐령으로 다라나고,
>  ―사랑하던女子와 말과石釜와, 石銅廉를 내버리고서.
>
>  卽時 고구려관원들이 왓섯다 이天幕村에
>  그래서 죽이리 살니리 공론하다가
>  종으로 쓰기로하고 그대로 六鎭에 살게하엿다,
>  모다 머리를 깩기고―

　2부는 순이와 청년의 사랑과 결별 이야기와 함께 두 사람의 사랑이 깨진 이유, 즉 순이가 在家僧의 딸이고 그 재가승이란 어떤 유래를 가지고 있는가를 밝혀주고 있다. 특히 재가승의 유래를 밝히고 있는 부분은 북방만이 갖는 독특한 역사적인 이야기와 여진족들의 삶과 패망을 보여주며 절묘하게 여진족의 후손들인 재가승과 식민지 하의 민족의 모습을 오버랩시키고 있다. 재가승이란 윤관이 육진을 정벌하기 전에 갑옷 입고 풀투구 쓰고 돌도끼 메고 사냥하고 또 유목하는 자신들만의 독특한 생활양식을 가지고 자유롭게 살며 평화스러우면서도 때로는 살벌하게 대대로 살아온 북방의 일족임을 30장부터 33장에 걸쳐 소개하고 있다.

　그러다 윤관의 고려군이 육진 정벌에 나서면서 "여러代 누려먹든 제쌍을 안쌔끼려"고 '울며불며 매어'달리는 아내를 물리치면서 처음으로 나 아닌 대의를 위해 싸움터에 남자들이 나갔지만 모조리 패해 모두 죽고 더러 살아남은 사람들은 "사랑하던女子와 말과石釜와, 石銅廉를 내버리고서" 강 건너로 달아났다. 승리한 '고구려관원들'은

공론 끝에 남은 사람들은 종으로 쓰기로 하고 모두 머리를 깎기고 육진에 살게 하였다는 것이다. 이 부분은 동향의 후배 시인 이용악의 「오랑캐꽃」에서도 재현된다.

"안악도 우두머리도 돌볼새 없이 갔단다 / 도래샘도 띳집도 버리고 강건너로 쫓겨 갔단다 / 고려 장군님 무지 무지 처 드러와 / 오랑캐는 가랑잎처럼 굴러 갔단다"(「오랑캐꽃」, 1연)에서처럼 이용악은 북방지역과 북방 사람들의 고난의 역사가 오랜 이력을 가지고 있으며 그 고난은 몇백 년이 흐른 뒤에도 계속해서 반복되고 있음을 보여주고 있다. 이용악은 '북방공간을 국경이 갈라지고 민족적으로 분리되는 공간으로 인식하'지 않고 '북방전체를 아주 오래 전부터 무고하게 고난 받는 하나의 공간으로 인식하고 그곳에서 뿌리내리지 못하고 고통스러운 삶을 사는 모든 사람들'[43])을 형상화한 바 있다. 이용악의 이러한 인식은 선배 시인인 김동환의 영향을 받았다고 볼 수도 있지만 그보다는 북방지역 사람들의 북방을 바라보는 공통된 인식에 있다고 보는 것이 타당하다. 김동환과 이용악은 자신들이 나고 자란 두만강 유역의 북방을 몇백 년 전부터 무고하게 고난 받는 지역으로 인식하고 있는 것이다. 여기서 한 발짝 더 나아가 「國境의 밤」의 북방의 '순수했던 과거는 20년대의 김동환을 둘러싼 식민지적 상황과 대비됨으로써 일종의 유토피아적 성격을 띠게 되며' 김동환에게는 원시적 생명력을 가진 '하나의 사회적 비전으로 승화'[44])되어 있음을 여기서 발견할 수 있다.

패망한 여진족의 후예들은 그 지역에서 머리를 깎인 채 노비신분의 在家僧으로 전락하여 자기들끼리 혼인을 하며 수백 년을 살아왔

---

43) 곽효환, 「이용악의 북방시편과 북방의식」, 『어문학』, 한국어문학회, 2005., p. 292.
44) 염무웅, 「서사시의 가능성과 문제점」, 앞의 책, p. 13.

다. 이런 역사적인 인습은 순이와 언문을 아는 선비의 사랑에 족쇄가 되어 끝내 그들의 사랑을 이루지 못하게 한다. 재가승의 자녀는 재가승 집으로 가서 같은 종족의 씨를 유지, 보존하려는 종족의 율법에 순이 역시 예외일 수는 없기 때문이다. "죽기를 한하는 順伊는 / 울고 쎄쓰다가 아버지 絞殺된다는말에 / 헐수업시 그해겨울에 洞里 尊位집에 시집"(47장)을 간다. 하여 순이에게 버림받은 언문을 아는 선비는 사랑을 가로막은 낡은 율법을 원망하고 저주하며 울다가 열흘 만에 다시는 돌아오지 않을 작정을 하고 마을을 떠나고 만다.

54
몇해 안가서
茂山嶺上엔 火車通
검은 文明의손이 이마을을 다닥처왔다,
그래서 여러사람을 田土를 팔어가지고 차츰 쩌낫다.
혹은 간도로 혹은 서간도으로
그리고 아츰나주 즘승 우는소리외에도
쇠찌적가는소리 돌깨는소리,
차츰 요란하여갓다, 옷다른이의 그림자도 씻고.

55
마을사람이 거이 쩌날때
出嫁한 順伊도 男便을 따라
이듬해여름 江邊인 이마을에 옴겨왓다.
아버지집도 東江으로 가고요—

사랑의 소용돌이가 지나가고 청년이 떠난 후 몇 년 동안은 일상의 평온을 회복하는 듯한 북방마을에는 오래지 않아 더 크고 중대한 변화를 맞게 된다. 식민지 제국주의의 '검은 文明의손'이 닥쳐온 것이 그것이다. 옷 다른 이가 나타나고 차츰 요란해져 가는 "쇠찌적가는소리 돌쌔는소리"로 대변되는 식민자본에 의해 마을 사람들은 간도로 서간도로 유이민 길에 오르기 시작한다. 순이도 마을 사람들이 거의 떠난 때쯤 결국은 남편을 따라 두만강변의 마을로 이주하게 된다. 일제가 '초기 식민정책의 하나로 토지조사사업을 강행하여 전국토를 수탈'하기 시작하여 조선 사람들이 토지를 잃고 소작농으로 전락하거나 고향을 등지게 되는 '경제적 몰락과 궁핍화의 경사'45)로 접어드는 식민지 제국주의의 그늘이 마침내 조선사회의 가장 변방인 북방의 국경 마을까지 드리우게 된 것이다. '멀구짜는 山谷에는 土地調査局技手가' 나타나더니 '웬 三角標柱'가 붙고 '초개집에도 洋납이 오르'게 됨으로써 북방은 이전의 '아름다운 녯날의 記憶'으로 남고 불안과 긴장에 싸인 공포스러운 북방으로 변하고 만다.

  3부는 다시 현재로 돌아와 청년과 순이의 대화체로 전개된다. 실제 20년대 후반에 두 편의 소설과 세 편의 희곡을 발표한 이력이나 시집 『國境의 밤』의 다른 시편(「손님」, 「울수도 업거든」)에서 희곡적 구성을 시도한 바 있는 김동환은 3부에서 같은 희곡적 기법을 사용하고 있다. 대화하는 형식으로 청년은 순이에게 재결합을 요청하고 순이는 이를 거절하면서 갈등을 표출시키고 또 고조시킨다. 여기서 시 형식에 대한 김동환의 호기심과 실험을 볼 수 있는데 이는 서사시의 형식에 대한 정확한 개념이 덜 잡혀 있다고 볼 수도 있고 반대로 시뿐 아니라 소설과 희곡에까지 관심의 영역을 넓히며 이를 서사시의 양식에 담아보려는 시도로 볼 수도 있다. 내용적으로는 사랑

---

45) 홍이섭, 『한국정신사서설』, 연세대학교출판부, 1983., p.100.

의 상처를 안고 도시로 떠나 방황 끝에 돌아오기까지의 청년의 지적 편력에 투사된 김동환의 사상적 문화적 편력을 보여준다. 뿐만 아니라 식민지시대의 지식인과 도시와 문명을 바라보는 김동환의 부정적인 태도를 관찰할 수 있다.

여기서 북방은 상반된 공간으로 청년과 순이에게 각각 투영된다. '인혈'과 '인육'을 마시는 '폐병균'이 떠도는 도회의 현실을 체험한 청년에게 북방은 평화로웠던 유년의 기억이 담겨 있고 사랑했던 연인이 살고 있는 곳으로 돌아가고 싶고 도피하고 싶은 이상공간으로 나타난다. 반면 순이에게는 점점 더 삶이 피폐해지고 혹독해져 가는 고된 현실공간일 뿐이다. 김동환은 청년의 구애와 이를 완강히 거절하는 순이를 통해서 식민지 자본의 침략으로 예전 같지는 않지만 아직 건강한 이상향으로 남아 있는 북방과 완강하게 버티지만 점점 무력화되고 마침내 무너져가는 북방의 두 모습을 그리고 있는 것이다.

58
　　-전략-
「나는 커젓소, 八年을 자랏소,
屈强한이힘은 녯날을 復讐하기에 넉넉하오
律法도 막을수잇고 魂도自由로 낼수잇소
아, 입분색시여, 나를 밋어주구려,
녯날의百分之一만이라도.

「나는 벌서 都會의煤煙에서 死刑을 받은者이오,
文明에서 歡樂에서 追放되구요,
쇠마치, 機械, 捉枷, 飢餓, 凍死
人血을, 人肉을 마시는곳에서 肺病菌이 流離하는空氣속에서

겨우 逃亡하여 온 者이오
沒落하된 文明에서
日光을 엇으러 空氣를 엇으려,
그리고 賣春婦의 腐爛한 고기에서 阿片에서 쌀간술에서, 名譽에서, 利慾에서
겨우 빠져 나왔소,
넷날의 豆滿江가이 그립어서
당신의 노래가 듣고십허서.

「당신이 죽엇드라면 한평생 무덤가를직히구요
시집가신채라면
젓가슴을 꿈으로나 만질가고,
풀밧혜서 넷날에 부르던 노래나 차즐가고―

-중략-

―妻女
그럼은요! 都會에는 어엽분색시 잇구 노름이 잇구,
그러나 여기에는 아모것도
날마다 밤마다 퍼붓는 함박눈밧게
江물은 얼구요 사람도 얼구요,
해는 눈속에서 샛다가 눈속에 잠들고
사람은 추운데 낫다가 추운데 뭇기고
서울서 온 손님은 마음이 예리다구요
오늘밤 가치 北風에 우는 당나귀소리 듯고는
눈물을 아니 흘늘가요?
여름에는 소몰기, 겨울에는 馬車몰이 그도 密輸入馬車랍니다, 들키

면 경치우는—
　單調하고 無味스러운 이살림,
　몇날이 안가서 실증이 나실텐데—

　「시골엔 文明을 모르는사람만이
　諺文도, 孟子도 모르는사람만이
　한번도 듯도 보도 못한사람만이
　소문만 외우며 사는곳이랍니다.
　-후략-

　청년은 자신을 '都會의煤煙에서 死刑을 받은者'라고 지칭한다. 도시문명은 "쇠마치, 機械, 捉枷, 飢餓, 凍死 / 人血을, 人肉을 마시는곳"이고 '肺病菌이 流離하는空氣'가 있는 곳이다. 또한 '賣春婦의 腐爛한 고기'와 阿片과 빨간술과 名譽와 利慾이 가득한 곳이다. 청년은 이곳에서 겨우 도망하여 '녯날의 豆滿江가'가 그리워서, 사랑하는 처녀의 '노래가 듣고십허서' 북방을 찾아온 것이다. 청년은 '데카당' '따따' '염세' '악의 찬미'의 편력으로 얼룩진 식민치하의 도시에서 도망쳐 나와 북방에서 그리고 첫사랑 순이에게서 구원을 받고자 하는 것이다. 여기서 청년의 도시편력은 김동환의 그것과 겹쳐 보이는 지점으로, 시인은 북방을 도회와 대비시키면서 원시적 생명력을 가진 이상공간으로 청년을 통해 의미 매김하고 있다. 반면에 청년의 구애를 순이는 완강히 거부한다. 이는 이미 결혼한 여자의 유교적 도덕적 관습과 봉건성에 얽매인 것으로 여러 연구자들이 보고 있다.
　하지만 이 거절은 이미 불안과 공포로 물든 북방 마을이 예전의 북방이 아니며 따라서 더 이상 청년에게 안식처가 될 수 없다는 순이의 인식에 근거한 것으로 볼 수도 있다. 북방은 '날마다 밤마다 퍼붓는 함박눈밧게' 없다. 강물도 얼고 사람도 얼고 추운 데서 나서 추운 데 묻히는 이곳은 도시 사람들이 살기 어려운 곳이고 더구나 겨울에는 들키면 경을 치는 '密輸入馬車'를 모는 북방은 더 이상 옛날의 북방이 아니다. 그래서 순이는 "시골엔 文明을 모르는사람만이 / 諺文도, 孟子도 모르는사람만이 / 한번도 듯도 보도 못한사람만이 / 소문만 외우며 사는곳이랍니다"라고 청년의 구애를 거부한다. 도시도 구원처가 아니고 북방도 더 이상 안식처가 될 수 없는, 편안히 위로를 찾을 곳이라고는 어디에도 없는 식민지하 민중의 피폐한 삶의 현실이 노정되어 있는 것이다. 청년은 도시의 매연과 병균에 오염된 북방을 떠난 식민지 지식인을, 순이는 순수하고 건강한 원초적 생명력을 가진 북방을 상징한다. 그러나 순이는 외부 조건 때문에 점점 순결한 생명력을 잃어가며 인습과 관습의 굴레에 함몰되는 북방을 동시에 상징하고 있다. 파인에게 북방은 회귀하고 싶은 시원의 생명력을 가진 공간인 동시에 그 순결한 생명력이 퇴색되어가는 이중적인 공간으로 투영되고 있음을 확인할 수 있다.

순이와 청년의 대화가 계속되고 갈등이 고조되는 과정에 밀수출에 나갔던 남편 병남이 마적의 총에 맞아 시체로 돌아오며 이야기는 급속히 파국으로 치닫는다. 순이의 울부짖음으로 대화는 중단되고 청년은 이야기 밖으로 사라진다. 1부가 빚어낸 팽팽한 긴장감과 그 이후 청년의 열정에 찬 끈질긴 구애가 무색하게 이야기가 병남의 죽음으로 급격히 옮겨가고 동시에 결말을 맺는 실망스러운 파국을 맞는 것으로 엉성하게 마무리된다. 이는 김동환의 문학적 역량의 한계이기도 하고 당시 한국문학의 한계이기도 하다.

68
여러사람은 여기에는 아모말도 아니하고 속으로
「흥! 언제 우리도 이쫄이 된담!」
애처럽게 압서가는 동무를 弔喪할뿐.


71
거의 뭇칠째 죽은 丙南이 글배우던 書堂집 老訓長이,
「그래두 朝鮮짱에 뭇긴다!」하고 한숨을 휘—쉰다.
여러사람은 또 孟子나 通鑑을 닑는가고, 멍멍 하엿다.
靑年은 골을 돌니며
「煙氣를 避하여간다!」하엿다.


72
江저쪽으로 점심째라고
中國軍營에서 나팔소리 쏘짜짜 하고 울녀들린다. —끗—


　병남의 죽음을 접하는 북방 사람들의 반응은 "흥! 언제 우리도 이 쫄이 된담!"으로 나타난다. 병남의 죽음이 한 개인의 죽음이 아니라 언제든 이 마을 사람들의 죽음이 되고 비극이 될 수 있다는 것이며 단지 병남에게 먼저 왔을 뿐인 것이다. 여기서 북방의 비극은 개인에서 마을 사람들에게로 그리고 조선민중 전체에로 확산된다. 그리고 병남이 글을 배우던 노훈장이 던진 '그래두 朝鮮짱에 뭇긴다!'는 구절은 비극적인 북방정서를 더 깊게 한다. "조선짱'에 묻힌다는 평범한 사실만으로도 그것이 당대에는 매우 커다란 행운으로 받아[46)

---

46) 김재홍, 「한국의 서사시와 역사의식」, 『한국현대문학의비극론』, 시와시학사, 1991, p. 275.

들여지는 아이러니한 상황이 암담하기만한 식민지 시대 북방지역의 비극적인 삶을 더 심화시키는 것이다. 여기서 시인의 시적 역량을 눈여겨볼만하다. 내일의 자신의 죽음이 될 수도 있는 병남의 죽음을 두고 무절제한 감정을 표출시키지 않고 체념적인 태도를 취함으로써 거리감을 확보하여 나름대로 시적인 마무리에 성공을 거두고 있는 것이다. '그래두 朝鮮쌍에 뭇긴다!'는 말에 대한 반응은 '孟子나 通鑑을 닑는가고, 멍멍'해 하고 '煙氣를 避하여간다!'고 하는 것으로 반응을 보이는 것으로 처리함으로써 상당한 시적 효과를 획득하고 있다. 죽어서 조국 땅에 묻히는 당위적인 사실을 행운으로 여기는 말이나 이를 현실과 동떨어진 孟子나 通鑑을 읽는 소리같이 반응하는 사람들의 태도를 서술함으로써 절망적인 현실 앞에 무기력할 수밖에 없는 북방민들의 비극을 더욱 효과적으로 담아내고 있는 것이다.

「國境의 밤」에서 북방을 바라보는 김동환의 두 개의 상반된 시선이 교차하여 나타난다. 청년에게는 북방과 순이가 동일하게 인식되며 건강한 원초적 생명력을 가진 이상공간으로서 돌아가고 싶고 또 회복하고 싶은 공간으로 그려진다. 반면에 이러한 북방을 상징하는 순이에게 북방은 강물도 사람도 모든 것이 다 얼어붙은 곳이자 '密輸入馬車'에 목숨을 걸고 근근이 생계를 의지하는 곳일 뿐이다. 게다가 외부 조건 때문에 점점 순결한 생명력을 잃어가며 인습과 관습의 굴레에 함몰된 곳으로 더 이상 옛날의 북방이 아니다. 즉 북방은 원초적 생명력을 가진 공간인 동시에 식민지 하에 불안과 공포에 물들어가며 점점 피폐해져가는 공간으로 인식되고 있는 것이다.

이상에서 살펴본 바와 같이 「國境의 밤」은 성과와 한계를 동시에 보여주고 있는 작품이다. '형식의 새로움과 그 배경이 지닌 풍부한 가능성에도 불구하고 그 주제의식 면에서는 1920년대 초 퇴폐적 낭만주의 시, 특히 비슷한 주제의식을 보여준 이상화의 「나의 침실로」에 비해 한 걸음도 나아가지 못했[47])다는 비판은 적절해 보인다. 반면에 문학적 형상화나 완결성 등에 있어 많은 문제점이 노출됨에도 불구하고 소재와 형식의 새로움은 1920년대 문학의 성취이다. 나아가 북방공간을 우리 문학의 공간으로 끌어들이고 북방 자연환경과 정서를 식민지시대의 암울한 상황과 연결하여 당대의 비극과 모순을 담은 북방의식으로 형상화 해낸 성과와 이러한 상황을 극복하고자 시도한 김동환의 선구자적인 노력은 평가받아야 할 대목이다. 특히 감상적 낭만주의의 잔영이 짙게 드리운 1920년대 중반에 보인 「國境의 밤」과 김동환이 보인 성과와 한계는 절반의 실패이기도 하지만 역설적으로는 절반의 성공이라고도 할 수 있다.

### 3) 북방서사의 축소, 이데올로기의 부상

김동환은 『國境의 밤』을 상재한 같은 해 12월 표지에 장편서사시라고 이름 붙인 『昇天하는 靑春』을 발표한다. 동경대지진을 배경으로 자유로운 애정과 청춘에 대한 열정과 개혁에 대한 열망을 담고자 한 이 작품은 낡은 관습과 제도와의 갈등과 같은 안이한 주제의식과 취약한 서사구조 등으로 인해 별다른 성과를 거두지 못한다. 즉 시집 『國境의 밤』 이후 그때까지 보인 북방과 북방의식 그리고 북방서사는 답보상태에서 별다른 진척을 보지 못하고 있다고 할 수 있다.

---

47) 오성호, 앞의 책, pp. 108~109.

건강한 혹은 낯설고 긴장감 어린 북방정서와 서사충동이 결합된 북방의식이라는 김동환의 특장이 약화되거나 조화를 이루지 못한 시편들이 뒤를 잇고 있는 것이다. 원인은 1920년대 중반에는 프로문학에 동조하면서 참신한 북방의식이 액세서리로 밀려나고 건강한 서사보다는 생경한 이데올로기가 두드러지는 데 있다. 1920년대 후반에 들어서는 북방의 건강성에 기초한 '先驅者 의식'이 현격히 약화되는 반면 패배주의적이고 감상적인 정서가 현저하게 나타나는 것이다.

 -전략-
 나라ㅅ일에 몸을밧친다고 도라다니던아버지
 열두해만에 집으로돌아와슬째
 그는오는날부터 관속에드러안는 산송장이되엿답니다
 비에젓기고 눈에얼킨 그몸집이 녹을째도업시

 - 중략-

 그사이에 하늘은 이일을이즌드시
 아바지머리우에 백발을언고 가슴에도절망의불질을
 그래서기다리다못하야 그해 눈오는날밤
 백성에게주는선물이라고 선지피쑤리고 아바지는 도라가섯답니다.

 언이는그째부터 아바지원수갑는다고
 밤을낫으로 동지를규합하고연설을하고다니더니
 그만며칠이안되야 오동마차신세를지게됏답니다
 모든일이 하기도전에 발각된타스로

 - 중략-

에익, 탄식할세상이여 불에ᄭᅢ슬너도앗갑지안는세상이여
상졔와과부만들고안젓는이ᄯᅡᆼ이여하고욕할째
어느ᄯᅳ만에 벌서 둘재형ᄭᅡ지 도적놈이되엿담이다
밤낫독기를메고 남의담장 ᄯᅱ여넘는 한다는도적놈이

-중략-

그ᄲᅮᆫ인가 금년 열여덜살먹은 누이동생은
옵바집 더러운쌀 안먹는다고 오네가네말업시ᄯᅥ난후
몇해만에드르니 어대가 색주가질을한다고
하로밤에도 사내를열도 더 적시는 색주가질을

-중략-

그러나 나는여전히 바구미이고
굽이굽이 길가를차저 먹던밥빌며 지난담니다
세상에 제일만히 절하는자되고시퍼
ᄯᅩ 제일만히 춤밧고 발길로 채우는자되고시퍼

-중략-

나는 무거운다리를ᄭᅳᆯ고 밤내ᄭᅳ던그다리를
한녯날의 아버지그리워 무덤을차젓담니다
「이ᄯᅡᆼ에눕기는ᄭᅮᆷ밧긴」내아버지무덤을
그래서 크다라케 아버지일홈을부르고는도라간담니다
「우리 四男妹」5, 7, 8, 10, 12, 14, 19연(『朝鮮文壇』, 1925. 11.)

김동환 스스로 서사시라 이름 붙인「우리 四男妹」는 "나라ㅅ일에 몸을밧친다고 도라다니던아버지"가 12년 만에 돌아왔으나 선지피를 뿌리며 죽고 난 후 남은 4남매가 겪는 기구한 삶의 현실을 그린 작품이다. 형은 아버지 원수를 갚겠다고 동지를 규합하고 연설하고 다니다가 "모든일이 하기도전에 발각된타스로" 감옥에 가 있고 둘째 형은 '남의담장 쒸여넘는' 도둑이 되었으며 누이는 '하로밤에도 사내를열도 더 적시는' 색주가질을 하고 나는 무력하게 쌀이나 축내는 바구미처럼 산다는 내용은 비극적이라기보다 곤혹스럽다. 임화의「우리 오빠와 화로」가 생경한 이데올로기를 표출시켰다면 이 작품은 자조적이고 자학적인 감정을 여과없이 거칠게 드러내고 있다. 나랏일에 몸을 바치다 비극적인 죽음을 맞은 아버지에 대한 서사는 없고 4남매의 불행하고 비정상적인 생활을 피상적으로 나열함으로써 서사성을 확보하는 데 실패하고 패배주의적인 감상을 노출하는 데서 멈추고 있는 것이다. 나라를 위해 몸 바치다 돌아온 아버지의 행적은 '두만강가에씬 어름장'같이 별로 중요치 않은 일이 되어 하늘도 이 일을 잊은 듯이 되고 아버지는 가슴에 절망을 안고 '선지피 쑤리'며 죽고 남겨진 사남매는 '모이지 못해 삼년상도 못' 치르는 더 불행하고 비극적인 처지에 대한 탄식과 넋두리만 남아 있는 듯하다.

  소년시절 망국의 울분으로 가족을 돌보지 않고 국외로 떠나버린 자신의 아버지에 대한 원망이 서린 듯한 이 시에서는 건강한 북방의식이나 선구자적 서사충동을 찾을 수 없다. 서사란 첫째 하나의 사건이나 일련의 사건들을 말하는 일련의 진술이고, 둘째 진짜든 허구이든 사건들이 연속적으로 이 담론의 주제가 되는 것이며, 셋째 어떤 사건을 다시 한 번 언급하는 것[48])이라는 제라르 주네트의 정의에 입각해서 볼 때 서사의 요건도 충족시키지 못하고 있다. 또한 '사건을 진술하지 않는 서술은 자연스럽게 서사텍스트의 유형적 범주 안에 들어올 수 없'49)다는 지적에 비추어도 서사시로 보기에는 취약점을 보이고 있다. 뿐만 아니라 일제하 나랏일에 몸 바친 아버지에 대한 서사는 찾을 수 없고 원망에 찬 감정적 진술의 나열은 서사의 건강성 면에서도 앞의 시편들에 비하면 현저히 퇴보하였다.

> 흙이야 어대업스랴 한줌흙즘이야
> 뼈라도 제쌍에 가고십다는 그말아니면
> 이백사벌엔들 시체야 못무드랴 바람에도 안패이게
> 눈을들면 아직도 손질하는 녯산천이
> 죽은목숨 산송장 모다오라 부르는듯한데
> 벽일에 저품속에안길 내동무야 그멋치랴
>
> 아하, 동무의시체는 점점식어간다 안은나팔도 맥이풀려지며
> 아모래도 어름조각드듸고 외자곡다리건너단말가
> 가도 오도못하는 이발자최여, 송장에는 눈보래만
> 싸히는데
>
> 「屍體를안고」 3, 4연(『개벽』, 1925. 12.)


> 지난밤 업어오시던 옵바송장은
> 아직도 낫가리밋헤 그냥 노혀잇다오
> 밤새도록 싸히는함박눈에 뭇기고 얼니고하면서 그래도 나는 이불한 조각 덥허주지못하엿다오

---
48) Gerard Genette, 『서사담론』, 권택영 역, 교보문고, 1992., pp. 15~16 참조.
49) 한용환, 『서사이론과 그 쟁점들』, 문예출판사, 2002., p. 74.

오늘짜라 손님은웬손님인지 초저녁부터
이몸은 되놈의품에 안겨 지냇다오
밤내우슴달나면우슴주고 몸달나면몸을주고
구대독자의내옵바를 눈속에파뭇기게하고 나는우스며 이한밤을 지냇다오

-중략-

에그 복풍에 당나귀는 쏘외마듸소리치고운다오
옵바죽엄우엔 푸실푸실 함박눈이 잘도싸히는데
원수도 나라일도 그만하고 어서도라오세요
아하 청루의밤이여 胡地는 이러캐 쓸쓸하던가?
「思君」2, 3, 9연(『新女性』, 1926. 3.)

「屍體를안고」에서는 감정의 과잉이 지나치고, 「思君」에서는 충분한 서사적 요소를 가지고 있음에도 불구하고 서사가 전개되지 못하고 패배주의에 젖은 무력한 정조가 작품을 지배하고 있다. 「屍體를안고」는 유장한 가락과 비장한 어조로 총에 맞아 죽은 동무의 시신을 안고 다시 두만강을 건너는 화자의 심정을 그린 경향문학적 색채를 띤 작품이다. 죽음의 원인을 직접적으로 밝히고 있지 않지만 내용상 동무는 항일독립운동을 위해 두만강을 건너 북방으로 가다가 불의의 총탄에 목숨을 잃은 것으로 보인다. '뼈라도 제땅에 가고십다'는 동무의 '그말'에 따라 죽은 시신이라도 두만강 건너에 묻어야겠다는 심정이 한껏 고조되어 있다. 하지만 김동환 북방시편의 특장인 장엄한 서사 또는 서사충동은 보이지 않는다. "눈을 들면 아직도 손

질하는 녯산천이" 모두 오라 부르는 듯한데 "벽일에 저품속에안길 내동무야 그멋치랴'라든가 다음 연의 "아하, 동무의시체는 점점식어 간다 안은나팔도 맥이풀려지며" "가도 오도못하는 이발자최여, 송장 에는 눈보래만 / 싸히는데" 등의 구절은 동무의 죽음이라는 비극적 현실과 식민 치하의 암울한 상황을 극복하고자 하는 의지나 열망이 표출되어 있지 못하다. 또 그가 이 시기에 참여한 프로 문학적인 이념도 형상화되지 못한 채로 시신에 눈보라만 쌓이는데 비장하게 서서 오도 가도 못하고 있다. 시인이 할 수 있는 일이라고는 마지막 연에 나타나 있듯이 "동무의죽은낫에 눈물섂리기로 일삼을셈가"라고 반문하는 정도이다.

「思君」은 독립운동을 하다 총에 맞아 숨진 오빠의 시신을 청루마당에 숨겨둔 채 슬픔에 잠기지도 못하고 기생집에서 몸을 팔고 웃음을 팔아야 하는 화자의 안타까운 심정이 담겨 있다. 지난밤 업어온 구대 독자인 오빠의 시신은 '아직도 낫가리밋헤 그냥 노혀' 있고 밤새 쌓인 함박눈에도 이불 한 조각 덮어주지 못한 상황에 처한 화자는 무력하기만 하다. "이몸은 되놈의품에 안겨 지냇다오 / 밤내우슴 달나면우슴주고 몸달나면몸을주고" 하면서 무력하게 안타까워하고 있을 뿐이다. 오빠를 잃은 슬픔과 애상은 가득하지만 거기서 더 나아가지 못하고 있다. 「屍體를안고」에 비해 훨씬 강렬한 서사를 가지고 있지만 이를 살리지 못하고 감상에 머물고만 평범한 작품에 그치고 있다.

이들 작품은 두만강 유역의 북방의 국경지방을 배경으로 하고 북방의 서사를 소재로 끌어들이고 있다는 점에서 초기 김동환의 북방시편들과 공통점을 가지고 있다. 하지만 원시적 생명력을 담은 강렬한 서사충동의 발전은 이루어지지 못하고 비극만 강조되고 있다. '비극적 관계는 개인의 비극적 경험을 둘러싼 사회적 맥락에서 주어[50]지는 것인데 이 시기 김동환의 비극은 개인의 비극으로 한정되어 있다. 그리고 그 비극 앞에 무력한 개인의 패배의식과 감상성이 전면에 두드러짐으로써 북방서사의 추동이나 시의 건강한 생명력의 측면에서는 퇴보한 듯한 인상을 지우기 어렵게 만들고 있다.

> 종일 쪼스면 얼마나 쫏슴네
> 쑥짝거리는속에 눈섭만 히여가는데
> 그래도 새벽부터 죽은이일홈만 파고안젓는 석수장이어
> 멧만의비석을만들고 쏘멋천의墓誌銘을쑤미고잇는가
> 그러타네 석수장안인이이세상에 그멋치나!
>
> 「石手匠」 전문(『開闢』, 1926. 3.)


> 쩌젓다 니엇다 밤불에언들거리는 산비탈의움집
> 소작쟁의에 남편을보내고그립어우는안악네의눈불꼿
> 저등잔속에 멋백의레닌이 래왕햇든가 하고잇는가?
> —光州旅行中—
>
> 「밤불」 전문(『開闢』, 1926. 3.)

「屍體를안고」에 이어 프로문학에 참여한 작가들이 주로 활동한 잡지 『개벽』에 발표한 두 편을 포함한 短詩 6편에는 김동환의 북방의식과 서사가 점차 자취를 감추고 대신 계급주의 또는 마르크스주의가 자리잡는 변화가 일고 있음을 발견할 수 있다. 「石手匠」은 새벽부터 하루 종일 죽은 이의 이름만 파고 있는 석수장이 "멋만의비

---

50) Raymond Williams, 『현대 비극론』, 임순희 역, 학민사, 1985., p. 145.

석을만들고 쏘몃천의墓誌銘을수미고잇는가"라고 반문하고 세상에 그런 석수장이 아닌 사람이 몇이나 되겠느냐고 탄식하고 있다. 「밤불」은 3행에 불과한 짧은 소품이지만 계급주의 문학을 표명한 김동환의 시편 중에 가장 경향시답고 동시에 문학적인 성취도 어느 정도 이룬 작품이다. 화자는 꺼질 듯 꺼질 듯 밤불이 어른거리는 산비탈의 움집을 바라보며 고단하고 피폐한 소작농의 생활을 연상한다. 이어 이를 타파하기 위해 언들거리는 등잔불 빛에서 소작쟁이 나간 남편을 그리워하며 눈물짓는 여인을 등장시킨 다음 다시 그 등잔불에 몇 백의 레닌이 내왕했을 것이라는 계급 혁명주의적인 전망을 덧씌우고 있다. 산비탈의 움집의 흔들리는 등잔불에서 고단하고 피폐한 소작농을 연상하고 이를 막바로 마르크스 레닌주의로 옮겨내는 것이 다소 도식적으로 보이기는 하지만 상투적이고 생경한 구호로 얼룩진 프로문학의 넘치는 타작들에 비하면 비교적 가작이라 할 수 있다.

이러한 변화는 파인이 강력한 북방의식에 바탕한 서정과 서사충동을 계속 밀고 나가는 데 한계를 느꼈을 수도 있고 아니면 자신이 추동하고자 한 선구자 의식의 실현을 위해 좀 더 직접적인 방법으로의 계급주의 구현이라는 전략적인 선택을 했을 수도 있다. 많은 식민지 지식인 청년들을 매료시킨 마르크스주의를 수용하는 데 있어 현실변혁에 대한 열망이 강렬했던 김동환도 예외는 아니었을 것이다. 실제로 김동환이 이 시기에 프로문학에 적극적으로 동조했고 경향문학을 위한 평론들을 발표하는 등의 활동을 펼친 것으로 미루어 볼 때 이러한 시적 변화는 불가피했을 것으로 보인다.

  쑤벅, 쑤벅, 쑤벅 地層을 밟으며
  수십만 발자국이 우뢰가티 간다, 여러 世紀를 기다리다 못해한 걸음에 千百年씩 묵거노흐며 저리로 간다, 우리 무리들이.

一年부터 千九百年까지. 한낫부터 十六億까지
인류는 구Ep기 가티 잘도 자라낫다, 세상도 낡고, 썩고, 여위고 그래 썩은 인류, 낡은 세상 여긔에 살기까지 넘우 안타쌉쟌으냐,

조선을 어서 안타싸운 이 쌍에서 노하 보내자
인류도 제 자란 흙속에서 째어내노차
하늘은 넓지 안흐냐, 가고 또 가도 가튼 흙 가튼 日月 미틴데

그래 地心을 밟고 쑤벅쑤벅 가는 무리여
하늘을 등지니 背天者랄까, 오늘 背天, 래일 順天이니 어서 노피 背天歌 부르며 世界의 心臟 차저 가자 동무야.

「背天歌」전문(『東光』, 1927. 3.)


핍박에 지친이몸 어대다 고요히기 대고십다 고요히 기대고한잠만자다 니러나고십다 심해산골흐르는외가달물에 총마즌노루 제뒷다리가만히씻고안젓드시

푸름, 푸름, 푸름한 저靑山속 마른외나무한그루 그것이이몸인듯 누가불질너주지안나 쌜가케쌜가케 타다업서지련다 너무큰핍박이닥처올째마다

「述懷」전문(『朝鮮之光』, 1927. 5.)


김동환이 경향파 시인을 자처하고 발표한 작품들은 연구자들에 의해 이것이 과연 경향시인가 하는 의문을 품게51)할 정도로 성공적

이지는 못했던 것으로 보인다. 새로운 북방정서와 의식, 서사충동을 가지고 근대문학 초기의 '선구자'의 길을 걷고자 한 그에게 마르크스 레닌주의는 사회변혁의 한 방법으로 유행처럼 지나간 잘 맞지 않는 옷과 같았는지도 모른다. 경향문학 색채를 띤 단시 6편과 비슷한 시기에 발표한 「背天歌」는 극복하고 싶은 현실에 대한 막연한 반감을 표출하면서 '오늘 背天, 래일 順天이니 어서 노피 背天歌부르며 世界의 心臟 차저 가자 동무야'라고 의미 없는 재촉을 하고 있다. "인류는 구뎨기 가티 잘도 자라낫다, 세상도 낡고, 썩고, 여위고 그래 썩은 인류, 낡은 세상 여긔에 살기까지 넘우 안타깝쟌으냐"는 그의 부정적인 시선의 근거는 찾을 수 없고 구체성도 없다. 또한 그가 가자고 재촉하는 '세계의 심장'이 의미하는 바는 요령부득이다. 막연히 세상은 낡고 썩고 여위었으므로 '세계의 심장'을 찾아가자고 화자는 말하고 있을 뿐이다.

또한 북방을 바라보는 시선도 평면적인 데 그치고 있다. 1926년 북관에 내린 수재에 대해 쓴 「재앙」(『詩歌集』, 1929. 10.)은 비가 퍼부어 북관 산천에 또 재앙이 왔고 헐벗은 생명이 또 갔다는 사실을 서술한 다음 수척한 이 땅에 비는 왜 퍼부어 왔느냐고 하늘에 뜬 구름장이 목석보다 더 무정하다는 원망을 평범하게 덧붙이고 있다. 게다가 재앙이 거듭되는 북방을 바라보는 시인의 시각이나 그곳 민중들이 겪는 지긋지긋한 수난의 굴레 등에 대한 시적 형상화 노력도 찾아보기 어렵다. 2연에는 울며 바라고 달라던 비가 오고 보니 눈물비인데 "아하, 달라는이 잘못인가, 주는이 잘못인가"라는 다소 엉뚱

---

51) 오세영, 「국민문학과 경향문학의 양면성—세 번의 문학적 변모를 통해 본 김동환의 문학성향」, 김영식 편, 『파인 김동환탄생100주년기념집』, 도서출판 선인, 2002, pp. 429~431 참조.

한 그리고 설익은 구절이 이어진다. 3연에서는 "잘과 잘못이 어대잇스랴 / 하늘은 제할일하고 우리만내일이남은것을 / 여보게 이백성들아 이비가 뜻잇는비니 / 밥먹기전에 뜻다풀고 피차에 숫갈드세!"라고 거듭되는 자연 재앙에 다 뜻이 있다는 요령부득의 진술이 보이기도 한다.

이러한 시인의 태도는 피로감에서 기인한 것으로 보인다. 왕성하게 많은 작품들을 발표하며 추구했던 북방의 건강한 서사와 그 방법으로 선택한 계급주의 문학에 대한 전망을 찾기 어려워짐에 따라 실망과 피로가 찾아온 것이다. 1927년 5월 『朝鮮之光』에 발표한 「述懷」에서 역력한 피로감과 위로와 안식을 갈망하는 면모를 엿볼 수 있다. '핍박에 지친이몸 어대다 고요히기 대고십다 고요히 기대고한 잠만자다 니러나고십다'며 심해산골 흐르는 물가에 총 맞은 노루가 제 뒷다리를 가만히 담그고 앉아 있듯이 지친 심신을 어딘가에 부리고 쉬고 싶은 심정을 털어놓고 있다. 그리고 자신의 처지를 푸르른 청산 속의 마른 외나무 한 그루에 비유하고 너무 큰 핍박이 닥쳐 올 때마다 빨갛게 타서 없어지겠다고 심사를 토로하고 있다.

결국 이 시기의 시인에게 변화 혹은 새로운 길의 모색은 불가피한 것으로 보인다. 시인은 자신을 일거에 문단의 중심으로 밀어올린 초기의 북방의식과 서사충동을 추동할 힘도 의지도 희미해졌고 대안으로 믿었던 계급주의 문학에서도 별다른 성취를 이룩하지 못했다. 뿐만 아니라 「文士訪問記」(『조선문단』, 1927. 3.), 「愛國文學에 대하야-국민문학과의 이동과 그 임무」(『동아일보』, 1927. 5. 12~19.) 등의 평론을 통해 적극 옹호했던 프로문학으로부터 오히려 추방당하는 아픔을 겪게 된다. 당시 카프의 주도권을 장악한 임화, 김남천 등에 의해 제명된 근본적인 동기는 "① 그에겐 이데올로기에 대한 뚜렷한 자각이 없었고, ② 그의 문학관이 문단 혹은 사회적인 조류에 민감하였으며, ③ 그의 문학의 기본정서가 혁명과 선동을 야기하는 경향문학의 그것과 매우 달리 보수적이며 여성적인 낙관적 서정주의에 기초하고 있었다"[52]는 등의 사실에서 찾아볼 수 있다.

이후 파인은 조선총독부 출입기자에게 주는 하사금으로 잡지『三千里』를 창간하며 출판인으로 변신하고 문학적으로도 그가 극렬히 비판했던 민족주의 문인 이광수, 주요한 등과 손을 잡는다. 이들과 함께『詩歌集』을 펴내면서 경향문학에서 탈 경향문학으로, 그리고 서사성 강한 산문시에서 운율이 강한 민요풍의 시로 옮겨가는 전향의 길을 걷기 시작한다. 김동환의 북방정서와 의식, 그리고 서사충동은 더 나아가지 못하고 여기서 사실상 막을 내린 것으로 볼 수 있다.

### 4) 민요시와 단시에 남은 북방의식

민요시에 대한 관심은 1920년대 중반 민족주의 성향을 가진 시인들에게 공통적으로 나타난 현상이다. 안서 김억을 필두로 주요한, 이광수 등 민족주의 문학인들은 우리말의 아름다움과 민족의 정서에서 새로운 근대시의 활로를 찾아야 한다고 생각했고 그 대안으로 민요를 내세웠다. 프로문학과의 절연, 그리고 북방의식과 서사를 포기하고 민족주의 문학인 대열에 합류한 파인의 관심사 역시 민요시로 옮

---

52) 오세영,「국민문학과 경향문학의 양면성―세 번의 문학적 변모를 통해 본 김동환의 문학성향」, 앞의 책, p. 428.

겨왔다. 장대한 북방서사와 정서를 접고 소박한 정서와 단편적인 이야기를 민요조에 실은 민족정조의 시들을 발표한 것이다. 그가 1927년 1월 『朝鮮文壇』에 이미 「첫밤」 등 7편의 민요조 시를 발표하기 시작하고 1929년 이광수, 주요한과 함께 낸 『詩歌集』에 발표한 시 가운데 절반에 해당하는 31편의 민요조 서정시를 발표한 사실은 외견상 자연스럽지만은 않다.

김동환이 몸담았던 카프진영에서 김기진을 필두로 민족주의 진영의 시조와 민요시 부흥운동에 대한 비판을 부단히 제기하였고 파인 역시 시조에 부정적인 태도를 취했었다. 그는 「愛國文學에 대하야—국민문학과의 이동과 그 임무」(『동아일보』(1927. 5. 12~19.), 「時調排擊少義」(『조선지광』, 1927. 6.), 「망국적 가요 소멸책」(『조선지광』, 1927. 8.) 등의 평론을 통해 프로문학적 입장에서 의견을 개진하였다. 특히 시조는 부패문학이고 귀족문학이며 형식상 제약이 많은 문예상 감옥지대이므로 배격하고 또한 지배계급의 통치수단으로 이용되는 전통적이고 보수적인 내용에 애상적인 정조를 가지고 있다는 측면에서 비판을 가했었다. 반면에 「조선민요의 특질과 기 장래」(『조선지광』, 1929. 1.)에서는 민요를 계급적 입장에서 파악하고 민중의 낙천성과 민중의사를 담은 그릇으로서 새롭게 인식할 것과 민요시 운동을 전개할 것을 주장하고 실제로 민요시 발표에 적극 나선다. 그는 카프에 가담하였을 때는 민요시에 대해서는 '피압박자의 노래'로서 '낙천사상에 기초'를 두고 '사회적 사건을 비평, 풍자함으로써 민중의 의사를 표현'하는 것으로 파악하고 이를 민중문학으로 이해하였다. 하지만 그의 민요시는 전체적으로 밝고 현실 긍정적인 태도를 보이고 있는데 이는 그가 카프에 가담하고 있었을 때나 카프에서 이탈하고 민족주의 진영으로 옮겼을 때나 별 차이가 없는 비교적 일관되게 보인 모습이다. 결과적으로 민요시들은 그에게 잘 어울리는 옷과 같은 구실을 했고 상당수가 노래로도 만들어져 널리 회자되면서 대중적 명성을 안겨주었다. 여기서는 그의 민요시 전반을 살펴보기보다는 주제의 연장선상에서 북방정서가 남아있는 파인의 민요시 몇 편을 살펴보기로 한다.

    즈럼길 뭇길래 대답햇지요,
    물한목음 달나기에 샘물쩌주고,
    그러고는 인사하기 웃고 바덧지요,

    평양성에 해 안쓴대두
    난 모르오
    우슨죄 밧게,

「우슨罪」 전문(『朝鮮文壇』, 1927. 1.)

  파인이 『朝鮮文壇』에 처음 발표한 「첫밤」 등 7편의 민요조 가운데 한 편인 이 작품은 민요 시인으로서의 가능성을 보여준다. 「우슨罪」는 민요 운율을 가진 시라고 보기는 어렵지만 6행의 짧은 시행에 많은 서사가 함축되어 있는 듯하다. 물론 앞선 김동환의 북방시편에서 보이는 힘찬 서사는 아니고 시어 또한 북방의 험준한 자연과 겨울을 배경으로 한 거칠고 스케일이 큰 언어 또한 아니다. 평범한 일상어로 수줍은 처녀를 화자로 하여 한 북방 시골마을 우물가에서 있을 법한 나그네와의 천진하고 깜찍한 사랑 이야기가 담겨 있다. 앞의 3행은 (나그네가) 지름길을 묻기에 (처녀가) 대답하고, 물 한 모금 달나기에 샘물 떠주고, 그리고 인사하기에 받았다는 평범한 진술이다. 그런데 후반부에 들어 "평양성에 해 안쓴대두 / 난 모르오 /

우슨죄 밧게"라고 하며 과감한 서사의 생략을 통해 역설적으로 처녀와 나그네 사이에 부인할 수 없는 사랑의 서사가 있었음을 암시한다. 그럼으로써 북쪽 시골 처녀의 수줍은 듯하면서도 주체할 수 없는 이성에 대한 호기심과 은밀한 사랑을 입가에 웃음을 머금게 하는 해학적인 기법으로 담아내는 데 성공하고 있다. 짧은 시행 속에 서사를 압축하고 민중의 보편적인 생활과 언어를 사용해서 시적 성공을 거둔 이 작품은 초기 김동환 민요시의 대표작으로 꼽힌다. 반면 「우리옵바」는 앞서 살펴본 김동환의 민요시론에 충실한 작품이면서도 예외적으로 성공한 작품이다.

>우리옵바는 서울로 공부갓네
>첫해에는 편지한장
>둘재해엔 때무든 옷한벌
>셋재해엔 부세한장 왓네.
>
>우리옵바는 서울가서
>한해는 공부,
>한해는 징역,
>그리고는 무덤에갓다오.
>
> 「우리옵바」 전문(『詩歌集』, 1929. 10.)

이 작품은 「우슨罪」에서 보이는 과감한 생략과 서사의 함축 그리고 일상어를 사용한 표현기법을 통해 1920년대 초·중반 서울이나 일본으로 유학길에 오른 지식인들이 밟았을 고뇌와 선택, 그리고 고난의 삶을 고스란히 시 속에 형상화해 내고 있다. 시인은 어린 여자아이를 화자로 내세워 서울에 공부하러 간 오빠의 비극적인 삶을 천진한 목소리로 담으면서 강한 여운을 남기고 있다. 전반부는 서울로 공부하러 간 오빠가 첫 해에는 편지 한 장, 둘째 해엔 때 묻은 옷 한 벌, 셋째 해는 부세 한 장 왔다고 진술한다. 후반부는 한해는 공부, 한해는 징역, 그리고는 무덤에 갔다고 나란히 진술함으로써 당시 지식인들이 걸었던, 걸었을, 혹은 걸어야 했던 길을 고스란히 환기시키는 효과를 낳는다. 유학이라는 소위 선택받고 선망의 대상이 되는 길을 걸은 청년이 조국의 암담한 현실을 목도하고 느끼면서 이러한 상황을 극복하기 위한 길에 나서지만 끝내 비극적인 결말을 맞고 마는 것이다.

이 작품은 비슷한 시기에 발표되었고 여자 아이를 화자로 내세운 같은 방법으로 노동운동을 하다 감옥에 끌려간 오빠에게 보내는 서간문 형식의 임화의 「우리오빠와 화로」(『조선지광』, 1929. 2.)와 비교할 수 있다. 누이동생인 화자가 감옥에 잡혀간 오빠를 영웅시하며 계급주의적 전망에 입각해 스스로를 다짐하면서 끝을 맺는 단편 서사시 양식의 「우리오빠와 화로」와 평면적으로 비교하기는 어렵지만 이 작품은 형식적인 완성도와 성취도 면에서 훨씬 압축적이고 강한 여운을 남긴 수작으로 평가할만하다.

「우리옵바」를 비롯한 이 시기에 김동환이 발표한 몇몇 민요시들은 그가 주장한 민요시론에 비교적 충실한 작품들이다. 「밤낮땅파네」(『조선일보』, 1928. 1. 27.), 「경복궁打鈴」(『개벽』, 1926. 3.), 「아리랑고개」, 「팔려가는 섬색시」(『조선지광』, 1929. 2.) 등의 작품은 피지배자라는 계급의식에 입각해서 억압받고 착취당하고 학대받는 민중의 감정을 일깨우려한 민요시들이다. 고대광실을 짓고 농삿일을 한 민중들은 밤낮 땅만 파지만 항상 떨면서 배고파하는 모순(「밤낮땅파네」)을 지적하고, 곡식이 썩어나도 민중에 돌아오는 것은 없는 세상의 백성질(「경복궁打鈴」)을 노래하며 봉건지배 계층에 억압당하는 민중의 모습을 그리고 있다. 또 고통스러운 일제하에 불평은 늘지만 뿌리는 살아 있으니 꽃이 피겠지 하는 민중의 생명력에 대한 노래(「아리랑 고개」)와 동백꽃이 무성하게 핀 섬 색시가 서울 청루에 창기로 팔려가면서 비로소 동백기름으로 단장한다는 아이러니컬한 현실의 슬픈 이야기(「팔려가는 섬색시」) 등을 담은 시편들이 그것이다. 하지만 이러한 계열의 민요시들은 그리 많지 않을 뿐만 아니라 1930년대 들어선 후에는 그나마도 찾아보기 어렵다.

김동환의 민요시는 굴곡이 심했던 그의 문학의 길을 반영하고 있는 듯하다. 북방의식이나 북방서사를 담은 함축적인 민요시에서 또는 자신이 주장한 계급의식에 토대를 둔 민중적 민요시에서 출발하지만 점차 밝고 낙관적인 민요시의 세계로 나아가는 변모를 보이고 있다.

> 봄이오면 산에들에 진달내피네
> 진달내꽃 피는곳에 내맘도피네
> 건너마을 젊은處子 꽃따라오거든
> 꽃만말고 이마음도 함께따가주
>
> 봄이오면 하늘우에 종달새우네
> 종달새 우는곳에 내맘도우네
> 나물캐기 아가씨야 저소리듯거든
> 새만말고 내소리도 함께드러주
>
> 나는야 봄이오면 그대그립어
> 종달새 되여서 말부친다오

나는야 봄이오면 그대그립어
진달내 꼿되어 우서본다오

「봄이오면」 전문(『朝鮮日報』, 1928. 1.)

1.
山넘어 南村에는 누가살길래
해마다 봄바람이 南으로오데

꼿피는 四月이면 진달래향긔
밀익는 五月이면 보릿내음새

어느것 한가진들 실어안오리
南村서 南風불제 나는좃테나

2.
山넘어 南村에는 누가살길래
저하늘 저빗갈이 저리고울가

금잔듸 너른벌엔 호랑나비쎄
버들밧 실개천엔 종달새노래

어느것 한가진들 들려안오리
南村서 南風불제 나는좃테나

3.
山넘어 南村에는 배나무잇고
배나무 꼿아래엔 누가섯다기

그리운 생각에 령에오르니

구름에 가리어 아니보이나

끈잇다 이어오는 가는노래
바람을 타고서 고이들니데

「山너머 南村에는」 전문(『三千里』, 1935. 3.)

    비관론에서 돌연 낙관론으로 옮겨간 것이 난데없어 보이지만 널리 읽히고 기억되는 김동환의 민요시의 특징은 밝고 낙관적인 데 있다. 내용적으로도 남녀간의 연정이나 소박하게 자연의 정취를 읊은 소품 또는 여행의 기억을 살린 회고조 서정시들이다. 이러한 경향의 대표적인 작품이 「봄이오면」과 「山너머 南村에는」이다.
    시인은 고통스럽고 힘든 세상과의 싸움 또는 자기 자신과의 싸움을 돌연 접고 봄이 오면 산에 들에 진달래 핀다고 근거를 알 수 없는 희망과 낙관을 펼쳐든다. 그리고 꽃피는 그곳에 내 마음도 함께 피어 있으니 그 마음도 따가 달라고 동경하는 이상세계를 펼쳐놓는다. 봄, 꽃, 젊은 처자, 종달새, 아가씨 등 밝은 시어로 그동안 자신을 짓눌러오던 북방의 거대한 서사와 모순 가득한 고된 현실세계를 털어내고 유토피아를 노래하고 있는 것이다. 이러한 현실에 대한 낙관은 이후 계속 이어져 마침내 1930년대 들어서 "山넘어 南村에는 누가 살길래 / 해마다 봄바람이 南으로" 오느냐고 스스로 묻고 그 봄바람이 '어느 것 한가진들 실어' 오지 않겠느냐고 그래서 '南村서 南風불제' 나는 좋다고 스스로 답하게 된다.
    고된 현실에서 잠시 눈을 돌려 새로운 희망을 가져오는 봄과 산 너머의 남촌을 그려볼 수는 있다. 하지만 현실과 유리된 산 너머의 이상공간으로 시인의 전망이 통째로 옮겨가 버렸다는 데 문제가 있다. 더구나 그의 친일행보를 염두에 둔다면 '南村'은 단순한 산 너머의 어느 곳 이상의 층위로 읽힌다. 미래에 대한 희망이나 희구가 아닌 가공의 유토피아로 들어가 현실에 대한 터무니없는 낙관론에 입각하여 내내 안주하는 태도로 일관하면서 현실에 타협하고 또 親日의 길로 나아가게 된 것이다. 이 시기에 들어서 험준한 자연환경 속에 펼쳐지던 장엄한 북방정서와 서사충동 그리고 민중과 시대의 고통을 읽는 의식의 세계를 담은 시인의 '북방'은 더 이상 찾아볼 수 없게 된다. 근거 없는 낙관과 밝고 따뜻한 동화적인 가상의 세계로 깊이 침잠하는 것을 확인할 수 있을 뿐이다.

## 3. 북관의 투박하고 억센 어조에서 시적 자기발견과 동일성 성취로

　400편이 넘는 시와 수필, 평론과 희곡에 이르기까지 장르를 넘나들며 역동적인 생산량을 보인 김동환의 시세계와 시어적 특성 등을 정의하는 것은 쉽지 않은 일이다. 다작의 시인인 만큼 성공한 작품 못지않게 타작이 많고 20세기의 원년에 태어나 수난과 격변의 근대사를 살아온 만큼 삶과 문학에 굴곡 또한 많았기에 더욱 그렇다. 이 글에서 살펴본 파인의 북방시편이나 북방계열의 시편들로는 쉽게 정의하기 어렵다. 포괄적으로나마 김동환 북방시편의 시어와 기법상의 특징을 정의한다면 '투박한 북관(北關)의 입말, 억센 남성적 어조, 대륙적인 시적 전경(前景) 등을 통해 간난 어린 '선구자'의 꿋꿋한 기개'[53]를 표출하였다는 의견에 대체로 동의할 수 있을 것으로 보인다.
　광활한 북방대륙과 북방을 배경으로 선이 굵고 스케일이 큰 남성적인 북방의 언어들을 시어로 사용한 김동환의 북방시편들은 20세기

---

53) 윤영천, 「유이민의 비극적 삶을 직핍한 북방시편들의 울림—한국근대문학과 '북방적 상상력'」, 『대산문화』, 2003년 가을호, p. 39.

초 북방국경이 빚어내는 긴장감이 수난과 비극의 식민지 현실과 오 버랩되면서 등장하였다. 이는 감상적인 낭만주의와 퇴폐주의의 잔영을 떨치지 못한 1920년대 한국 시단에 강렬하고 낯선 충격과 효과를 주었다. 하지만 이러한 김동환의 북방시편들의 시어와 기법상의 특성을 보다 엄밀하게 정의하기 위해서는 앞서 살펴본 바와 같이 그의 북방시편을 북방의식과 서사충동이 담긴 서정시(1기 초반), 북방을 무대로 북방의 서사를 담은 서사시(「國境의 밤」), 북방의 잔영이 드리운 서정시와 민요시(1기 중후반)로 구분하여 관찰하는 것이 바람직할 것이다.

초기 북방의 서사충동이 가득한 서정 시편들에서 두드러지는 것은 낯설고 이국적인 북방 이미지를 형성하는 시어들과 그런 북방의 이미지를 더욱 강렬하게 만드는 시간적, 계절적 배경이다. 북국, 북조선, 漠北江, 白熊, 北狼星, 赤星, 북새(「赤星을 손까락질 하며」), 豆滿江, 北塞(「先驅者」), 北靑물장사(「北靑물장사」) 등과 같이 북방을 가리키면서도 이국적인 분위기를 자아내는 시어들이 白衣人, 北朝鮮 등의 시어들과 호응하면서 이곳이 전혀 무관한 공간이 아닌 조선과 조선인의 삶의 공간임을 확인해 줌으로써 우리 문학의 공간을 북방으로 확대시키는 선구자적인 성과를 보이고 있다. 여기에 계절적으로는 겨울, 시간적으로는 밤을 주로 채택함으로써 장엄하지만 혹독하고 험난한 북방의 자연적인 환경과 이 속에 사는 북방 사람들의 긴장감 어린 비극적 삶과 정서를 한껏 고조시키는 데 성공하고 있다.

"北國에는 날마다밤마다 눈이오느니 / 灰色하늘속으로 눈이퍼부슬때마다 / 눈속에파뭇기는 하―연北朝鮮이보이느니"(「赤星을 손까락질 하며」 1연) "눈이 몹시퍼붓는 어느해 겨울이엇다, / 눈보래에우는 당나귀(驢馬)를잇글고 豆滿江녁까지 오니, / 江물은 얼고 그우에 흰눈이 석자나 싸엿섯다 // 人跡은업고, 해는 지고— / 나는 몇번이고 도라서서 망서리다가 / 大膽하게 어름장쌀닌 江물우를 건넛다"(「先驅者」, 1, 2연)와 같이 겨울과 밤을 계절적·시간적 배경으로 설정하면서 북방의 정취를 더욱 강하게 한다. 이를 토대로 "白熊이울고 北狼星이눈깜짝일때마다 / 제비가는곳그립어하는 우리네는 / 서로부둥켜안고 赤星을손까락질하며 氷原벌에서춤추느니— / 모닥불에빗최는 異邦人의새파란 눈알을보면서"(「赤星을 손까락질 하며」, 4연)와 같이 북방 사람들의 희망을 잃지 않는 강인하고 낙관적인 의지를 형상화하고 있다. 이러한 독특한 북방의 분위기는 국권을 상실한 고난과 역경 속의 식민지 조선과 조선민중의 시련이 겹쳐지고 동시에 이를 극복하고자 하는 의지를 상징하면서 독특한 북방의식으로 승화되는 효과를 낳고 있다. 이러한 특징은 김동환의 북방을 배경으로 한 시편 전반에 걸쳐 공통적으로 나타난다고 할 수 있는데 이는 시인의 북방에 대한 인식을 보여주는 동시에 이를 형상화하는 시적 전략의 발현이라고 볼 수 있다.

초기 북방 서정시에서 볼 수 있는 또 하나의 특징은 높은 한자의 사용빈도와 의고적 어미의 의도적인 사용이다. 특히 어미활용을 통해 시적 효과를 높이려 하고 있는 점이 주목된다. 「赤星을 손까락질 하며」에서는 '—느니'라는 의고적인 어미를 말미에 반복적으로 사용함으로써 강한 서사적인 충동을 누르고 있는 듯한 장중한 분위기와 긴 호흡을 느끼게 한다. 이는 「先驅者」에서도 '—엇다' '—섯다' '—넛다' 등의 어미를 반복해서 사용하여 같은 효과를 주고 있다. 「哭廢墟」에서는 어두의 감탄사와 함께 사용함으로써 지나치게 감상성을 노출시키고는 있지만 '—여' '—이어' 등의 어미를 반복해서 활용함으로써 강한 서사충동을 엿볼 수 있게 하는 효과를 내고 있다.

북방의 서사가 구현된 서사시 「國境의 밤」에서는 前篇의 북방 정서가 가득한 서정시들의 성취와 시어적 특성을 바탕으로 다양한 기법적인 실험을 보여주고 있다. 이 시에서 가장 눈에 띄는 것은 3인칭 전지적 시점을 사용하면서 서사가 劇的 방식에 적극적으로 기대어 전개되고 있다는 점이다. 「國境의 밤」은 "서두부분에서 등장인물(順伊와 靑年)의 내적 독백과 그들의 내면 심정을 분석하는 작자의 서술, 그리고 등장인물의 행위에 대한 객관적인 제시, 사건의 전체를 개관·논평하는 '편집자적 논평'을 보이고 있다. 그리고 이러한 서술 기법은 비단 서두에서뿐만 아니라 「國境의 밤」 전편에 걸쳐 시종일관 지속되고 있다"54)는 고형진의 지적처럼 다양한 서사양식과 기법을 보여주고 있다.

"아하, 無事히 건넛슬가, / 이한밤에 男便은 / 豆滿江을 탈업시 건너슬가?"라는 순이의 독백으로 시작하고 있는 이 작품은 겨울밤 남편을 밀수출 길에 떠나보낸 아내의 불안과 초조 그리고 긴장감을 탁월하게 그려내고 있다. 8장에서는 "달빗에 잠자는 豆滿江이어! / 눈보래에 쌀녀 우는 녯날의거리여, / 나는 살아서 네품에 다시 안길 줄 몰낫다. / 아하, 그리운 녯날의거리여!"와 같이 북방마을에 나타난 청년의 감회와 슬픈 심정을 역시 독백으로 간결하게 표현하고 있다. 그리고 "저리 國境江岸을 警備하는 / 外套쓴 거문巡査가 / 왓다―갓다― / 오르명 내리명 奔走히하는대 / 중략 / 물네젓든손도 脈이 풀녀저 / 파!하고 붓는 魚油등장만 바라본다,"(1장) "그날저녁 우스러한때이엇다 / 어대서 왓다는지 焦燥한靑年하나 / 갑작히 이마을에 나타나 오르명내리명 / 구슬픈노래를 불으면서―"(8장)와 같은

---

54) 고형진, 「서사적 기법의 심화와 전개」, 앞의 책, p. 86.

지문을 제시하고 있다. 그리고 58장에 이르면 순이와 청년이 직접 대화를 나누는 보다 직접적으로 희곡적인 방식을 도입하는 형식적인 실험을 시도하고 있다.

여기에 순이와 청년의 만남과 사랑, 헤어짐과 재회라는 극적인 구성방식과 함께 새 출발을 주장하는 청년과 이를 거부하는 순이 사이의 갈등을 만들어 내고 있다. 사건이 시작되고 전개, 마무리되는 시간을 전날 밤부터 다음날 아침까지 하루 동안으로 설정하는 고전극의 구성방식을 차용하고 있기도 하다. 아울러 2부에 북방민의 삶, 특히 여진족의 후예인 在家僧의 유래를 액자소설처럼 삽입하는 기법도 한국시가에서는 종래에 볼 수 없는 양식이다. 무엇보다 값진 것은 「國境의 밤」이 이룬 성취는 순이와 청년의 비극적인 사랑, 순이와 병남의 비극적인 삶을 다양한 서사기법으로 보여주면서 이것이 한 변방민의 비극에서 그치지 않고 동시대 북방민 전체의 신산하고 비극적인 삶 전체로, 그리고 식민지하 민중 전체의 고통스러운 삶으로 확장되어 읽히는 서사의 울림을 획득하고 있다는 점이다.

「國境의 밤」 이후의 북방시들은 계급주의와 결합하면서 감상성과 산문성이 전면에 노출되고 초기의 건강하고 힘 있는 북방의식과 서사충동이 현격히 저하되는 것을 발견할 수 있다. 「屍體를안고」에서는 "어름짱이 갈닌다 …… 어름짱이잘도갈닌다" "흙이야 어대업스랴 한줌흙즘이야" "싸히면 썰고 썰면 쏘싸히고" 등에서 볼 수 있는 어휘의 반복에 따른 리듬감, 주요한의 「불노리」를 읽는 듯한 도도한 흐름의 시행, 화자의 절박한 감정과 호흡, '아하' 같은 감탄사나 '~이여' 같은 감탄형 어미의 구사[55] 등으로 감상적인 정조를 고조시키는 데 효과적이다. 하지만 이러한 기법은 시인이 거리감을 확보하

---

[55] 박호영, 「김동환과 이용악의 비교연구」, 『국어교육』, 2001. 2., p. 252.

지 못하고 상황에 따른 감정을 미리 표출해 버림으로써 감상성에 함몰되어 버리는 결과를 낳기도 한다. 이러한 감상성의 노출은 같은 계열의 다른 시편에도 나타난다. "에익, 탄식할세상이여 불에까슬너도앗갑지안는세상이여 / 상졔와과부만들고안젓는이짱이여하고욕할때 / 어느쯔만에 벌서 둘재형까지 도적놈이되엿담이다 / 밤낫독기를메고 남의담장 쒸여넘는 한다는도적놈이"(「우리 四男妹」 10연)이나 "오늘짜라 손님은웬손님인지 초저녁부터 / 이몸은 되놈의품에 안겨지냇다오 / 밤내우슴달나면우슴주고 몸달나면몸을주고 / 구대독자의 내옵바를 눈속에파뭇기게하고 나는우스며 이한밤을 지냇다오"(「思君」 3연)에서처럼 시인의 감상을 전면에 앞세우는 현상이 나타나고 있다. 이러한 감상성의 노출은 김동환의 시들이 1920년대 초반의 감상적 낭만주의 또는 퇴폐주의 계열의 시들로 돌아간 듯한 느낌을 주기도 한다는 점에서 퇴행적이라 하지 않을 수 없다.

북방의 잔영이 남은 짧은 시와 민요시들은 북방의식과 서사충동이 현저히 사라지지만 오히려 간결한 압축과 일상어의 차용 그리고 리듬감의 획득 등으로 시어적인 성취나 미학적 완결성 면에서는 완성도가 높은 것으로 평가된다. "평양성에 해 안쓴대두 / 난 모르오. / 우슨죄 밧게"(「우슨罪」 후반부)나 "우리옵바는 서울가서 / 한해는 공부, / 한해는 징역, / 그리고는 무덤에갓다오."(「우리옵바」 후반부)와 같이 한자어 사용은 거의 사라지고 일상어를 사용하면서 짧은 시 속에 당시 민중이 공유하는 서사를 강하게 압축하는 높은 시적 완성도를 보여주고 있다. 시적인 완성도는 「봄이오면」, 「山너머 南村에는」과 같은 민요시에 들어서 3음보 또는 7·5조의 리듬 위에 '봄, 진달래, 꽃, 종달새' 등 밝고 화사한 단어들을 군더더기 없이 사용함으로써 보다 강화된다. 어쩌면 김동환의 시어 변화, 즉 서사충동의 서정시, 서사시, 계급주의 성향의 북방시, 북방의 잔영이 남은 짧은 시와 민요시로의 변화하는 과정에서 보여준 한자어 경사의 극복, 일상어의 사용, 토속어를 사용한 리듬감 획득 등은 '시적인 자기발견과 자기 동일성의 성취를 이룩'56)한 것으로 볼 수 있다.

더해서 김동환이 북방을 가리키는 용어는 '北塞,' '北國' 등의 용어인데 특히 '북새'를 많이 쓰고 있다. 북쪽에 있는 변방이라는 '북새'의 사전적 정의에서 볼 수 있듯이 북방을 국경과 같은 분리된 경계보다는 하나의 공간으로 인식하고 있었던 것으로 여겨진다. 그의 뒤를 이어 북방을 배경으로 한 시를 쓴 몇몇 시인들 또한 의식적으로 공간 또는 방위 개념을 담은 '북방' '북쪽' 등의 단어를 사용하고 있는 것으로 보인다.

물론 김동환의 시가 남긴 아쉬움은 많다. 보는 시각에 따라서는 높은 한자어 사용빈도, 1920년대 초반의 낭만주의와 퇴폐주의적인 경향을 완전히 떨쳐 버리지 못한 감상성의 노출과 계몽주의적 태도, 모호한 구절, 다작으로 인한 많은 타작과 잦은 시적인 변화로 인한 일관성과 완성도의 결여 등 많은 한계가 그가 이룬 성취 못지않게 도드라져 보일 수도 있다. 하지만 1920년대의 한국문학을 비로소 본격적인 서구문학을 수용하면서 겪게 되는 총체적인 습작과정에 있었다고 할 수 있는데 그의 등장으로 한국문학이 한 단계 도약하는 토대를 마련했다는 점은 평가 받아야 마땅하다. 그리고 그 평가의 중심에 김동환의 북방시편들이 위치해 있다고 할 수 있다.

---

56) 유종호, 「시와 토착어 지향」, 『동시대의 시와 진실』, 유종호 전집 2, 민음사, 1995., p. 26.

# III. 평화로운 기억 속 이상공간을 찾는 고투

1. 1930년대 후반 시단과 백석
2. 이상공간을 찾는 상실공간에서의 고투
3. 상실과 절망을 담은 내면지향의 목소리

## 1. 1930년대 후반 시단과 백석

### 1) 1930년대 모더니즘과 백석

    1931년 만주사변을 시작으로 일본이 대륙을 향한 제국주의의 야심을 본격화한 "暗黑政治의 그 첫 帳幕"[1]을 올리며 시작한 1930년대는 일제가 조선을 병참기지화하면서 통제와 수탈을 강화한 시기이다. 하지만 한국문학에서 이 시기는 본격적인 의미의 현대문학이 확고한 토대를 확립한 시기라고 할 수 있다. 서구적 개념의 근대문학을 수용한 1910년대와 본격적으로 근대문학을 수용, 발전시키는 과정에서 많은 실험과 시행착오를 겪은 1920년대를 토대로 1930년대 한국문학은 일정한 수준을 갖춘 다양한 문학적 경향을 선보이고 동시에 예술적인 성과를 담보하는 데까지 나아갔다. 특히 시 부문에서는 시문학파를 중심으로 순수문학이 발달하고 모더니즘 등 다양한

---

    1) 조연현, 『한국현대문학사』, 성문각, 1982., p. 471.

가능성을 타진하는 문학적 실험과 문예사조의 주체적인 수용이 이루어졌다. 또한 발표지면이 크게 확대되면서 전문적인 作家群이 대거 등장하였다.

카프가 해체되면서 프로문학 운동이 뚜렷하게 쇠퇴하였고 문학의 순수성과 예술성을 지향하는 시문학파와 구인회 등이 문단전면에 등장하였다. 문예사조로는 모더니즘이 "1920년대 낭만주의와 상징주의의 감정과잉, 1920년대 후반기 신경향파의 내용편중을 배제하면서 1930년대 시의 주류를 이루"2)면서 두터운 작가군이 형성되었다. 동시에 다양한 기법으로 문학적 실험이 이루어졌고 박용철, 김기림, 최재서 등에 의해 시론을 확립하려는 노력들이 활발히 진행되었다. "해방 이후 지금에 이르기까지 한국시는 삼십년대의 시가 설정한 기본적 테두리에서 크게 벗어나지 않는다"3)고 할 만큼 이 시기의 한국문학, 특히 한국시의 발전은 괄목할만한 성과를 보였다. 특히 백석이 등장하기 이전, 즉 1930년대 전반기 시단의 흐름은 본격적으로 현대시가 정착하고 탐구된 한국현대시사에 현대적 국면4)을 연 시기라고 할 수 있다. 이 시기에는 한국시단은 세 개의 유파에 의해 판도가 결정되고 있었5)는데 이 가운데 가장 주도적이고 중심이 된 현상으로 순수문학의 대약진과 모더니즘의 본격적인 대두를 들 수 있다.

---

2) 조동일, 『한국문학통사 5』, 지식산업사, 1994., p. 416.
3) 김종철, 「30년대의 시인들」, 『시와 역사적 상상력』, 문학과지성사, 1978., p. 9.
4) 김용직, 「서정, 실험, 제 목소리 담기」, 김우종 외, 『한국현대문학사』, 현대문학, 1993., p. 146.
5) 김용직은 백석이 등장하기 이전인 1930년대 전반기 시단의 주된 흐름을 김기림이 주도한 주지주의계 모더니즘 시, 카프의 발전적 전개형태에 해당하는 현실주의의 흐름 그리고 이상을 비롯한 서정주, 오장환 등에 의한 비주지주의 시인들에 의해 쓰여진 시 등 세 갈래로 구분하였다(김용직, 『한국현대시사 2』, 한국문연, 1996., pp. 378~379).

프로문학에 대한 반동으로 1930년 시 전문지 『시문학』을 중심으로 김영랑, 박용철, 정지용 등이 참여한 시문학파는 시는 언어예술이라는 데 근거하여 정치색과 목적성을 배제한 순수시 운동을 전개하였다. 1933년 김기림, 정지용, 이태준, 이효석 등 중견작가 9인은 구인회를 결성하고 기관지 『시와 소설』을 발간하면서 공리주의와 계급주의 문학을 배격하며 순수문학 확립에 기여하였다. 문단의 주류로 자리 잡은 이들을 중심으로 사조상으로는 모더니즘 문학운동이 가장 왕성하게 진행되었고 그 결과로 모더니즘이 폭넓게 磁場을 형성하였다. "모더니즘은 현대문명을 도피하려고 하는 모든 태도와는 달리 문명 그것 속에서 자라난 문명의 아들이요 우리 신사상에 비로소 도회의 아들이 탄생하였다"[6]고 모더니즘의 대표적인 이론가인 김기림은 이 시기의 모더니즘을 정의하고 있다.

이 시기의 모더니즘은 일본의 식민지 지배체제가 공고화되는 시기에 서울을 중심으로 한 도시거주 지식인과 문학인들에 의해 추진되었다. 이들은 도시적 생존방법과 도시적 감수성의 결합이라는 도시 문학적 성격을 지향하면서 문학양식의 혁신과 문학적 사유의 전환에 의한 실험정신 면에서 근대성을 발견하고자 하였다. 당시 시단은 모더니즘의 이론적인 근거를 T. E. 흄, T. S. 엘리엇, I. A. 리처즈 등의 주지주의 또는 이미지즘[7]에서 찾았다. 즉 당시의 모더니즘

---

[6] 김기림, 「모더니즘의 역사적 위치」, 『인문평론』, 1939. 10., p. 83.
[7] 한국 모더니즘 시는 1926년 발표한 정지용의 「카페 프란스」에서 시작된 일련의 이미지즘 계열의 작품에서부터 시작되었다고 볼 수 있으며 한국사회에서는 영미의 네오클래식, 즉 이미지즘과 주지주의를 포함한 영미 모더니즘을 가리킨다. 백철은 모더니즘을 이미지즘과 동의어로 사용하였으며 김기림은 영미 모더니즘뿐만 아니라 다다이즘, 쉬르리얼리즘 등을 포함한 '현대'라는 시기의 제문학운동을 포괄적으로 지칭하는 의미로 사용하였고 최재서의 주지주의는 일본문단이 영미에서 행하고 있는 네오클래시시즘(neo-classicism)을 의역해서 '주지주의'라고 불렀던 것을 그대로 사용하였다(오세영, 『문학과 이해』, 국학자료원, 2003., pp. 76~80 참

은 '내용과 객관화된 시적 자아가 거리를 유지한다는 것'[8])을 골자로 하는 에즈라 파운드가 말하는 이미지즘을 의미하는 것이었다. 시단의 이러한 현상은 1930년대 전체를 관통하며 당시 시인들에게 직·간접적으로 광범위한 영향을 끼쳤다. 본래 모더니즘은 근대와 근대정신을 지향하는 데서 온 산물로 '유럽의 근대는 새로운 경제적 토대와 이념적 투쟁과 변화를 통해 구체화'[9])되어 왔고 따라서 '많은 조류와 유파를 지닐 뿐 아니라 각각의 개별적 작품들 역시 독특하고 새로운 기법을 구사'[10])하였다. 그러나 이 시기의 우리 모더니즘은 서구와 같은 자본주의의 성숙과정과 근대정신의 형성이 생략된 것이었다.

이러한 상황에서 등장한 白石의 시사적 위치는 독특하게 자리매김 되고 있다. 정지용, 김기림, 김영랑, 이상 등의 걸출한 시인들에 의해 온전한 현대시의 면모를 갖추고 모더니즘의 형식상 실험 또한 어느 정도 마친 1930년대 중반에 등장한 그는 앞선 모더니즘과 근대적 인식 위에 反近代的이라 할 토속적 소재를 특유의 시 작법으로 다루었다. 그의 시편들은 이전에는 볼 수 없었던 관서지방을 중심으로 한 북방의 풍물과 풍속 그리고 생활과 정서를 온전히 담아냄으로써 앞선 시인들과 확연히 변별되는 시세계와 시사적 위치를 확보하였다. 또한 '고도로 세련된 모더니즘'[11])을 이룩하였다는 평을 받기도 한다.

그는 앞선 다른 모더니즘 계열 또는 모더니즘의 세례를 받은 시

---
조).
8) Ezra Pound, 『현대시학입문』, 이덕형 역, 문예출판사, 1984., p. 30.
9) 이성환, 「근대와 탈근대」, 『모더니티란 무엇인가』, 민음사, 1994., p. 192.
10) 나병철, 『근대성과 근대문학』, 문예출판사, 1995., p. 210.
11) 김윤식, 『한국근대문학양식론』, 아세아문화사, 1980., p. 313.

인들에게서 나타나는 도시문명의 강한 영향 아래 있는 시작태도와는 전혀 상반된 면모를 보였다. "세계관으로서보다는 창작방법으로서 모더니즘의 세례를 받았다"12)고 할 정도로 백석의 작품은 외견상 도시문명이나 그로 인한 근대인의 자각과 감수성 등을 거의 찾아볼 수 없으며 오히려 이것들과 길항하고 있는 것처럼 보인다. 분명한 것은 앞서 언급한 바와 같은 당시 문단의 흐름에서 그가 완전히 자유로울 수 없고 동경유학에서 영문학을 전공했으며 이 시기에 일본에 한창 소개되었던 모더니즘을 수용했을 가능성이 높다는 사실이다. 백석은 귀국 후 근대문명의 상징 가운데 하나인 신문사에서 근무하였다. 그리고 백석이 『조선일보』에 근무했을 때 당시 모더니즘시운동의 기수인 김기림이 직장 선배로 근무했으며 그의 첫 시집 『사슴』에 대해 평을 쓰기도 하였다. 이러한 전기적인 사항을 검토해 볼 때 백석은 모더니즘의 세례를 받았거나 그 영향권 아래서 문학적 출발을 했다는 점을 짐작할 수 있다. 뿐만 아니라 그가 첫 시집 『사슴』을 상재한 후 나온 김기림과 박용철의 호평과 오장환의 혹평 또한 당대의 모더니즘 또는 모더니티에 입각해서 이루어진 점13) 또한 이

---

12) 최두석, 「백석의 시세계와 창작방법」, 『리얼리즘의 시정신』, 실천문학사, 1992., p. 100.
13) 김기림은 "『사슴』은 그 外觀의 徹底한 鄕土趣味에도 不拘하고 주착없는 一聯의 鄕土主義와는 明徹하게 區別되는 '모더니티'를 품고 있다"고 백석 시의 근대성에 대해 언급하였고(김기림, 「'사슴'을 안고 -白石시집 독후감」, 『조선일보』, 1936. 1. 29) 박용철은 "이 詩人은 現在 우리 言語가 全般的으로 侵蝕받고 있는 混血作用에 對해서 그 純粹를 지키려는 意識的 發展을 表示하고 있다"고 백석 시가 감각적 이미지를 중심으로 구성된다는 점과 시어의 새로움에 주목하였다(박용철, 「白石 詩集 '사슴' 評」, 『조광』, 1936. 4). 오장환은 "未熟한 나의 형용으로 말한다면 白石씨의 회상시는 가진 사투리와 옛 니야기의 年中行事의 묵은 추억 등을 그것도 질서없이 그의 곳간에 볏섬쌓듯키 그저 구겨 넣는 데 지나지 않는 것이다"고 백석의 시어와 정조에 신랄한 비판을 가하였다(오장환, 「백석론」, 『풍림』 통권 5호, 1937. 5.).

를 뒷받침한다.

백석은 모더니즘 세례 속에 1930년대 식민지 치하에서의 근대성에 대해 충분히 인식하고 주어진 파행적이고 불행한 시대적 환경과 문학적 흐름을 토대로 문학적인 선택을 한 것으로 보인다. 그는 방법론상으로 당시 모더니즘 이론의 근거를 제시했던 T. E. 흄이 요구하는 '감정의 과잉을 절제하고 형식에 의식적 주의를 기울여야 한다'14)는 것과 '종래에 본 것과는 다른 방식으로 사물을 있는 그대로 볼 것과 본 것을 파악해서 마치 그것을 눈앞에 보이듯 적확하게 표현'15)하라는데 일정하게 부응하는 데 성공하였다. 나아가 이러한 모더니즘 방법론을 토대로 식민지하의 근대라는 절망적인 상황을 극복하기 위해 '그러한 상태로부터 벗어나 살고 있었던 전근대의 삶의 조건 특히 그 시기의 민중들이 공동체 속에서 하나로 어우러져 살고 있는 상태에 대한 깊은 그리움을 가지게'16) 되었고 이를 그의 작품 속에 의도적으로 담아 나간 것으로 볼 수 있다.

그의 작품 속에서 담아낸 세계는 유년의 화해롭고 평화로웠던 고향이고 그의 시선은 일관되게 과거 지향적이다. 이는 동시대의 다른 시인들에게서도 흔히 발견할 수 있는 고향을 다루었다는 점에서는 같은 범주에서 볼 수 있지만 그들이 담아낸 고향이 그리움과 향수의 대상이었다는 점에서는 백석의 그것과는 구분된다. 여기에서 주목해야 하는 것은 백석이 의도하였든 의도하지 않았든 그가 작품 속에 끌어온 세계가 식민지 상태에서 벗어나 있었던, 즉 온갖 이질적인

---

14) T. E. 흄, 박상규 역, 「낭만주의와 고전주의」, 『휴머니즘과 예술철학』, 현대미학사, 1983., p. 114.
15) T. E. Hume, Humanism and the Religious Attitude, *Speculations*, Routledge & Kegan Paul, 1960., p. 132.
16) 김재용, 「근대인의 고향상실과 유토피아의 염원」, 김재용 엮음, 『백석 전집』, 실천문학사, 1997., p. 508.

요소들이 하나로 어우러져 평화롭게 공존하며 살고 있는 식민지배 이전에 존재했던 공동체 세계라는 사실이다. 그리고 이 세계는 과거의 우리 문학에서 볼 수 없었던 關西지역을 중심으로 한 북방의 풍속과 삶과 정서라는 점이다. 그는 북방 마을을 폐허의 시대에 돌아가고자 하는 이상공간으로 상정하고 이를 회복하고자 부단히 시도하였다. 그러나 이상공간은 이미 훼손되었고 식민지 현실은 이것의 복원 또한 끝내 허락지 않음으로써 시적 자아는 갈등하고 방황하지 않을 수 없게 된다.

이 지점에서 그의 시세계를 理想空間으로서의 시원의 북방마을을 회복하려는 노력, 이상과 현실 사이의 괴리 속에서 이상공간으로서의 북방을 찾기 위한 모색, 그리고 始原의 북방회복을 위한 노력의 좌절과 이로 인한 체념을 그의 시적 응전방식으로 관찰할 수 있는 시야를 확보할 수 있게 된다. "카프계열 사회참여파 시인들의 생경한 시어와 모더니스트들의 외래어 지향이 대세를 이루고 있을 때 백석은 모어중의 모어인 고향의 방언에 의지하여 아리스토텔레스가 설파한 낯설게 하기를 실천한 셈"[17]이라는 유종호의 지적과 같이 그는 1930년대 전반기의 모더니즘 세례 속에 근대성을 인식하는 데서 시적 출발을 하였다. 방법론적으로는 모더니즘 기법을 계승하면서 이를 토대로 하여 이상공간으로 기억 속의 북방공간을 제시하였다. 내용적으로는 관서지역 북방 마을을 가장 토속적이고 전통적인 세계로 생생히 재구해 냄으로써 앞선 모더니즘 시인들과 구분되는, 나아가 한 단계 뛰어넘는 시적 성취를 이룩하였다. 따라서 이러한 관점에서 백석의 북방시편들을 조명하는 것은 새로운 의미를 갖는다

---

17) 유종호, 「넘치는 사랑과 슬픔 속에」, 『다시 읽는 한국시인』, 문학동네, 2002., p. 285.

고 할 수 있다.

### 2) 백석의 시세계와 북방, 북방시

　백석(본명 白蘷行, 1912~1995)[18])은 1912년 평북 정주에서 조선일보 사진반장을 지낸 白龍三의 맏아들로 태어났고 집안이 하숙집을 했던 것으로 미루어 일찍이 개화한 중류층 집안에서 성장한 것으로 보인다. 이후 민족운동가 조만식이 교장으로 재직했던 五山학교를 다녔으며 이 시기에 선배 시인 김소월을 동경했다고 한다. 1930년 『조선일보』 '신년현상문예'에 단편소설 「그 母와 아들」이 당선되었고 같은 해 『조선일보』의 후원으로 일본 아오야마(青山)학원에서 영문학을 수학하였다. 1934년 귀국하면서 『조선일보』 기자와 계열 잡지인 『女性』의 편집 일을 하면서 1935년 8월 30일자 『조선일보』에 시 「定州城」을 발표함으로써 시인으로 출발한다. 이후 『朝光』지에 계속해서 작품을 발표하였고 1936년 1월 첫 시집 『사슴』을 펴낸다. 이후 1941년까지 『조선일보』 관련 지면을 중심으로 꾸준히 시를 발표하였다. 시집을 펴낸 해에 함흥 영생여고보교원으로 전직하였다가 1938년 서울로 돌아와 다시 『女性』지 편집에 관계하였고 이듬해인 1939년에는 만주의 신경으로 떠나 유랑생활을 한다. 광복직후 신의

---

18) 백석의 연보는 이동순 편, 『백석시전집』(창작과비평사, 1987)과 김재용 편, 『백석전집』(실천문학사, 1997.), 그리고 고형진의 「백석 시 연구」, 『현대시의 서사 지향성과 미적 구조』(시와시학사, 2003.) 등을 참고하였다.

주에 잠시 머물다가 고향 정주로 돌아갔으며 분단과정에서 그냥 북에 남았다. 분단 이후 북에 남은 백석은 詩作 활동 대신 러시아 문학작품 번역과 동화시 창작 그리고 아동문학에 대한 글을 발표하고 아동문학분과에 참여하는 등 아동문학 쪽에 적극 참여하였다. 그러나 문학의 도식화에 반대한 후유증으로 1958년 이른바 '붉은 편지'를 받들고 압록강 인근의 양강도 삼수군에 있는 국영협동조합으로 내려갔다. 이후 사실상 작품 활동을 중단한 것으로 알려져 있으며 삼수군에서 농사일을 하며 문학도를 양성하다 1995년 1월 83세의 나이로 타계한 것으로 알려지고 있다.19)

이 같은 전기적 사실로 미루어 볼 때 그가 당대의 다른 문학인들과는 사뭇 다른 길을 걸어왔음을 발견할 수 있다. 우선 그의 문학적 출발점이 소설이었으며 시작활동을 위한 별도의 등단절차를 거치지 않고 시를 발표하기 시작했고 얼마 후 전격적으로 시집 『사슴』을 펴냈다는 점이다.20) 등단절차를 중시하고 장르간 벽이 완강한 한국 문단 풍토에 비추어 이례적인 일이라 할 수 있다. 두 번째로는 『조선일보』와의 깊은 인연이다. 이는 『조선일보』 사주와 동향이라는 인연에 기인하는 것으로 추측되기도 한다. 등단과 유학 그리고 귀국 후 소설발표와 첫 시 발표가 『조선일보』를 통해 이루어졌고 그가 발표한 시작품의 절반에 가까운 분량을 『조선일보』 및 관련 잡지에 발표하였다는 점 또한 특이하다. 세 번째로 당대 문인들과 별다른 교류가 없었으며 문단과 일정한 거리를 두고 독자적으로 문학의 길을

---

19) 『한겨레신문』, 2001. 5. 1. 참조.
20) 백석은 1930년 『조선일보』 '신년현상문예'에 단편소설 「그 母와 아들」이 당선된 이래 동경유학을 다녀온 이듬해인 1935년 7월과 8월 『조선일보』에 단편소설 「마을의 유화」와 「닭을 채인 이야기」 등 2편의 단편을 발표하고 불과 며칠 후 첫 시 작품인 「定州城」을 『조선일보』에 발표하였으며 이듬해 1월 첫 시집을 자비 출판하였다.

걸었다는 사실이다. 그 흔한 문학 그룹이나 동인에 참여하지 않았으며 친분을 나눈 문인은 소설가 허준 정도에 그치고 있다. 대신에 그는 고독한 여행과 유랑의 길을 택했다. 네 번째로 전기적 사실을 비롯한 여러 정황을 종합해 보면 그가 모더니즘의 영향을 받았고 그것을 토대로 문학적 출발을 한 사실이 분명한데 표면적으로는 모더니즘과는 상반된 토속적인 세계를 의도적으로 지향하고 있다는 점이다. 그는 일본 유학에서 영문학을 전공했으며 이 시기에 일본에는 유럽의 모더니스트들이 한창 소개되어 있었다. 귀국 후 그가 『조선일보』에 근무하며 번역, 소개한 T. S. 미르스키의 글 「조이쓰와 愛蘭文學」은 제임스 조이스에 관한 내용이다.21) 즉, 모더니즘과 근대에 대한 상당한 수준의 인식을 토대로 詩作 방법상 의식적으로 평북 방언을 사용하여 고향인 관서지방의 토속적인 풍물과 풍속을 그렸다고 보는 것이 일반적인 시각이다. 끝으로 일제의 식민통치가 가장 극심하게 진행되던 1930년대 후반부터 1940년대 초반까지 작품 활동을 했음에도 불구하고 친일시가 없는 동시에 현실에 대한 저항이나 식민치하의 참상을 고발한 작품 또한 없다는 점이다.

총 95편에 이르는 것으로 집계되는 백석이 발표한 시는 1935년부터 1948년까지 발표22)되었다. 그러나 실질적인 시작활동은 1935년

---

21) 『조선일보』 1934. 8. 10~9. 12.
22) 백석의 시는 1935년에 8편, 36년에 37편, 37년에 6편, 38년에 21편, 39년에 8편, 40년에 4편, 41년에 6편, 47년에 2편, 48년에 3편으로 나타난다. 이 중 1947년과 1948년에 발표된 4편의 작품은 그의 문우 허준이 광복 전부터 소장해온 시를 발표한다는 부기가 있는 점 등으로 미루어 보아 해방 전에 쓴 작품이 뒤늦게 발표된 것으로 볼 수 있다(고형진, 「백석 시 연구」, 앞의 책, pp. 209~210 참조). 단 1948년 『학풍』에 발표한 「남신의주 유동 박시봉방」은 이 잡지의 편집후기에 "소설은 想涉이 썼고 시는 申石艸와 白石의 해방 후 新作을 얻었다"고 편집인 조풍연이 적어놓은 것과 백석이 해방 후 신의주에 거주하다가 정주로 갔다는 것이 확인된 만큼 해방 직후의 소작임이 확실하다고 유종호는 밝히고 있다(유종호, 「넘치는 사랑과 슬픔 속에」, 앞의 책, p. 286).

부터 41년까지의 6년여 가량의 짧은 기간 동안 집중되어 있음을 확인할 수 있다. 이러한 그의 작품과 작품세계에 대해 연구자들은 대개 1~3가지 경향으로 분류하고 있는데 근본적인 편차를 보이고 있지는 않다. 오세영은 백석 시의 경향을 향토적 세계의 서정적 묘사, 사물의 특정한 정경에 대한 감각적 묘사 그리고 내면의 심리를 객관화시킨 묘사의 3가지 경향23)으로 정리하였다. 최두석은 백석의 '시 세계를 떠받치는 축으로서 '모더니즘 시의 세례' '고향의 재현' '유랑과 운명론적 세계관'의 세 가지를 설정'24)하였고 김종철은 "백석의 시는 거의 전적으로 상실된 고향 그 자체를 묘사하는 데 바쳐져 있다"25)고 보았다. 고형진은 백석의 작품세계를 그의 개인사와 관련지어 방랑적인 삶의 체험 또는 여행의 체험 속에서 고향의식을 드러내는 작품들과 여행지의 정경과 객수 등을 담고 있는 작품들로 나누었다. 그리고 다시 고향의식을 드러낸 작품들은 유년의 시적 화자가 자신이 성장했던 고향 마을에서 벌어지는 토속적인 한국인의 삶의 모습을 추체험 형식으로 기록한 작품들과 그와 같은 고향을 떠나온 데서 비롯되는 상실된 고향에 대한 그리움이 토로되고 있는 작품26)들로 구분하였다. 신범순은 '『사슴』의 세계는 공동체의 풍요로움을 간직한 고향과 그 풍요로움이 파괴된 고향을 동시에 전개시키고 있'고 후기 시에서는 '타관을 떠도는 자의 절절한 향수를 느끼게 된다'27)고 하였다. 박혜숙은 백석의 시를 전기와 후기로 구분하고 전

---

23) 오세영, 『한국현대시 분석적 읽기』, 1995. 고려대학교출판부, 1998., pp. 262~263 참조.
24) 최두석, 앞의 책, p. 96.
25) 김종철, 앞의 책, p. 40.
26) 고형진, 「백석 시 연구」, 앞의 책, pp. 212~213 참조.
27) 신범순, 「백석의 공동체적 신화와 유랑의 의미」, 김은전·이승원 편저, 『한국현대시인론』, 시와시학사, 1991., p. 235.

기는 '『사슴』의 세계에서 보여주는 토속성의 세계'를 다루었고, 정착하지 못하고 떠돌이 생활을 하는 그의 후기 시에는 '현실의 아픔과 시대적 비극이 짙은 안개처럼 깔'28)려 있다고 보았다. 나명순은 "고향재현의 작품들이 시집 『사슴』을 전후로 한 시기에 집중적으로 나타나고, 기행체험과 풍물, 풍속의 탐구가 『사슴』 이후로부터 만주로의 이주 전까지 주로 나타나며, 만주 체험 이후로는 근대적 자아의 내면과 정체성탐구가 집중적으로 드러난다"29)고 구분하였다. 이원규는 "초기 시들은 대체로 유년의 체험이 재현형태로 나타나며 후기 시들은 자기성찰의 형태로 나타난다"30)고 보았다.

이와 같은 일반론적인 시각과는 달리 유종호는 백석의 시 가운데 이동순이 편한 『백석시전집』의 3부 '북방에서'에 수록된 14편 가운데 9편을 순수북방시편으로 정의하고 그 특색을 백석 시의 특징인 서도지방 방언 지향과 특유의 열거법을 절제하면서 카스틸리오네의 예사로움의 독보적인 경지를 보여주고 있다31)고 하였다. 이희중은 유종호의 글을 토대로 삼아 「북방에서」, 「흰 바람벽이 있어」 등 9편을 타자로서 이민족의 풍물과 풍속을 대면하는 시편들과 낯설고 불우한 환경에 처한 자신의 내면을 성찰하는 시편들32)로 나누어 백석의 北方詩를 분석하였다.

이처럼 백석의 시세계는 시기적으로 명확하게 경향이나 주제가 갈라지지는 않는다. 연구자들이 구분한 시적인 경향은 짧은 그의 시 작기간에서 기인하는 것인지는 모르겠으나 『사슴』에서 보였던 시세

---

28) 박혜숙, 『백석』, 건국대학교출판부, 1995., p. 37.
29) 나명순, 「白石 詩 硏究」, 고려대학교대학원 박사학위 논문, 2004., p. 9.
30) 이원규, 「한국시의 고향의식 연구」, 성균관대학교 대학원 박사학위논문, 2004., p. 53.
31) 유종호, 「넘치는 사랑과 슬픔 속에-백석의 시세계 2」, 앞의 책, pp. 285~286.
32) 이희중, 「백석의 북방시편 연구」, 『우리말글』 32, 우리말글학회, 2004., p. 8.

계와 『사슴』 이후에 보인 시세계가 혼재 또는 반복하면서 다양하게 변주33)하는 흐름을 형성하는 것으로 보인다. 시인의 시세계의 변모는 어느 지점에서 분명한 경계를 짓고 다음 단계로 옮겨 가는 것이라기보다는 주된 관심사나 정서의 변화에 따라 혼재하면서 나타나기 때문이다. 따라서 이 글에서는 백석 시의 변화를 시기로 분명하게 구분 짓기보다는 그의 북방시편들에 나타나는 의식의 흐름을 고찰한다는 입장을 취할 것이다.

이를 위해 앞서 이야기한 이상적 공동체공간으로서의 始原의 북방 마을 재구와 회복노력, 이상과 현실의 괴리 속에서 이상공간으로서의 북방을 모색하기 위한 여행, 그리고 시원의 북방을 회복하려는 노력의 좌절과 이로 인한 유랑과 체념이라는 세 가지 관점을 설정하고 살펴보고자 한다. 백석의 북방시편의 범위도 만주 유랑기에 한정하지 않고 전체를 대상으로 삼는다. 이로써 백석의 북방시편의 의미와 특성 및 북방의식을 규명하고 나아가 관서지방을 중심으로 한 북방까지 살펴볼 수 있을 것이다. 나아가 김동환과 이용악으로 이어지는 함경도 지방을 중심으로 한 北關地域의 북방과 함께 우리 근대시의 북방공간과 북방의식을 보다 폭넓게 조망할 수 있을 것으로 기대한다.

---

33) 고형진, 「백석 시 연구」, 앞의 책, pp. 201~202 참조.

## 2. 이상공간을 찾는 상실공간에서의 고투

### 1) 폐허의 인식, 시원의 이상공간 회복을 향한 북방

　백석 시 전반에 흐르는 주요한 특징 가운데 하나는 기억 속의 북방을 그리면서 그곳으로 회귀하거나 그것을 복구하기 위해 끊임없이 노력하는 것이다. '기억은 모호했던 실제를 보존하고 재현'[34]하려 한다거나 "기억은 지각된 현재를 새롭게 창조한다. 기억은 이 지각에 고유한 이미지를 보내거나 혹은 같은 종류의 이미지 -회상을 보냄으로써 이 지각을 더욱 배가 시킨다"[35]는 말처럼 백석은 기억 속의 공간으로 회귀하여 황폐한 현재를 새롭게 만들어내려는 과거 지향적

---

34) 김준오, 『詩論』, 삼지사, 1982., p. 182.
35) Henri Bergson, 홍경실 역, 『물질과 기억』, 교보문고, 1991., p. 114. "Memory thus creates anew the present perception; or rather it doubles this perception by reflecting upon it either its own image or some other memory-image of the same kind" (Henri Bergson, "Of the Recognition of Images. Memory and the Brain", *Matter and Memory*, George Allen and Unwin, 1911, p. 123).

인 시선을 유지한다. 이상공간을 재구하려 하고, 그것을 찾아 여행길에 오르기도 하지만 끝내는 이상공간의 회복이 불가능해진 현실에 절망하고 체념한다. 그리고 이것은 깊은 자아성찰로 이어져 새로운 의지를 표방하는 데까지 나아간다.

초기 『사슴』에서 두드러지게 나타나는 것은 유년의 화자나 기억을 통하여 화해롭고 따스한 고향, 북방 마을에 대한 기억과 그리움을 투명하게 그리는 것이다. 이 과거 지향적 시선은 기억 속의 이상공간을 되찾고자 하는 것으로 백석의 현실에 대한 응전방식과 시적 전략을 보여주는 면모이다. 백석에게 고향은 단순한 그리움이나 향수의 대상이 아니다. 식민지 시대의 암울하고 피폐한 현실의 삶에서 복구하고자 하는 이상적인 공간으로서의 고향이며 그 고향은 관서지역의 북방 마을이다. 이는 의도된 현실 대응방식으로 읽히는데 먼저 그의 시 데뷔작인 「定州城」을 주목해서 읽을 필요가 있다.

    山턱 원두막은 뷔엿나 불비치외롭다
    헌겁심지에 아즈까리 기름의
    쪼 는소리가 들리는듯하다

    잠자리 조을든 문허진城터
    반디불이난다 파 란魂들갓다
    어데서 말잇는듯이 크다란 山새 한머리가
    어두운 골작이로 난다

    헐리다 남은城門이
    한울빗가티 훤 하다
    날이밝으면 또 메기수염의늙은이가

　　　　청배를팔러 올것이다

　　　　　　　　　「定州城」 전문(『조선일보』,1935. 8. 30.)36)

　첫 작품에서 백석은 자신의 고향 정주성을 응시하고 있으며 그 마을을 폐허로 인식하고 있다. '감각적인 이미지의 구사, 관념적 추상적 진술의 배제와 자기표출의 억제, 자유로운 리듬 및 자유시형 추구, 순간적인 즉물적 인상의 스케치 등의 이미지즘의 특성'37)을 살린 시작방법으로 그가 마주하고 있는 현실과 고향에 대한 인식을 보여주고 있다는 면에서 다분히 의도적이다.

　일체의 감정을 배제하면서 시각적인 이미지를 사용하고 있는 이 작품에서 고향 정주성은 '문허진城터' '헐리다 남은城門'으로 비춰지고 있다. 인적이 끊어진 밤 정주성 산턱의 원두막 불빛은 외롭고 쓸쓸한 풍경으로 시인의 눈에 들어온다. 이곳은 헝겊 심지에 아주까리 기름을 쪼는 미세한 소리가 들리는 듯할 정도로 적막한 공간이다. 무너진 성터 위로 잠자리가 졸고 파란 魂들 같은 반딧불이 날 뿐인 황폐한 공간에 커다란 산새 한 마리가 어두운 골짜기로 나는 기괴한 분위기가 조성된다. 인적도 없고 어둡고 우울한 죽음의 그림자가 드리운 듯한 기괴한 분위기가 가득한 이 공간은 '한울빗가티 훤'한 헐리다 남은 성문이 있는 곳에 '메기수염의늙은이가 / 청배를팔러' 오는 희망 없는 낡은 일상이 반복되는 쇠락한 공간인 것이다.

　백석은 고향 定州城을 붕괴되고 상실한 공간으로 바라보고 있다. 이는 곧 그가 처해 있는 사회현실이며 하나의 공동체적 단위로서의

---

36) 인용된 시는 발표된 신문이나 잡지, 시집의 표기를 따랐으며 동시에 『정본 백석시집』(고형진 엮음, 문학동네, 2007.)을 참고하였다.
37) 오세영, 「한국 모더니즘詩의 전개와 그 特質」, 『20세기 한국시 연구』 새문사, 1989., p. 146.

식민지하의 조국이기도 한 것이다. 정주성을 붕괴된 폐허로 인식하면서 고향과 공동체 나아가 국가가 붕괴되고 폐허가 되었다는 인식을 보여주고 있다. 이런 시대적 인식과 근대적 경험을 토대로 한 시적 출발은 향후 백석이 지향해 나갈 세계가 '폐허 혹은 삶이 해체된 공간이 아니라 평화와 안식 그리고 번영과 행복이 구가되는 축복의 장소'38)로서의 고향을 추구하는 방향으로 나아가게끔 하는 추동력이 되고 있다. 즉 폐허로 변한 현실공간에서 이상공간으로서의 始原의 공간을 회복하고자 하는 방향으로 나아갈 것임을 시사해주고 있는 것이다.

한 十里 더가면 절간이 있을듯한마을이다. 낮기울은 볕이 장글장글하니 따사하다 흙은 젖이커서 살같이께서 아지랑이낀 속이 안타까운가보다 뒤울안에 복사꽃핀 집엔 아무도없나보다 뷔인집에 꿩이날어와 다니나보다 울밖 늙은들매낡에 튀튀새 한불앉었다 힌구름 딸어가며 딱장벌레 잡다가 연두빛 닢새가 좋아 올나왔나보다 밭머리에도 복사꽃 피였다 새악시도 피였다새악시복사꽃이다 복사꽃 새악시다 어데서 송아지 매—하고 운다 골갯논드렁에서 미나리 밟고서서 운다 복사나무 아레가 흙작난하며 놀지 왜우노 자개밭둑에 엄지 어데안가고 누었다 아릇동리선가 말웃는 소리 무서운가 아릇동리 망아지 네소리 무서울라 담모도리 바윗잔등에 다람쥐 해바라기하다 조은다 토끼잠 한잠 자고나서 세수한다 힌구름 건넌산으로 가는길에 복사꽃 바라노라 섰다 다람쥐 건넌산 보고 불으는 푸념이 간지럽다

저기는 그늘 그늘 여기는 챙챙—
저기는 그늘 그늘 여기는 챙챙—

---

38) 오세영,「떠돌이와 고향의 의미-백석론」,『한국현대시인연구』, 월인, 2003., p. 418.

「黃日」(『조광』 2권 3호, 1936. 3.)

이 작품은 '한 十里 더가면 절간이 있을듯한' 산골마을의 봄날 오후 풍경을 그리고 있다. 따듯한 햇살 아래 아지랑이가 오르고 복사꽃 핀 빈집에는 꿩이 날아다니고, 울 밖 들매나무에 튀튀새가 앉아 있다. 연둣빛 잎새가 올라오는 밭머리엔 복사꽃과 새색시가 함께 피어 있고, 골짜기 논두렁에는 송아지가 울고, 아랫동네에서는 말 웃는 소리가 들리고, 바위 잔등에 다람쥐가 해바라기하다 졸고, 토끼는 한잠 자고 세수하는 곳이다. 소박하지만 화해롭고 평온한 이 마을은 시인이 회복하고자 하는 혹은 동경하는 공간이다. 기억과 체험 속에는 남아 있지만 지금은 없어졌거나 갈 수 없는 공간을 이상적인 곳으로 재구하고 있다. 즉, 「黃日」은 그가 회복하고자 하는 혹은 생각하는 세계가 어떤 것인가를 잘 보여주는 작품이다.

이 작품은 같은 경향의 다른 작품과 내용상으로 크게 다르지 않다는 점에서 더구나 산문으로 볼 수도 있다[39]는 점에서 일견 평범해 보인다. 하지만 시인의 다른 작품들에서는 찾아보기 어려운 기법상의 차이를 볼 수 있다는 점에서 색다른 즐거움이 있다. 그의 작품들이 대개 1인칭 시점에서 유년에 대한 기억을 반추하거나 유년의 화자가 사용되는 데 반해 이 작품은 3인칭 화자가 현재의 시점에서 시골 마을의 풍경을 그리고 있다는 점이 이채롭다. 또한 사물이나 풍경을 등가성으로 반복, 배열하는 백석의 많은 시편들과는 달리 신선한 감각적 기법의 사용이 눈에 띈다. 봄볕을 받은 '흙은 젓이커서

---

[39] 1936년 『조광』 2권 3호의 '春郊七題'라는 기획에 이은상, 이태준, 김기림, 이원조, 이상, 함대훈 등이 필진으로 참여한 가운데 '畵—崔文石 文—白石'으로 발표된 이 작품은 시가 아닌 잡지의 기획에 따른 산문으로 보아야 한다는 시각도 있으나 일반적으로는 시로 분류하고 있다.

살같이깨서 아지랑이낀 속이 안타까운가보다'와 같은 감각적 표현이나 '새악시도 피였다새악시복사꽃이다 복사꽃 새악시다'와 같이 새악시와 복사꽃을 동일시하여 반복하는 표현들은 다른 시편들에서 볼 수 없는 새로운 것이다. 끝으로 연을 달리하여 "저기는 그늘 그늘 여기는 챙챙 —/ 저기는 그늘 그늘 여기는 챙챙 —" 하고 두 행을 반복한 것 역시 다른 시편들에서 보이지 않는 기법으로 시인의 현실인식을 분명히 나타내고 있다. 저기(현실)는 '그늘 그늘'이라고 현실을 직설적으로 토로하고 여기(이상)는 쨍쨍하다고 현실과 이상을 대조시키고 나아가 행을 반복시킴으로써 그늘진 현실과 시인의 바람을 강하게 드러내고 있다. 백석은 향수의 대상으로서가 아니라 하나의 이상적인 공간을 그리고 그것을 회복하기를 꿈꾸고 있는 것이다. 이러한 의도가 그만의 독특한 방법으로 구현되는 것이 시인의 유년체험이 담긴 북방 마을의 토속적인 삶과 풍속 등을 관서지방의 방언으로 再構하고 있는 시편들이다. 『사슴』에 담긴 「古夜」, 「여우난골族」, 「가즈랑집」, 「여우난곬」, 「오금덩이라는 곳」 등의 시편들에서 그 특성이 두드러지게 나타난다.

    아배는타관가서오지않고 山비탈외따른집에 엄매와나와단둘이서 누가죽이는듯이 무서운밤집뒤로는 어늬山곬작이에서 소를잡어먹는노나리군들이 도적놈들같이 쿵쿵걸이며다닌다

    날기멍석을저간다는 닭보는할미를차굴린다는 땅아래 고래같은기와집에는언제나 니차떡에 청밀에 은금보화가그득하다는 외발가진조마구 뒷山어늬메도 조마구네나라가있어서 오줌누러깨는재밤 머리맡의문살에 대인유리창으로 조마구군병의 새깜안대가리 새깜안눈알이들여다보는때 나는이불속에자즐어붙어 숨도쉬지못한다

또이러한밤같은때 시집갈처녀망내고무가 고개넘어큰집으로 치장감을가지고와서 엄매와둘이 소기름에쌍심지의불을밝히고 밤이들도록 바느질을하는밤같은때 나는아룻목의삿귀를들고 쇠든밤을내여 다람쥐처럼 밝어먹고 은행여름을 인두불에구어도먹고 그러다는이불옹에서 광대넘이를뒤이고 또 눟어굴면서 엄매에게 웅묵에둘은평풍의 새빩안천두의이야기를듣기도하고 고무더러는 밝는날 멀리는못난다는뫼추라기를 잡어달라고졸으기도하고

내일같이명절날인밤은 부엌에 째듯하니 불이밝고 솔뚜껑이놀으며 구수한내음새 곰국이무르끓고 방안에서는 일가집할머니가와서 마을의소문을펴며 조개송편에 달송편에 쳔두기송편에 떡을빚는곁에서 나는밤소 팟소 설탕든콩가루소를먹으며 설탕든콩가루소가가장맛있다고 생각한다.
나는얼마나 반죽을주물으며 힌가루손이되여 떡을빚고싶은지모른다

섯달에 내빌날이드러서 내빌날밤에눈이오면 이밤엔 쌔하얀할미귀신의눈귀신도 내빌눈을받노라못난다는말을 든든히녁이며 엄매와나는 앙궁옹에 떡돌옹에 곱새담옹에 함지에 버치며 대낭푼을놓고 치성이나들이듯이 정한마음으로 내빌눈약눈을받는다
이눈세기물을 내빌물이라고 제주병에 진상항아리에 채워두고는 해를묵여가며 고뿔이와도 배앓이를해도 갑피기를앓어도 먹을물이다
「古夜」 전문(『사슴』 1936. 발표, 『조광』 2권 1호, 1936. 1.)

「古夜」는 화해롭고 평화로운 동화 속 같은 이상공간으로서의 고향을 재구해낸 것으로 평가되는 『사슴』 시편의 특성을 가장 잘 담고 있는 작품 가운데 하나다. 이 작품은 유년의 화자가 등장하고 있는

점, 현재시제를 사용하고 있는 점, 갈등 없이 평화롭고 푸근한 공간으로서의 고향을 재구하고 있다는 점, 감정을 배제하고 관서지방 북방 마을의 여러 풍속, 풍물, 삶의 모습을 방언을 사용하여 계속해서 나열하는 열린 형식을 보이고 있다는 점, 사용하고 있는 방언의 대부분이 명사라는 점, 서사충동을 담은 산문시 형식을 취하고 있다는 점 등이 특징적이다.

1연은 아버지가 타관에 가고 부재한 상황에서 엄마와 둘이서 맞는 무서운 밤을 설정하고 있다. 2연에서는 오줌이 마려워 잠이 깬 유년의 화자만이 가질 수 있는 땅 아래나 뒷산 어딘가에 고래 같은 기와집을 짓고 온갖 음식과 금은보화를 쌓아놓고 지낸다는 전설 속의 키가 작은 난쟁이 '외발가진조마구'에 대한 공포감을 그리고 있다. 하지만 여기서의 공포감은 현실의 공포가 아닌 유년의 세계나 동화 속에서나 볼 수 있는 맑은 두려움의 세계이다. 3연은 시집갈 막내고모가 치장감을 가지고와 엄마와 밤늦도록 바느질을 하고 화자는 장난을 하고 쇠든밤이나 은행열매를 구워먹는 아늑하고 따듯한 밤이고, 4연은 음식을 준비하는 추석명절 전날의 풍요롭고 정겨운 밤이다. 5연은 동지 뒤의 셋째 未日에 내리는 눈을 받은 눈석임물은 질병에 효험이 있다는 그래서 이날 눈이 내리면 귀신도 눈을 받느라고 나타나지 않는다는 내빌날 밤의 풍경을 성스럽게 그리고 있다.

이처럼 별 연관성이 없는 각기 다른 5개의 밤을 5개연에 걸쳐 병렬적으로 연결하고 있는 「古夜」는 시 전체를 관통하는 공통적인 주제나 요소가 없다. 하지만 이 작품에는 무섭지만 적대적이지 않고, 신화와 전설이 서려 있으며, 평화롭고 화목한 가정과 정겹고 들뜬 마음으로 기다리는 명절 전날 밤의 풍요로운 풍경이 있고, 정한 마음으로 자연을 맞는 성스러움이 깃들어 있다. 투명하고 맑은 기억 속의 수많은 북방 마을의 밤의 서사가 이 시 앞뒤로 무수히 나열되고 연결될 수 있는 열린 형식을 가지고 있는 것이다. '어린시절의 추억 속의 밤이란 의미와 옛날의 삶의 모습을 간직한 밤이라는 의미가 동시에'40) 담긴 이 작품을 통해 백석은 유년의 화자를 내세워 동심의 세계를 그리는 데 머물고 있지 않다. 평화롭고 따뜻하고 갈등과 대립이 없는 고향 북방 마을의 삶을 생생히 재구함으로써 이상공간을 복원해 내고 있다.

명절날나는 엄매아배따라 우리집개는 나를따라 진할머니 진할아버지가있는 큰집으로가면

얼굴에별자국이솜솜난 말수와같이눈도껌벅걸이는 하로에베한필을짠다는 벌하나건너집엔 복숭아나무가많은 新里고무 고무의딸李女 작은李女

열여섯에 四十이넘은홀아비의 후처가된 포족족하니 성이잘나는 살빛이매감탕같은 입술과 젓꼭지는더깜안 예수쟁이마을가까이사는 土山고무 고무의딸承女 아들承동이

六十里라고해서 파랗게뵈이는山을넘어있다는 해변에서 과부가된 코끝이빩안 언제나힌옷이정하든 말끝에설게 눈물을짤때가많은 큰곬고무 고무의딸洪女 아들洪동이작은洪동이

배나무접을잘하는 주정을하면 토방돌을뽑는 오리치를잘놓는 먼섬에 반디젓 담그려가기를좋아하는삼춘 삼춘엄매 사춘누이 사춘동생들

이그득히들 할머니할아버지가있는 안간에들몰여서 방안에서는 새옷의내음새가나고

---

40) 고형진, 『백석 시 바로 읽기』, 현대문학, 2006., p. 54.

또 인절미 송구떡 콩가루차떡의내음새도나고 끼때의두부와 콩나물
　과 뽂운잔디와 고사리와도야지비게는모두 선득선득하니 찬것들이다
　　　　「여우난곬族」 1~3연(『사슴』 1936, 발표 『조광』 1권 2호, 1935. 12.)


　　토끼도살이올은다는때 아르대즘퍼리에서 제비꼬리 마타리 쇠조지
　가지취 고비 고사리 두릅순 회순 山나물을하는 가즈랑집할머니를딸으
　며
　　나는벌서 달디단물구지우림 둥굴네우림을 생각하고
　　아직멀은 도토리묵 도토리범벅까지도 그리워한다

　　뒤우란 살구나무아레서 광살구를찾다가
　　살구벼락을맞고 울다가웃는나를보고
　　미꾸멍에 털이몇자나났나보자고한것은 가즈랑집할머니다

　　찰복숭아를먹다가 씨를삼키고 죽는것만같어 하로종일 놀지도못하고
　밥도안먹은것도
　　가즈랑집에 마을을가서
　　당세먹은강아지같이 좋아라고집오래를 설레다가였다
　　　　　　　　　　「가즈랑집」 6~8연(『사슴』, 1936.)

　이 두 편의 작품 역시 「古夜」에서 보인 공동체적 삶이 만들어내
는 토속적이면서도 평화로운 북방 마을의 삶의 모습들이 무수한 관
서지역의 방언으로 살아나 있다. 「여우난곬族」은 유년의 백석이 살
았던 북방 마을 여우난곬의 사람들의 이야기이다. 명절날 아침부터
이튿날 아침까지 큰집에 모인 일가친척들이 보내는 일들을 판소리
사설이 지닌 반복과 열거의 미학41)을 사용하여 시간순서대로 서술

하고 있다. '명절날나는 엄매아배따라 우리집개는 나를따라 진할머니 진할아버지가있는 큰집'에 도착한 유년의 화자는 모인 일가친척들을 차례로 소개한다. "얼굴에별자국이솜솜난 말수와같이눈도껌벅걸이는 하로에베한필을짠다는 벌하나건너집엔 복숭아나무가많은 新里고무 고무의딸李女 작은李女"와 같이 가족들을 외양이나 성격, 삶의 이력 등을 일관된 규칙이 없이 화자의 기억에 남아 있는 특징을 중심으로 소개하고 있는 점이 이채롭다. 이렇게 모인 친척들은 풍성하게 음식을 장만하고 엄마는 엄마들끼리 아이들은 아이들끼리 웃고 이야기하고 또 흥겹게 놀다가 '문창에 텅납새의그림자가치는아츰 시누이동세들이 욱적하니 흥성거리는 부엌으론 샛문틈으로 장지문틈으로 무이징게국을끄리는 맛있는내음새가 올라오도록' 잠이 든다. '다양한 사람들, 음식, 놀이, 이야기 등의 시적 소재들은 공동체의 피와 살을 만들어내고, 병렬구조가 환기하는 반복의 리듬은 이 공동체에 생생한 호흡을 불어넣'[42]음으로써 시인이 회복하고자 하는 이상공간의 기억이 완성되는 것이다.

「가즈랑집」은 가즈랑고개에 사는 할머니에 대한 이야기와 어린시절 가즈랑집 할머니집에 놀러가 할머니와 즐겁게 보낸 한때에 대한 이야기를 담고 있다. 가즈랑고개는 가축을 기를 수 없을 정도로 맹수들이 들끓는 문명과는 거리가 먼 깊은 산골이다. 산골의 가즈랑집에 사는 할머니는 나와 누이가 날 때 '무명필에 이름을써서 백지달어서 구신간시렁의 당즈깨에넣어 대감님께 수영을들였다는' 귀신의 딸이다. 유년의 화자는 맹수들과 이웃사촌으로 사이좋게 지내는 산

---

41) 고형진, 「백석시와 판소리 미학」, 『현대문학이론연구』 제 21집, 현대문학이론학회, 2004., pp. 7~11 참조.
42) 김현자, 「여우난곬族 해설」, 최동호 외, 『백석 시 읽기의 즐거움』, 서정시학, 2006., p. 26.

골 마을 가즈랑고개에 사는 귀신과 소통하는 무당인 할머니와 즐겁게 지낸 체험을 서술함으로써 신화적인 분위기를 조성한다. 할머니를 따르며 캐던 산나물과 할머니가 만들어준 음식을 먹고 그 음식을 그리워하며 또 살구나무 아래서 살구 벼락을 맞고 울다가 웃은 일, 찰복숭아 씨를 삼키고 하루 종일 놀지도 밥을 먹지도 못한 일 등 즐거웠던 유년의 기억을 되살린다. 이는 문명과는 거리가 먼 신화와 시원의 공간으로서 북방 마을을 형상화하고 이 공간과 사람들과의 즐겁고 친밀한 공존과 교류의 삶을 보여주고 있는 것이다.

이처럼 백석은 '고향을 그리워하는 현재의 정황을 포착하지 않고, 그리움의 대상인 고향 자체를 그려내는'43) 독특한 시 구성방법을 보이고 있다. 이는 백석이 재구하고 있는 고향이 감상성에 기초한 상실에 뒤따라오는 그리움과 아련한 향수의 공간이 아니라 의도적으로 회복하고자 하는 이상공간으로서의 고향과 그곳에서의 삶이기 때문이다. 백석이 회복하고자 하는 이상공간의 세계는 「모닥불」에서 더 구체적으로 확인할 수 있다.

　　　새끼오리도 헌신짝도 소똥도 갓신창도 개니빠디도 너울쪽도 집검불도 가락닢도 머리카락도 헌겊조각도 막대꼬치도 기와장도 닭의짗도 개털억도 타는 모닥불

　　　재당도 초시도 門長늙은이도 더부살이아이도 새사위도 갓사둔도 나그네도 주인도 할아버지도 손자도 붓장사도 땜쟁이도 큰개도 강아지도 모두 모닥불을 쪼인다

---
43) 나명순, 앞의 책, p. 43.

모닥불은 어려서우리할아버지가 어미아비없는 서러운아이로 불상하
니도 몽둥발이가된 슳븐력사가있다

「모닥불」, 전문(『사슴』 1936.)

이 시는 수많은 하찮은 것들을 품어서 혹은 하찮은 것들이 모여
서 이루어낸 세계인 모닥불의 포용과 화합의 특성, 그리고 둘러서서
모닥불을 쬐는 모든 생물들의 평등함을 담고 있다. 그리고 그 모닥
불에 어린 슬픈 個人史를 서술하면서 여기에 비극적인 民族史를 오
버랩시키고 있다.

1연은 모닥불을 이루는 '새끼오리,'44) '헌신짝,' '쇠똥,' '갓신창,' '개
니빠디,' '너울쪽,' '집검불,' '가락닢,' '머리카락,' '헌겊조각,' '막대꼬치,'
'기와장,' '닭의짗,' '개털억' 등 무수한 것들을 접속조사 '도'로 연결하
면서 유장한 리듬감과 함께 모닥불이 타오르는 장면을 생동감 있게
보여주고 있다. 그러면서도 개개로서는 보잘것없고 쓸모없는 것들이
모여서 붉을 밝히고 그 불이 추위를 피할 수 있게 해주는 유용한 역
할을 한다는 의미를 담고 있다.

2연에서는 주위를 둘러싸고 모닥불을 쬐는 사람들을 다시 접속사
'一도'를 사용하여 열거하고 있다. 모닥불을 둘러싸고 있는 사람들은
향촌의 어른인 재당이나 과거의 첫 시험에 합격한 초시에서부터 문
장늙은이, 더부살이아이, 나그네, 땜쟁이 심지어 개와 강아지까지 다
양하다. 모닥불을 둘러싼 사람들은 신분의 고하, 귀천, 노소를 불문
하고 유사하거나 대조되는 것들을 쌍으로 묶어놓고 있는데 이는 모

---

44) 이동순은 '새끼오리'를 '오리의 어린 것'이란 뜻(「민족시인 백석의 주체적 시정신」,
『백석 시전집』, p. 169)으로 보았지만 이경수는 '새끼'는 '짚을 꼬아 줄처럼 만든 것'
으로, '오리'는 '실, 나무, 대 따위의 가늘고 긴 조각을 의미'하는 것으로 풀이하고
'새끼오리'는 '짚으로 꼬아 만든 새끼줄의 긴 가닥'(이경수, 「백석 시 연구」, 고려대
석사학위 논문, 1993., p. 42)으로 보는 것이 타당하다고 바로잡았다.

닥불 앞에서는 모두가 열위 없이 평등하며 모닥불을 쬐고 있는 동안은 평화롭게 공존하고 있음을 시사하고 있다.

3연에서는 명사를 무수히 나열하는 앞의 두 연과는 달리 산문체로 "모닥불은 어려서우리할아버지가 어미아비없는 서러운아이로 불상하니도 몽둥발이가된 슳븐력사가있다"라고 장면을 전환시키고 있다. 몽둥발이는 딸려 붙었던 것이 다 떨어지고 몸뚱이만 남아 있는 물건을 가리키는 말로 어려서 부모를 잃고 고아로 자란 할아버지의 슬픈 개인사가 모닥불에 어려 있다는 것을 의미한다. 또 몽둥발이가 발가락이 못 쓰게 되거나 오그라져서 펴지 못하게 된 발을 가진 사람이란 뜻으로 읽을 수 있다. 그럴 경우 '고아이던 할아버지가 어린 시절 엎친 데 덮친 격으로 모닥불에 화상을 입어 불구가 되었다는 것'45)으로 읽히면서 이는 자연스럽게 슬픈 개인사에 그치지 않고 몽둥발이와 같이 전락한 당대의 슬픈 민족사가 모닥불에 어려 있다는 확대된 울림을 갖는다.

「모닥불」은 하찮고 보잘것없는 것들이 모여 따뜻한 불꽃을 발하는 포용의 정신과, 신분고저와 노소를 막론하고 그것을 둘러싼 것들을 평등하게 공존케 하는 정신, 그리고 과거와 당대의 슬픈 역사를 환기시키면서 품어내는 화합의 높은 정신을 담고 있다고 할 수 있다. 이것이 백석이 복원하고자 하는 이상공간으로서의 고향, 즉 북방에 담겨 있고 또 담고자 하는 정신이다.

한 세대 앞선 김동환이나 동세대의 이용악의 북방이 피폐한 민중의 삶을 그린 현실공간이라면 이상에서 살펴본 바와 같이 백석이 『사슴』에서 복원하고자 한 북방공간은 이상적 시원의 공간, 즉 그가 희구하는 유토피아이다. 그는 『사슴』에서 유년의 기억과 시선을 이용

---

45) 유종호, 「넘치는 사랑과 슬픔 속에-백석의 시세계 2」, 앞의 책, p. 270.

하여 신화적이고 화해롭고 풍요로운 시원의 공동체 세계로 북방 마을을 재구해낸 것이다. 이는 한국 시에는 관서지방 북방 마을의 삶과 풍속과 풍물을 온전히 담아내는 것일 뿐만 아니라 소박하고 평화로운 북방공간을 품는 시적 확장이라는 성과를 거두게 되는 것이기도 하다.

## 2) 북방을 찾아나선 여행

『사슴』에서 백석이 회귀하여 복원하고자 한 북방공간은 이상적 시원의 공간이지만 그 공간은 시인이 처한 현실에서 볼 때 이미 존재하지 않는 폐허가 되어버린 상실의 과거 공간이자 유년의 기억에만 남아 있는 공간이라는 점에 문제가 있다. 따라서 시인은 지향하지만 도달할 수 없는 공간과 처해 있는 현실공간 사이의 괴리에 직면하지 않을 수 없게 된다. 이 지점에서 시원의 이상공간을 회복하기 위한 시인의 노력은 벽에 부닥칠 수밖에 없게 되고 현실공간에서의 새로운 모색이 불가피해진다. 神話的이고 童話的인 공동체 세계에서 현실의 세계로 나선 백석이 택한 길은 여행이며 그 산물이 기행시편들이다. 이 시편들은 초기의 유년 화자나 기억을 통하여 화해롭고 따스한 북방 마을에 대한 기억과 그리움을 투명하게 그려낸 세계와 후반기의 시원의 이상공간의 회복이 불가능해진 현실에 좌절하고 유랑과 깊은 슬픔에 잠겨 체념의 미학을 발현하는 시편들의 중간에 위치해 있는 것이다. 이 시기의 시들은 '생활세계에서 내면세계를 발견하려 하고 역사적 인식에 접근하려 했던 측면이 강화되어 하나의 뚜렷한 역사의식으로 정착되는 과정'46)을 보여주고 있다고 할 수 있다. 따라서 백석의 시세계, 특히 북방시편들의 과도기적 변모를 관찰하는 데 중요한 의미를 갖는다.

실제로 그는 1936년 4월 돌연 신문사를 그만두고 함흥의 영생여고보 교원으로 전직하였고 1938년에는 서울로 돌아와 다시『여성』지 편집 일을 하다가 1939년 만주로 떠나기까지 전국의 각지를 여행하였는데 그 결과물이 이 시기에 쓰여진 紀行詩篇들이다. 이 시편들은 여행자로서 여행내용이나 그 과정에서 발견한 것을 기록한 기행시 또는 풍물시의 성격을 띤다. 통영 등 남쪽 지역을 여행한「南行詩抄」연작을 비롯하여「咸州詩抄」연작,「山中吟」연작,「西行詩抄」연작,「물닭의 소리」연작 등을 들 수 있으며「故鄕」,「絶望」,「夕陽」등도 여기에 포함시킬 수 있다. 이들 기행시편에서는 여행자가 보이는 전형적인 태도인 여행지의 풍물을 가볍게 그려내는 시적 면모를 주로 나타내며 전편에서 보인 평화롭고 따뜻한 세계를 바라보는 시선이 유지되고 있기도 하다. 하지만 이들 기행시편의 두드러진 특징은 자신의 가난과 피폐함을 '자신이 유랑하는 지방의 일반 민중들의 삶 속에서 재발견하면서 현실의 모든 고통과 어려움을 걸러내는 것'47)에 있다. 이는 그가 경험하고 기억 속에 간직하고 있으나 현실에서는 상실하고 붕괴된 이상공간으로서의 북방을 찾으려는 여정이기도 하다. 따라서 이들 시편은 더 이상 동화적이지도 신화적이지도 않다. 또한 신비하지도 않고 평화로운 이상공간을 그리지도 않는다. 무엇인가를 찾아나선 현실 성인화자의 기행시편인 것

---

46) 이숭원,『백석시의 심층적 탐구』, 태학사, 2006., p. 75.
47) 신범순, 앞의 책, p. 236.

이다.

明太창난젓에 고추무거리에 막칼질한무이를 뷔벼익힌것을
이 투박한 北關을 한없이 끼밀고있노라면
쓸쓸하니 무릎은 꿀어진다

시큼한 배척한 퀴퀴한 이 내음새속에
나는 가느슥히 女眞의 살내음새를 맡는다

얼근한 비릿한 구릿한 이 맛속에선
깜아득히 新羅백성의 鄕愁도 맛본다

「咸州詩抄-北關」 전문(『조광』 3권 10호, 1937. 10.)


거리에서는 모밀내가 낫다
부처를 위하는 정갈한 노친네의 내음새가튼 모밀내가 낫다

어쩐지 香山부처님이 가까웁다는 거린데
국수집에서는 농짝가튼 도야지를 잡어걸고 국수에 치는 도야지고기
는 돗바늘 가튼 털이 드문드문 백엿다
나는 이 털도 안뽑은 도야지 고기를 물구럼이 바라보며
또 털도 안뽑는 고기를 시껌언 맨모밀국수에 언저서 한입에 끌걱
삼키는 사람들을 바라보며
나는 문득 가슴에 뜨끈한것을 느끼며
小獸林王을 생각한다 廣開土大王을 생각한다

「北新-西行詩抄 2」 전문(『조선일보』, 1939. 11. 9.)

2년여의 시차를 두고 쓰여진 이 두 편의 시는 백석의 기행시편의 특성과 지향점을 잘 보여주는 닮은꼴을 하고 있다. 「統營」, 「咸南道安」 등의 다른 기행시편에서 그렇듯이 여행지역의 특성을 음식으로 파악하는 시적 방법이 그렇고 여행지에서 발견한 일단을 통해 북방의 생명력 있고 웅혼한 원시성과 역사성을 찾으려 하는 것 또한 그렇다.

백석이 함흥에 교원으로 있을 때의 쓴 「咸州詩抄」 5편 가운데 맨 앞에 있는 「북관」은 함경남북도 지역의 별칭으로 한반도를 중심으로 볼 때는 낯선 북쪽의 변방이라는 느낌을 주며, 북방이라는 관점에서 볼 때는 거칠고 웅장한 고구려와 대륙의 역사가 담긴 시원의 공간으로 다가온다. 시인은 '明太창란젓에 고추무거리에 막칼질한무이를 뷔벼익힌'이 지역의 전통적인 음식을 접하고 이것을 '北關'이라고 치환시킨다. 이 투박한 북관의 음식을 끼밀고[48] 있으면서 이 냄새에서 女眞의 살 냄새를, 이 맛 속에서 신라백성의 향수를 맛본다고 말하고 있다. 북관의 전통음식에서 여진족들과 함께 공존하면서 살던 옛 북방의 원시성을 느끼고 나아가 한반도를 처음으로 통일하여 북관지역까지 지배했던 옛 신라인의 향수를 떠올림으로써 웅혼했던 과거의 역사를 떠올려 겹쳐놓고 있는 것이다. 여기서 이채롭게 눈에 띄는 것은 '시큼한,' '배척한' '퀴퀴한,' '얼근한,' '비릿한,' '구릿한' 등의 맛을 표현한 순우리말 형용사들과 '가느슥히,' '깜아득히' 등의 부사어들이다. 음식을 매개로 시적 상상력을 펼쳐나가는 것은 다

---

[48] 이동순 編의 『백석시전집』(창작과비평사, p. 191)과 최동호 외의 『백석 시 읽기의 즐거움』(서정시학, p. 155)에서는 '어떤 물건을 끼고 앉아 얼굴 가까이 들이밀고 자세히 보며 느끼다'는 뜻으로 고형진의 『백석 시 바로 읽기』(현대문학, p. 249)에서는 평북방언 '깨밀다'의 변형으로 '씹다'라는 뜻으로 풀이하고 있다. 여기서는 어느 쪽 의미로 읽어도 이해에는 별 어려움이 없다.

른 기행시에서도 반복되지만 『사슴』 시편들에서 술어는 명확한 표준어를 쓰고 평북방언으로 무수한 명사어들을 늘어놓았던 면모가 이 시점에서는 사라지고 술어에 해당하는 순우리말 형용사와 부사들을 방언으로 나열하고 있는 점은 백석 시의 변모이기도 하다.

'북신'은 묘향산에서 멀지 않은 평안북도 영변군에 위치한 북방마을이다. 평안도 지역을 여행하면서 쓴 4편의 「西行詩抄」 연작 두 번째 편인 「北新」은 묘향산 보현사 근방을 여행하면서 거리에서 모밀 냄새를 맡고는 곧 '부처를 위하는 정갈한 노친네의 내음새'같다고 말한다. 메밀 내가 나는 이 거리의 국숫집의 풍경은 "국수집에서는 농짝가튼 도야지를 잡어걸고 국수에 치는 도야지고기는 돗바늘 가튼 털이 드문드문 백여 있는 것이다. 여기서 시인은 '이 털도 안뽑은 도야지 고기를 물구럼이 바라보며 / 또 털도 안뽑는 고기를 시꺼언 맨모밀국수에 언저서 한입에 끌꺽 삼키는' 이곳 사람들의 투박하지만 건강하고 왕성한 식욕을 바라보면서 문득 가슴에 북방의 뜨끈한 힘과 호방한 기상을 느끼며 이를 강성했던 고구려를 이룬 小獸林王, 廣開土大王과 연결시킨다. 小獸林王은 나라가 위기에 처한 4세기 후반 17세의 어린 나이에 왕위에 올라 외교관계를 정비하고 불교를 받아들이면서 내부체제를 바로잡음으로써 고구려의 국가체제를 바로잡았다. 廣開土大王은 이를 토대로 영토를 요동과 만주 대부분의 지역까지 넓힌 고구려의 전성기를 구가한 임금이다. 백석은 북방의 투박하지만 건강하고 생명력 있는 삶의 모습에서 북방 지배의 역사를 가진 웅혼한 고구려의 전성기를 떠올리고 거기서 始原의 공간을 찾고자 하는 것이다.

반면에 남쪽 지방을 여행한 후 쓴 시편들은 북방 기행시편들과는 사뭇 다른 면모를 나타낸다. 통영, 창원, 삼천포 등 남쪽을 여행한 후 쓴 '南行詩抄' 연작을 보면 북관이나 관서지방 등 북방을 여행한 결과물인 「咸州詩抄」, 「西行詩抄」 연작들에서 담고 있는 역사성이나 서사성 등을 찾아보기 어렵다. 1935년 12월 『조광』과 이듬해 1월 『조선일보』(1936. 1. 23.)에 발표한 두 편의 「統營」, 그리고 같은 해 3월 5일부터 8일까지 『조선일보』에 '南行詩抄 1, 2, 3, 4'라는 곁제목 아래 발표한 연작들은 북방기행 시편들과는 상당한 차이를 보인다. 이들 시편은 어쩌면 북쪽 출신의 시인에게는 낯설고 신기하기도 했을 경상남도 남해안 지역의 온화한 날씨와 이국적이면서 따사로운 풍경을 둘러본 여행자의 인상을 고스란히 담고 있다.

'고향인 정주가 배경이 되어 있는 시들이 서술적인 것과는 다르게 서정성이 매우 풍부하'고 '부연과 반복을 통한 의미의 연쇄파장을 느끼게 하는 형태나, 중간 혹은 종결운을 사용한 율동감을 주는 것이 특징'[49]이라고 요약할 수 있다. 초기 기행시편들이라는 점에서 기인하는 것이라고 할 수도 있겠지만 대체로 백석의 남행시편들은 통영의 예스러운 풍경과 그곳 처녀들의 순정한 삶(「統營」, 『조광』), 정겨움과 그리움이 가득한 길(「昌原道」), 固城장 가는 길의 따스하고 풍요로운 마을 풍경(「固城街道」), 그리고 사람과 가축과 자연이 가난하지만 따사롭게 어우러진 풍경(「三千浦」) 등을 수채화처럼 밝고 경쾌한 톤으로 그리고 있다. 이러한 풍류적인 요소들은 웅혼한 과거를 떠올리게 하는 역사성이나 투박하고 생명력 어린 서사성을 함축하고 있는 북방기행 시편들과는 확연히 구분되는 면모라고 할 수 있다.

하지만 시원의 이상공간으로서의 북방회복을 그리며 여행에 나선 그가 항상 찾고자 한 것만을 보고 거기에 의미를 부여할 수만은 없

---

49) 박혜숙, 앞의 책, p. 57.

는 것이 현실이다. 아름답고 튼튼한 이상적인 대상은 이미 자기 것이 될 수 없는 상황이 되어 있기도 하고, 식민지하의 가슴 아픈 현실을 고스란히 떠안고 있는 소녀의 울음과 맞닥뜨리는 것을 피할 수 없는 것이 이 시기 그의 여행길이기도 하다.

> 北關에 게집은 튼튼하다
> 北關에 게집은 아름답다
> 아름답고 튼튼한 게집은있어서
> 힌저고리에 붉은 길동을달어
> 검정치마에 밫어입은것은
> 나의 꼭하나 즐거운 꿈이였드니
> 어늬아츰 게집은
> 머리에 묵어운 동이를 이고
> 손에 어린것의 손을끌고
> 가펴러운 언덕길을
> 숨이차서 올라갔다
> 나는 한종일 서러웠다
> 
> 「絶望」 전문(『삼천리문학』 2집, 1938. 4.)

다소 과장된 듯한 제목의 이 시는 「夕陽」, 「故鄕」 등과 함께 『삼천리문학』에 같이 발표된 북관에서 만난 사람들에 대한 이야기를 담고 있다. 「夕陽」이 장날 거리에서 투박한 북관 말을 떠들어대는 노인들을, 「故鄕」이 북관에서 혼자 앓아누워서 만나게 된 동향인 의원과의 따듯한 교감을 그리고 있다면 이 시는 '북관에 게집'에 관한 것이다. '몇 번 길가에서 마주쳤을 뿐인 젊은 여성에 대한 막연한 동경이나 기대감이 깨어졌을 때의 심정을 다룬 서정시편'[50)]이면서도 한 개인의 연정의 좌절로만 한정되어 읽히지 않는 묘한 매력을 남긴다.

'힌저고리에 붉은 길동을달어 / 검정치마에 맞어입은' 아름답고 튼튼한 북관의 여인은 시인의 마음을 사로잡는다. 그녀를 바라보는 것은 '꼭하나 즐거운 꿈'이었는데 어느날 아침 시인은 뜻하지 않은 사랑의 좌절을 경험한다. '머리에 묵어운 동이를 이고 / 손에 어린것의 손을끌고 / 가펴러운 언덕길을 숨이차서 올라'가고 있는 북관의 여인을 맞닥뜨리며 '꼭하나 즐거운 꿈'이 깨지는 '絶望'을 경험하게 되는 것이다. 소품이라 할 수 있는 이 작품에서 시인의 눈을 사로잡은 아름답고 튼튼한 계집은 북관의 전형적인 건강함을 가진 여인이고 다시 이 여인은 백석이 여행에서 찾고자 하는 시원의 대상으로 치환되면서 의미가 확장되어 읽힌다. "나는 한종일 서러웠다"라는 구절은 개인적인 사랑의 좌절에서 오는 서러움이지만 한편으로는 식민지 치하의 이상공간을 상실한 그(민족)가 겨우 위로의 대상을 찾았으나 그마저 회복할 수 없는 상황, 즉 이미 내 것이 아닌 상황이 되어버린 현실에 대한 絶望感의 표현이라고도 할 수 있다.

> 차디찬 아침인데
> 妙香山行 乘合自動車는 텅하니 비어서
> 나이 어린 게집아이 하나가 오른다
> 옛말속 가치 진진초록 새저고리를 입고
> 손잔등이 밧고랑처럼 몹시도 터젓다
> 게집아이는 慈城으로 간다고하는데
> 慈城은 예서 三百五十里 妙香山百五十里
> 妙香山 어디메서 삼촌이 산다고 한다

---

50) 유종호, 「서정적 진실의 실종」, 『서정적 진실을 찾아서』, 민음사, 2001., p. 15.

> 쌔하야케 얼은 自動車 유리창박게
> 內地人 駐在所長가튼 어른과 어린아이 둘이 내임을 낸다
> 게집아이는 운다 느끼며 운다
> 텅 비인 車안 한구석에서 어느 한사람도 눈을 씻는다
> 게집아이는 몇해고 內地人 駐在所長집에서
> 밥을 짓고 걸레를 치고 아이보개를 하면서
> 이러케 추운 아침에도 손이 꽁꽁얼어서
> 찬물에 걸레를 첫슬것이다
>
> 「八院-西行詩抄 3」 전문(『조선일보』 1939. 11. 10.)

이 시는 팔원에서 묘향산으로 가는 승합 자동차 안에서 본 풍경을 흑백사진으로 옮겨 놓은 듯하다. 텅 빈 차에 먼저 올라타 자리잡고 있는 화자의 눈에 좋은 새 옷인 '진진초록 새 저고리를 입'고 오른 나이 어린 계집아이 하나가 들어온다. 그런데 계집아이의 손잔등은 '밧고랑처럼 몹시도 터'져 있고 차 안에서 흐느끼며 운다. '예서 三百五十里' 길인 慈城(중강진 인근의 북단 변방)으로 간다고 하고 백오십 리 길인 묘향산 근방에 삼촌이 산다고 하는 이 계집아이의 정체는 배웅을 하는 "內地人 駐在所長가튼 어른과 어린아이"를 통해 알 수 있다. 일제시대의 공포와 권력의 상징인 주재서장, 즉 경찰서장의 집에서 '이러케 추운 아침에도 손이 꽁꽁얼어서 / 찬물에 걸레'치며 밥 짓고 빨래하고 아이를 돌보는 식모로 일하다 비로소 귀향길에 오른 것이다. 식민치하의 고달픈 삶을 밭고랑처럼 몹시도 터진 손잔등을 하고 힘겹게 사는 우리 민족의 전형적인 삶의 모습으로 확대되는 계집아이의 모습에서 화자는 눈물을 씻지 않을 수 없다. 시인은 객관적인 시선으로 감상성을 배제한 보여주기 기법을 구사하고 있지만 이 방법은 식민지 시대의 한 소녀의 뼈저린 슬픔과 고통

을 민족적 비애로 더 실감나게 확대시키는 울림을 낳고 있다.

　백석은 평북 영변군 팔원에서 목격한 서럽고 고된 한 소녀의 삶을 통해서 울음을 피할 수 없는 식민지하의 상황과 정면에서 마주치고 있다. 또 '꼭하나 즐거운 꿈'의 대상으로 발견한 튼튼하고 아름다운 북관의 여인은 이미 자기 것으로 만들 수 없는 대상이 되어 있는 것이 현실이다. 이상공간으로서의 시원의 북방을 찾고자 나선 여행은 결국 일제 식민시대라는 엄혹한 현실의 한계와 불행에 부닥치고 끝내 절망에서 벗어나지 못하고 마는 것이다. 이러한 상황 아래 백석은 내면으로의 침잠을 선택하고 그 결과는 이루어질 수 없는 것에 대한 환상과 은둔으로 나타나기도 한다.

　　　　가난한 내가
　　　　아름다운 나타샤를 사랑해서
　　　　오늘밤은 푹푹 눈이나린다

　　　　나타샤를 사랑은하고
　　　　눈은 푹푹 날리고
　　　　나는 혼자 쓸쓸히 앉어 燒酒를 마신다
　　　　燒酒를 마시며 생각한다
　　　　나타샤와 나는
　　　　눈이 푹푹 쌓이는밤 흰당나귀타고
　　　　산골로가쟈 출출이 우는 깊은산골로가 마가리에살쟈

　　　　눈은 푹푹 나리고
　　　　나는 나타샤를 생각하고
　　　　나타샤가 아니올리 없다

> 언제벌서 내속에 고조곤히와 이야기한다
> 산골로 가는것은 세상한테 지는것이아니다
> 세상같은건 더러워 버리는것이다
>
> 눈은 푹푹 나리고
> 아름다운 나타샤는 나를 사랑하고
> 어데서 힌당나귀도 오늘밤이 좋아서 응앙 응앙 울을것이다
> 　　　「나와 나타샤와 힌당나귀」 전문(『여성』 3권 3호, 1938. 3.)

 아무런 인과관계가 없는 내가 나타샤를 사랑하는 일과 눈이 내리는 일을 묶어서 "가난한 내가 / 아름다운 나타샤를 사랑해서 / 오늘밤은 푹푹 눈이나린다"로 시작하는 「나와 나타샤와 힌당나귀」는 이룰 수 없는 사랑에 관한 공상을 담은 절창으로 지금도 널리 애독되고 있다. 2연에서 화자는 눈 내리는 밤 사랑하는 나타샤를 떠올리며 쓸쓸히 앉아 소주를 마시면서 사랑하는 그녀와 흰당나귀를 타고 '출출이 우는 깊은산골로가 마가리에 살쟈'고 한다. 3연에서 그런 그의 바람과는 달리 사랑하는 나타샤는 오지 않는다. "나타샤가 아니올리 없다"는 나타샤가 아직도 혹은 끝내 오지 않고 있음의 역설적인 표현이고 이 역설은 "언제벌서 내속에 고조곤히와 이야기한다"는 환상으로 이어진다. 그리고 "산골로 가는것은 세상한테 지는것이아니다 / 세상같은건 더러워 버리는것이다"는 자기만족 또는 자기변명으로 이어진다. 시인은 자신의 산골 마가리(오막살이)로 가는 것은 사랑이 좌절되고 희망이 사라진 세상(현실)한테 지는 것이 아니라 자신이 세상을 버린 것이라고 역설한다. 그리고는 눈 내리는 백색의 산골 공간으로 가서 자신의 사랑을 실현하는 판타지에 젖어 있는 것이다.
 백석은 아직 사랑과 희망이 남아 있지만 현실에서 이를 실현시킬

수 없으므로 환상으로나마 대신하고 있다. 이러한 판타지는 세상을 온통 뒤덮을 것같이 푹푹 내리는 밤눈과 흰 당나귀 그리고 우리의 '순이'와 같은 의미의 북국의 순결한 백인여성을 상징하는 이름 '나타샤'가 어우러지면서 백색의 환상적인 이미지를 배가시킴으로써 시적 효과를 한층 더해주는 미학적 성과를 보이고 있다. 또 이루어질 수 없는 사랑의 절망을 환상으로 실현시킨 절망의 시편이자 사랑의 시편이라 할 이 작품을 통해 북방의 순결한 사랑과 희망을 갈망하는 백석의 심중을 역설적으로 토로하고 있는 것으로 보인다. 하지만 환상으로 사랑을 담아내고 산골로 가는 것은 '세상한테 지는것이아니'라 '세상같은건 더러워 버리는' 현실에서 시인의 선택은 더 큰 좌절과 슬픔과 유랑으로 귀결되는 결과를 낳게 된다. 만주로 유랑을 떠난 후 보인 시편들에는 이러한 증후들이 고스란히 담겨 나타난다.

### 3) 시원의 북방상실, 그리고 유랑과 체념

줄곧 시도했던 시원의 이상공간 회복이 불가능해진 절망적인 현실상황에서 백석은 流浪과 깊은 슬픔에 잠긴 諦念의 미학을 발현하는 시편들을 남긴다. 이 시편들은 그가 만주로 떠나 유랑생활을 한 1939년부터 1940년대 초반 사이에 주로 쓰여진 것들이며 이때는 시대적으로는 일제의 식민정치와 수탈이 최고조에 달한 한국사회의 암흑기이다. 절망과 불행이 절정에 달한 상황에서 '그 조건으로부터 벗어나기 위해 백석은 유랑을 하거나 시 속의 과거로 몰입하거나 또는 과거의 시간 속에서 자신의 근원을 찾고자'51) 하는 태도를 보인다. '최초의 세계로서 존재의 중심이며 근원적 뿌리로서의 자리'52)인 고향, 즉 이상공간을 상실하였을 뿐만 아니라 다시 이를 회복할 전망이 보이지 않는 무기력하고 절망적인 상황에 처한 그의 시적 반응은 이런 현실 속에서 자신이 할 수 있는 것이 없다는 운명론적인 절망감을 표현하는 것으로 나타난다.

백석이 만주로 떠난 이후에 쓴 일련의 시편들을 유종호와 이희중은 '북방시편'이라고 이름 짓고 분석하는 선행연구를 남기기도 했다. 이 작품들에서 두드러지게 나타나는 특성은 상실된 세계에 대한 정신적인 방랑의 모습을 보이거나 수동적인 탄식과 감상성을 보인다는 데 있다. 「北方에서」, 「흰 바람벽이 있어」, 「澡堂에서」, 「杜甫나 李白같이」, 「南新義州柳洞朴時逢方」 등이 이러한 특성을 잘 담고 있는데 절망적이고 비극적인 현실상황에 대한 고발이나 저항 등의 정면대응이 아닌 내면으로 침잠하는 內向的인 諦念의 세계를 보이고 있다. 백석의 시가 초기부터 자기 충족적이고 내향적인 성격을 띠어 왔다는 면에서 볼 때 일관된 흐름을 유지하고 있다고 할 수 있다. 하지만 『사슴』의 시편들을 밝고 충만하고 평화로운 기억의 재현으로 요약한다면 이 시기의 시들은 자신의 쓸쓸함과 상실감 등의 주관적인 감정과 슬픈 정조를 별다른 여과 없이 직설적으로 토로하고 있다는 면에서 상당한 차이를 드러내고 있다. 외견상으로도 수없이 쏟아지던 평북지역 방언의 나열이 현저하게 사라지는 대신 마치 산문을 행갈이 한 것 같은 시행과 시의 길이가 길어지는 모습이 뚜렷하게

---

51) 최정례, 「백석 시의 근대성 연구」, 고려대 대학원 박사학위 논문, 2004, p. 97.
52) Gaston Bachelard, *La Poetique de le space*(곽광수 역, 『공간의 시학』, 민음사, 1990.), P. U. F., 1957., p. 57.

나타난다.

앞의 시편들과 확연히 달라진 이 시기의 시들은 '카스틸리오네의 예사로움의 독보적인 경지'53) 또는 "당시의 시대적 요청에는 부응하지 못했지만 민족의 생존이 의문시 될 정도의 절박한 위기 상황에서 무력한 개인이 쓸 수 있는 최고의 비가라는 점에서 문학사적 의의를 갖는다"54)는 등의 상찬을 받을 만큼 높은 문학적 성취를 실현해 보이고 있다. 이러한 시적 성취는 이 시기의 시들이 절망적인 감정과 상실감의 토로에 그치지 않고 있다는 데 있다. 탁월한 시적 감각과 절제된 시어사용을 통해 시 전체가 감상성에 함몰되지 않도록 통어하면서 근원에 대한 깊은 자기성찰을 통해 절망을 극복하는 '갈매나무'로 상징되는 정신적 경지로 나아가고 있기 때문에 가능한 것이다.

"하눌이 이세상을 내일적에 그가 가장 귀해하고 사랑하는것들은 모두 / 가난하고 외롭고 높고 쓸쓸하니 그리고 언제나 넘치는 사랑과 슬픔속에 살도록 만드신 것이다"(「힌 바람벽이 있어」), "그 드물다는 굳고 정한 갈매나무라는 나무를 생각하는 것이었다"(「南新義州 柳洞朴時逢方」) 등에서 볼 수 있듯이 절망적인 상황을 수용하면서도 자신의 존재감이나 의지를 놓지 않는 체념의 미학을 발현시키고 있는 점은 이 시기 시편에서 이룬 소중한 성과라 할 수 있다. 이러한 모습은 동향의 선배 시인 김소월이 이미 「진달래꽃」에서 보여준 낯익은 미학이기도 하다. "나 보기가 역겨워 / 가실 때에는 / 죽어도 아니 눈물 흘리오리다"에서처럼 님이 떠나간 또는 떠나가야 하는 현실적인 상황을 수용하지만 나는(내 마음 속에서는) 떠나보내지 않았다는 역설적인 체념의 미학이 그것이다. 백석의 이 시편들은 절망적

---

53) 유종호, 「시원의 회귀와 회상의 시학」, 앞의 책, p. 286.
54) 최두석, 앞의 책, p. 111.

현실 앞에서 아무것도 할 수 없는 개인의 무력한 상실감을 수용하는 데서 출발한다.. 그리고 그 감정을 토로하는 운명론에 머물지 않고 깊은 자기성찰과 절제를 통해 절망을 딛고 새로운 의지를 발현해 내는 체념의 미학으로 발전시킴으로써 커다란 시적 성취를 이룩하는 데까지 나아가고 있다.

    아득한 옛날에 나는 떠났다
    夫餘를 肅愼을 勃海를 女眞을 遼를 金을,
    興安嶺을 陰山을 아무우르를 숭가리를.
    범과 사슴과 너구리를 배반하고
    송어와 메기와 개구리를 속이고 나는 떠났다.

    나는 그때
    자작나무와 익갈나무의 슬퍼하든것을 기억한다
    갈대와 장풍의 붙드든 말도 잊지않었다
    오로촌이 멧돌을 잡어 나를 잔치해 보내든것도
    쏠론이 십리길을 딸어나와 울든것도 잊지않었다.

    나는 그때
    아모 익이지못할 슬픔도 시름도 없이
    다만 게을리 먼 앞대로 떠나나왔다
    그리하여 따사한 해ㅅ귀에서 하이얀 옷을 입고 매끄러운 밥을먹고 단샘을 마시고 낮잠을 잤다
    밤에는 먼 개소리에 놀라나고
    아츰에는 지나가는 사람마다에게 절을 하면서도
    나는 나의 부끄러움을 알지못했다.

그동안 돌비는 깨어지고 많은 은금보화는 땅에 묻히고 가마귀도 긴 족보를 이루었는데
　　이리하야 또 한 아득한 새 녯날이 비롯하는때
　　이제는 참으로 익이지못할 슬픔과 시름에 쫓겨
　　나는 나의 녯 한울로 땅으로—나의 胎盤으로 돌아왔으나

　　이미 해는 늙고 달은 파리하고 바람은 미치고 보래구름만 혼자 넋 없이 떠도는데

　　아, 나의 조상은 형제는 일가친척은 정다운 이웃은 그리운것은 사랑하는것은 우럴으는것은 나의 자랑은 나의 힘은 없다 바람과 물과 세월과 같이 지나가고 없다.
　　　　　　「北方에서 -鄭玄雄에게」 전문(『문장』 2권 6호, 1940. 6·7 합호.)

　백석의 시 가운데 드물게 장엄하고 스케일이 큰 외향적인 국면을 보이고 '北方'이라는 시어를 직접적으로 사용한 유일한 작품인 이 시는 시인 자신과 자신이 되찾고자 한 이상공간으로서의 북방 마을의 근원을 천착한 작품이다. '공동체의 체험이 확대되어 민족전체의 역사적 공간적 체험에 대한 기억을 되살려 주고 있'55)는 「北方에서」는 "아득한 녯날에 나는 떠났다"는 거침없는 단언으로 시작한다. 개인인 '나'와 '민족' 또는 '겨레'를 같은 층위의 '나'로 혼용하면서 북방의 태반이 시작되는 '아득한 녯날'을 찾고 그로부터 멀어져온 역사를 돌아본다. 그 다음 '또 한 아득한 새 녯날이 비롯'하는 '참으로 익이지 못할 슬픔과 시름에 쫓기는 안타까운 현실에 대한 회한과 상실감을 격조 있게 형상화해 내고 있다. 잃어버렸던 나를 되찾으려는 일련의

---

55) 최동호 외, 『백석 시 읽기의 즐거움』, 서정시학, 2006., p. 278.

노력과 당시 우리 자신이 놓여진 실존으로부터 그 본질을 회복하고자 하는 의도56)를 담고 있는 것이다. '떠남과 떠돎, 그리고 돌아옴의 과정을 보여주고 있는' 이 작품은 '성장과 탐색 그리고 성찰'이라는 신화적 일대기와 잘 대응하는 구조'57)를 보인다. 그리고 개인의 유랑을 민족 전체의 유랑으로 치환시키면서 북방을 회귀하고 싶은 시원으로 제시하고 있다.

1연과 2연은 그가 꿈꾸는 이상공간의 태반인 북방의 광활한 벌판에서의 자연과 인간, 그리고 그곳에 살았던 부족들의 조화롭고 친화적인 삶을 설명하고 그들이 붙들던 말과 따라 나와 울던 것을 뒤로 하고 앞대, 즉 평안도 이남의 남쪽으로 우리 민족이 떠나왔다고 한다. 1연에는 동쪽 사할린으로부터 서쪽 예니세이강까지, 북쪽 極寒 툰드라 지대로부터 남쪽 중국 동북(만주) 지방에 이르는 넓은 지역에 분포하여 만주-퉁구스어계의 언어를 사용하는 종족에 해당하는 夫餘, 肅愼, 渤海, 女眞, 遼, 金 등 북방을 지배했던 나라와 민족을 삼국시대 이전부터 거슬러 올라가 차례대로 서술한다. 이어 興安嶺, 陰山, 아무우르, 숭가리 등 북방의 산맥과 강들을 나열하며 그들이 삶을 영위했던 북방의 광활한 영역을 설명하고 있다. 그리고 우리

---

56) 최정례, 앞의 책, p. 99~100 참조. 최정례는 리처드 쿤이 나눈 기억의 종류 세 가지—사적 양식인 회상(recollection), 공공의 기억형식인 재인식(recognition), 신화의 형식적인 상기(anamnesis)—를 소개하고 있다. '회상'은 비공유성을 특징하는 개인의 특수한 경험으로 주체의 개성, 자아의 정체성과 관련한다. '재인식'은 타인과 공유하는 삶에 대한 기억을 반복적으로 인식할 때 발생하는 것으로 선행하는 사건과 현재의 사건과의 유사성이 재인식을 촉발시킨다고 본다. '상기'는 신화적 세계와 먼 조상의 삶까지도 추적하는 데 관여하는 기억 작용을 명명한다. 이것은 플라톤이 이데아를 알기 위해 사용한 말이기도 하며 시간을 초월해서 생각을 떠올리는 기억의 힘, 즉 초시간성으로 정의되는 기억작용으로 시 「北方에서」의 기억은 여기에 해당한다(R. Kuhn, *Literature and Philosophy*, Routledge & Kegan Paul, 1971., pp. 187~191 참조).
57) 강연호, 「뿌리 뽑힌 자아의 발견과 성찰」, 『시와 정신』, 2003년 가을호, p. 197.

민족이 북방을 떠나 남으로 내려올 때 만주일원의 대표적인 수목인 자작나무와 이깔나무가 슬퍼하던 것과 갈대와 장풍58)의 붙듦, 북 퉁구스계족 '오로촌'과 남 퉁구스계족 '쏠론'이 십릿길을 따라 나와 울었던 것을 회상한다. 이것은 단순한 지명과 자연물, 민족의 나열이 아니라 북방공간이 경계 지어진 대립의 공간이 아닌 여러 민족과 자연이 누대에 걸쳐 함께 살아온 공동체적 공간의 태반임을 말하고 있는 것이다. 이는 김동환과 이용악도 북방을 이와 같은 층위로 그리고 있다는 점에서 북방을 그린 이 시대 시인들의 공통적인 인식을 확인할 수 있는 대목이기도 하다.

3연과 4연은 북방을 떠나 남하한 우리 민족의 삶을 이야기하고 있다. 슬픔도 시름도 없이 북방을 떠나와 '따사한 해ㅅ귀에서 하이얀 옷을 입고 매끄러운 밥을먹고 단샘을 마시고 낮잠을' 자며 소극적으로 안주하면서 살아온 것이다. 그런데 그 삶은 "밤에는 먼 개소리에 놀라나고 / 아츰에는 지나가는 사람마다에게 절을 하면서도 / 나는 나의 부끄러움을 알지못했다"는 굴욕적인 것이다. 그리하여 '돌비는 깨어지고 많은 은금보화는 땅에 묻히고 가마귀도 긴 족보를 이루'게 될 정도의 굴욕적인 삶이 오랫동안 계속되어 오다 결국에는 일제의 식민지라는 백석이 처한 절망적인 현실인 '또 한 아득한 새 녯날이 비롯하는때'를 맞는다. 그래서 시인은 '참으로 익이지못할 슬픔과 시름에 쫓겨' 민족의 시원이자 태반인 북방으로 돌아와 평화로운 공동체를 되살려보고자 한다. 하지만 북방은 더 이상 아득한 옛날의 북

---

58) 이동순 編의 『백석시전집』(창작과비평사, p. 206.)에서는 '長風,' 즉 '멀리서 불어오는 바람'으로 보았는데 유종호의 「시원의 회귀와 회상의 시학」(『다시 읽는 한국 시인』, 문학동네, p. 166)에서는 앞 행에서 자작나무와 이깔나무를 병치시킨 것을 볼 때 다음 행의 갈대 다음에 식물 이름이 오는 것이 당연하다며 '장풍'을 '菖蒲의 방언'으로 보았다.

방이 아니고 바람과 물과 세월과 같이 지나가고만 무력과 상실의 공간이 되어 있다고 말하고 있다. 백석이 데뷔작 「定州城」에서 개인의 태반인 고향 북방 마을을 '문허진城터' '헐리다 남은城門'으로 인식하였듯이 민족과 북방공간의 태반인 북방만주 역시 상실과 폐허의 공간으로 인식하고 있는 것이다.

이상공간을 상실하고 회복할 수 없게 된 절망적인 상황을 운명론적으로 수용하고 그 절망감을 절제된 시어로 산문체에 담아내고 있는 「北方에서」는 이 시기 시편 가운데 맨 앞에 있는 작품이라 할 수 있다. 안온하고 평화로웠던 과거를 회상하고 이어 현재의 상실감, 쓸쓸함, 외로움 등을 토로하는 어법과 그러한 상황에 있는 자신을 민족, 또는 타국의 고귀한 시인과 같은 존재로 동일시하는 태도는 발전적으로 변주되며 「힌 바람벽이 있어」, 「南新義州柳洞朴時逢方」으로 이어져 북방을 새로운 미학으로 형상화한다.

    오늘저녁 이 좁다란방의 힌 바람벽에
    어쩐지 쓸쓸한것만이 오고 간다
    이 힌 바람벽에
    히미한 十五燭전등이 지치운 불빛을 내어던지고
    때글은 다낡은 무명샷쯔가 어두운 그림자를 쉬이고
    그리고 또 달디단 따끈한 감주나 한잔 먹고싶다고 생각하는 내 가지가지 외로운 생각이 헤매인다
    그런데 이것은 또 어인일인가
    이 힌 바람벽에
    내 가난한 늙은 어머니가 있다
    내 가난한 늙은 어머니가
    이렇게 시퍼러둥둥하니 추운날인데 차디찬 물에 손은 담그고 무이

며 배추를 씿고있다
　　또 내 사랑하는 사람이 있다
　　내 사랑하는 어여쁜 사람이
　　어늬 먼 앞대 조용한 개포가의 나즈막한 집에서
　　그의 지아비와 마조 앉어 대구국을 끊여놓고 저녁을 먹는다
　　벌서 어린것도 생겨서 옆에 끼고 저녁을 먹는다
　　그런데 또 이즈막하야 어늬사이엔가
　　이 힌 바람벽엔
　　내 쓸쓸한 얼골을 쳐다보며
　　이러한 글자들이 지나간다
　　―나는 이 세상에서 가난하고 외롭고 높고 쓸쓸하니 살어가도록 태어났다
　　　그리고 이세상을 살어가는데
　　　내 가슴은 너무도 많이 뜨거운것으로 호젓한것으로 사랑으로 슬픔으로 가득찬다
　　그리고 이번에는 나를 위로하는듯이 나를 울력하는듯이
　　눈질을하며 주먹질을하며 이런 글자들이 지나간다
　　―하눌이 이세상을 내일적에 그가 가장 귀해하고 사랑하는것들은 모두
　　　가난하고 외롭고 높고 쓸쓸하니 그리고 언제나 넘치는 사랑과 슬픔속에 살도록 만드신것이다
　　　초생달과 바구지꽃과 짝새와 당나귀가 그러하듯이
　　　그리고 또「프랑시쓰・쨈」과 陶淵明과 「라이넬・마리아・릴케」가 그러하듯이
　　　　　「힌 바람벽이 있어」 전문(『문장』 3권 4호, 1941. 4.)

만주 유랑기의 삶과 운명론적인 절망감을 절제된 맑은 시어로 건

겨 올린 수작이라 할 「흰 바람벽이 있어」는 강한 정서적 감염력을 보이고 있다. 희미한 십오 촉 전등이 지친 불빛을 내어던지는 흰 바람벽은 어쩐지 쓸쓸한 것만이 오가고 홀로 유랑생활을 하는 화자는 가지가지의 쓸쓸하고 외로운 생각에 사로잡힌다. 이때 이 좁다란 방의 흰 바람벽에 어찌된 일인지 영상이 비치는데 먼저 '시퍼러둥둥하니 추운날인데 차디찬 물에 손은 담그고 무이며 배추를 씻고있'는 '가난한 늙은 어머니'가 비쳐지고 이어 지금은 다른 사람과 결혼하여 어린것도 생긴 사랑했던 여인이 '지아비와 마조 앉어 대구국을 끓여 놓고 저녁을 먹는' 모습이 나타난다. 「나와 나타샤와 흰당나귀」에서 보였던 환상적인 세계를 재현하는 듯한 이 장면은 가장 사랑하고 그리운 두 사람, 어머니와 사랑했던 여인을 흰 바람벽에 영상으로 펼쳐 보임으로써 화자의 외로움과 쓸쓸함을 거리감을 두고 객관화하는 방식으로 오히려 극대화하는 효과를 낳는다. 그리고 이 흰 바람벽에 "나는 이 세상에서 가난하고 외롭고 높고 쓸쓸하니 살어가도록 태어났다"는 글자가 자막같이 지나간다고 함으로써 자신의 절망적인 감정에 격조 있는 운명을 부여하는 데까지 나아가고 있다. 자신의 주관적인 감정을 직설적으로 토로하는 방식이 아닌 스크린에 투사하여 객관화하는 방식으로 감상성을 노출하면서도 감상에 함몰되어 허우적대지 않고 있다. 오히려 자신의 감정을 보편적인 감정으로 전이시키는 시적 효과를 거두고 있는 것이다.

이어 "하눌이 이세상을 내일적에 그가 가장 귀해하고 사랑하는것들은 모두 / 가난하고 외롭고 높고 쓸쓸하니 그리고 언제나 넘치는 사랑과 슬픔속에 살도록 만드신것이다"라는 글자들이 다시 한 번 나를 위로하듯이 또 위협하듯이 눈질 주먹질을 하며 지나간다고 한다. 하늘이 세상에 내일 적에 그렇게 살도록 만든 어찌할 수 없는 절망적인 유랑의 삶을 수용하면서도 그런 자신의 삶을 '가난하고 외롭고 높고 쓸쓸하니 그리고 언제나 넘치는 사랑과 슬픔속에' 사는 것이라고 격상시킨다. 그리고 그 삶은 '프랑시쓰·쨤과 陶淵明과 라이넬·마리아·릴케가 그러하'였던 것이라고 스스로를 자신이 동경한 외국의 시인들과 동일한 선상으로 올려놓고 있다. 백석은 외롭고 희망없는 절망적인 현실을 외견상으로는 수용하면서도 자신의 처지를 '가난하고 외롭고 쓸쓸함'이 아닌 '가난하고 외롭고 높고 쓸쓸함'의 경지로 끌어 올리고 있다. 뿐만 아니라 '초생달과 바구지꽃과 짝새와 당나귀' 그리고 '프랑시쓰·쨤과 陶淵明과 라이넬·마리아·릴케'와 같은 시인들도 자신과 같이 그러했다고 동일시함으로써 체념하였으나 체념하지 않은 역설적이면서 호소력이 큰 체념의 미학을 이끌어 내고 있다. 「南新義州柳洞朴時逢方」에서 다시 한 번 빛을 발하는 이러한 시적 방법과 감성은 가까이는 윤동주에게, 멀리는 대중성을 확보한 오늘날의 눈 밝은 시인들에게 넓고 깊게 영향을 주고 또 인유되어 나타나고 있다.

어느 사이에 나는 아내도 없고, 또,
아내와 같이 살던 집도 없어지고,
그리고 살뜰한 부모며 동생들과도 멀리 떨어져서,
그 어느 바람 세인 쓸쓸한 거리 끝에 헤매이었다.
바로 날도 저물어서,
바람은 더욱 세게 불고, 추위는 점점 더해 오는데,
나는 어느 木手네 집 헌 삿을 깐,
한 방에 들어서 쥔을 붙이었다.
이리하여 나는 이 습내 나는 춥고, 누긋한 방에서,
낮이나 밤이나 나는 나 혼자도 너무 많은 것 같이 생각하며,

딜옹배기에 북덕불이라도 담겨 오면,

이것을 안고 손을 쬐며 재우에 뜻 없이 글자를 쓰기도 하며,

또 문 밖에 나가디두 않구 자리에 누어서,

머리에 손깍지 벼개를 하고 굴기도 하면서,

나는 내 슬픔이며 어리석음이며를 소 처럼 연하여 쌔김질하는 것이었다.

내 가슴이 꽉 메어 올 적이며,

내 눈에 뜨거운 것이 핑 괴일 적이며,

또 내 스스로 화끈 낯이 붉도록 부끄러울 적이며,

나는 내 슬픔과 어리석음에 눌리어 죽을 수 밖에 없는 것을 느끼는 것이었다.

그러나 잠시 뒤에 나는 고개를 들어,

허연 문창을 바라보든가 또 눈을 떠서 높은 턴정을 쳐다보는 것인데,

이 때 나는 내 뜻이며 힘으로, 나를 이끌어 가는 것이 힘든 일인 것을 생각하고,

이것들보다 더 크고, 높은 것이 있어서, 나를 마음대로 굴려 가는 것을 생각하는 것인데,

이렇게하여 여러 날이 지나는 동안에,

내 어지러운 마음에는 슬픔이며, 한탄이며, 가라앉을 것은 차츰 앙금이 되어 가라앉고,

외로운 생각만이 드는 때 쯤 해서는,

더러 나줏손에 쌀랑쌀랑 싸락눈이 와서 문창을 치기도 하는 때도 있는데,

나는 이런 저녁에는 화로를 더욱 다가 끼며, 무릎을 꿀어 보며,

어니 먼 산 뒷옆에 바우 섶에 따로 외로이 서서,

어두어 오는데 하이야니 눈을 맞을, 그 마른 잎새에는,

쌀랑쌀랑 소리도 나며 눈을 맞을,
그 드물다는 굳고 정한 갈매나무라는 나무를 생각하는 것이었다.
「南新義州柳洞朴時逢方」(『학풍』 창간호, 1948. 10.)

「南新義州柳洞朴時逢方」은 백석의 탁월한 두 편의 시 가운데 한편으로 '한국인의 생활철학과 인생관이 집약된 페시미즘의 절창,'[59] '한국시가 낳은 가장 아름다운 시의 하나'[60]라고 평가 받는다. 이 작품은 또 다른 수작으로 꼽히는 「힌 바람벽이 있어」의 연장선상에서 비슷한 시적 태도와 정서를 보이고 있다. 절망적인 상황과 심경을 토로하고 마침내는 이를 딛고 일어서려는 초극의 의지를 드러내는 것이다. 이상공간을 향한 의지가 꺾이고 쓸쓸함, 슬픔, 가난으로 인한 궁핍감 등으로 처하게 된 절망적인 현실을 진솔하게 형상화하면서도 그 안에서 강한 의지를 건져 올림으로써 사실상 백석의 시세계에 정점에 달했다고 할 수 있다.

초반부(1~8행)는 아내도 집도 잃고 가족들과도 멀리 떨어진 화자가 몸을 의지할 곳조차 마땅치 않아 쓸쓸한 거리를 헤맨 끝에 '어느 木手네 집 헌 삿을 깐, / 한 방에 들어서' 기거하게 된 상황을 설명하고 있다. 그 다음부터는 남신의주에 사는 목수 박시봉네 습하고 춥고 누긋한 방을 얻고 그곳에 틀어박혀 자신의 삶을 성찰하는 내용이 차례로 이어진다. 9행에서 19행은 낮에나 밤에나 문 밖에 나가지도 않고 "머리에 손깍지 벼개를 하고 굴기도 하면서, / 나는 내 슬픔이며 어리석음이며를 소 처럼 연하여 쌔김질하는 것이었다"며 많은 것을 생각하고 또 자신을 깊이 성찰한다. 그러다 회한이 밀려오고

---
59) 유종호, 『비순수의 선언』, 유종호 전집 1, 민음사, 1995., pp. 114~115.
60) 김윤식·김현, 『한국문학사』, 민음사, 1973., p. 219.

감정에 복받쳐 자신의 '슬픔과 어리석음에 눌리어 죽을 수 밖에 없는 것을 느끼'기도 한다고 자신의 절망적인 처지와 감상을 진솔하게 서술한다.

20행에 들어서서는 '그러나'로 시작하며 보다 근원적인 자기성찰이 이어진다. 자신의 삶이 자신의 뜻과 힘대로 가기 힘들고 '이것들보다 더 크고, 높은 것이 있어서, 나를 마음대로 굴려 가는 것'이라고 자신을 지배하고 이끌어가는 커다란 어떤 운명 같은 것이 있다고 깨닫는 전환이 나타난다. 그리고는 마음의 슬픔과 한탄이 가라앉고 '외로운 생각만이 드는 때쯤 해서' 주변이 정화되고 화자의 마음가짐도 새로워지며 마른 잎새에 '쌀랑쌀랑 소리도 나며 눈을 맞을, / 그 드물다는 굳고 정한 갈매나무라는 나무를 생각하'게 된다. 남루하고 가장 절망적인 상황에서 깊은 자기성찰을 통해 '먼 산 뒷옆에 바우섶에 따로 외로이 서' 있는 '굳고 정한 갈매나무'를 발견하고 이를 자신과 동일시함으로써 위로를 찾는다. 그리고 앞으로도 고고한 지평에 있는 갈매나무처럼 굳고 정갈하게 살겠다는 결곡한 현실극복 의지를 드러내고 있다. 크고 높은 어떤 것이 있어서 내 의지와는 다르게 굴러가게 하고 그것이 무력한 한 개인으로서는 어쩔 수 없다는 절망적인 상황에 대한 성찰로 이어져 이를 현실로 인정하는 체념의 태도를 보이면서도 그 속에서 새로운 희망의 의지를 찾는 체념의 미학을 발현시키는 것이다. 이러한 체념을 넘어선 체념이 보편적 정서에 닿음으로써 시적 울림이 커지는 효과를 거두고 있는 것이 이 시기 백석 시편들이 형상화한 북방의식의 한 면모라 할 수 있다.

만주 유랑시절에 쓰여진 시편들로 북방(만주)에서 맞는 정월 보름의 객수를 겪는 자신을 두보나 이백에 비유한 「杜甫나 李白같이」, 역시 북방의 목욕탕에서 중국 사람들과 목욕을 하면서 느끼는 이질감과 공감을 담은 「澡堂에서」 등의 시편들도 있다. 하지만 큰 흐름은 「北方에서」—「힌 바람벽이 있어」—「南新義州柳洞朴時逢方」으로 이어지는 하나의 연속선상에서 변모하고 있다고 할 수 있다. 「北方에서」에서 보인 근원의 모색과 깊은 상실감을 통한 자기성찰, 「힌 바람벽이 있어」에서 보이는 어쩔 수 없는 절망적인 현실을 수용하고 그러한 처지를 가난하고, 외롭고, 높고, 쓸쓸하게 살도록 하늘이 낸 것이라고 자리매김하고 이를 릴케 등 외국시인과 동일시함, 그리고 「南新義州柳洞朴時逢方」에 이르러서 보이는 체념적 운명론 속에 '갈매나무'로 상징되는 굳고 정한 의지의 표현으로 변화와 발전이 그것이다.

## 3. 상실과 절망을 담은 내면지향의 목소리

　백석 시의 언어와 기법상의 특징은 앞선 시인들의 영향이나 그림자가 그다지 보이지 않는다는 데 있다. 30년대 전반 큰 흐름을 형성한 모더니즘의 세례를 받은 징후는 분명하지만 특정 시인의 경향이 인유되거나 특정 사조의 전형적인 모습이 나타나지는 않는다. 그의 시에 사용되는 시어나 기법, 문체 등은 앞선 혹은 동시대의 다른 시인들의 그것들과는 분명히 구분되고 있는데 그 지점이 그의 문학사적인 위치이기도 하다. 따라서 백석의 북방시편에 나타나는 시어와 기법상의 특성을 관찰하는 것 역시 백석만의 분명한 특성에 기대어 理想空間으로서의 始原회복을 모색한 『사슴』을 중심으로 한 시편들과 북방을 찾아나선 기행시편들, 그리고 시원 혹은 북방의 상실과 깊은 슬픔이 담긴 유랑시편들에서 각각 어떻게 나타나고 변주되는가를 확인하는 것이 바람직할 것이다.
　많은 선행 연구자들은 백석 시의 시어적인 특성으로 대부분 평북방언의 사용과 무수히 쏟아지는 음식에 관한 시어들을 지적한다. 백석이 선택한 시어로서의 방언은 자신이 직·간접적인 영향을 받은 모더니스트들의 도시적이고 세련된 외래어들과는 반대되는 지점에, 앞선 카프계열의 시인들이 보인 생경하고 구호적인 관념어와는 차별적인 지점에 위치해 있다는 면에서 다분히 전략적인 선택이라고 할 수 있다. 또한 그가 사용하고 있는 평북방언, 그 중에서도 정주지역의 방언은 그가 동경했던 동향의 선배 시인 소월이 주로 '―외다,' '―그려,' '―웨다' 등과 같이 文末의 어조나 어투로서 흔적을 남긴 반면 백석은 주로 체언에 명사를 사용61)하고 있다는 점에서도 분명히 구분된다. 노나리군, 날기명석, 니차떡, 조마구, 재밤, 살귀, 쇠든 밤, 은행여름, 곱새담, 버치, 눈세기물, 갑피기(「古夜」), 매감탕, 오리치, 반디젓, 숨굴막질, 아르간, 조아질, 쌈방이, 바리깨돌림, 호박떼기, 제비손이구손이, 화디, 사기방등, 홍게닭, 텅납새, 동세, 무이징게국(「여우난골族」), 쇠메, 깽제미, 막써레기, 구신간시렁, 당즈깨, 아르대즘퍼리, 제비꼬리, 마타리, 쇠조지, 가지취, 물구지, 둥굴네, 뒤우란, 광살구, 당세, 집오래(「가즈랑집」), 새끼오리, 갓신창, 개니빠디, 너울쪽, 집검불, 닭의 짗, 갖사둔, 몽동발이(「모닥불」) 등과 같이 무수히 쏟아져 나오는 방언은 『사슴』에서는 매우 두드러진 특징으로 나타난다. 동시에 이 시편들에는 시각이나 청각·후각·촉각 등의 감각을 느낄 수 있는 감각적인 언어들이 복합적으로 사용되고 있다. 반면 기행시편이나 유랑시편에는 이런 현상이 현저하게 감소한다. 이는

---

61) 명사 사용은 백석 시 전체에 나타나는 특징이다. 백석 시에 나타나는 품사의 빈도는 명사가 34.17%로 가장 많았고, 체언이나 부사, 어미 등에 붙어 그 말과 다른 말의 문법적 관계를 나타내거나 그 말뜻을 도와주는 조사가 30.17%를 차지하고 있다. 이어 용언에 해당하는 동사 16.05%, 형용사 9.06%로 각각 나타난다. 백석의 시는 명사의 사용이 두드러지고 용언보다는 체언이 큰 비중을 차지하고 있다고 볼 수 있다(정재형, 「백석시의 시어 연구」, 고려대 대학원 석사학위 논문, 1999., pp. 34~36 참조).

'시적 언어의 특징은 구체적인 사물을 현재화'하는 점에 있고 '시에 있어서 사물의 재현은 그것 자체만으로 성립하지 않'고 '우리의 감정 공간 또는 사실의 공간의 한 매듭으로서만 존재'[62]한다는 관점에서 볼 때 변화의 특성을 이해할 수 있다. 즉 방언사용은 이상공간으로서의 북방 마을을 재현하고자 할 때, 특히 유년의 언어로 구체적이고 생동감 있게 사실공간이자 감정공간을 재구하고자 할 때 매우 효과적인 방법이 된다. 그렇지만 이것이 이미 실존하지 않는 공간이므로 새롭게 찾아나서거나 유랑하며 상실감에 젖어 있을 때는 그리 필요치 않게 된다. 또한 북방을 그리고 있으면서도 '北塞 北國 北滿 北方' 등 북방전체를 지칭하는 스케일 큰 시어는 거의 찾아볼 수 없다. 유년의 기억 속에 이상공간으로서의 북방 마을을 그리고 있으며 언급하는 지명 또한 '정주성,' '여우난곬,' '가즈랑고개,' '오금덩이' 등과 같이 대부분 체험과 기억 속의 공간을 그리고 있다. '북방'이란 시어와 그에 맞는 스케일을 보이는 것은 만주 유랑기에 쓴 북방의 근원을 찾는 「北方에서」 한 편 뿐인데 그나마도 결말부는 내면으로 침잠하는 감상으로 끝내고 있다. 이는 백석이 지향하는 북방 세계가 내향적이고 자기 만족적인 것이며 시어 역시 그에 맞게 선택한 것임을 알 수 있다.

음식에 관한 시어 또한 방언만큼이나 두드러지게 나타난다. 백석 시에 등장하는 음식물은 150여 종에 이르고 그의 시 95편 가운데 28편을 제외한 67편에 걸쳐 등장[63]하고 있을 정도로 백석 시 전편에 걸쳐 지속적으로 나타난다. 등장하는 음식물들은 정주지역의 명

---

62) 김우창, 「시의 언어와 사물의 의미」, 『심미적 이성의 탐구』, 솔, 1992., pp. 222~231 참조.
63) 고형진, 「백석 시 연구」, 앞의 책, pp. 230~231 참조.

절 또는 일상생활에 있어 흔히 먹는 것들인데 이는 백석의 시세계가 관념적이고 형이상학적인 공간이 아니고 삶과 밀착된 또는 밀착하려는 공간을 대상으로 하고 있다는 것을 의미한다. 음식물에 대한 시어 역시 방언과 같은 관점에서 바라볼 수 있는데 『사슴』 시편에서는 이상공간으로서의 북방 마을의 평화롭고 따뜻한 삶을 생생히 재구하는 매개 역할을 한다. 하지만 기행시편들에서는 "明太창란젓에 고추무거리에 막칼질한무이를 뷔벼익힌것을 / 이 투박한 北關을 한없이 끼밀고있노라면"(「咸州詩抄-北關」), "나는 이 털도 안뽑은 도야지 고기를 물구럼이 바라보며 / 또 털도 안뽑는 고기를 시껌언 맨모밀국수에 언저서 한입에 끌꺽 삼키는 사람들을 바라보며"(「北新」) 등과 같이 여행지의 특성을 파악하고 정의하는 방법으로 사용되고 있다. 유랑시편에서는 "그리고 또 달디단 따끈한 감주나 한잔 먹고싶다고 생각하는 내 가지가지 외로운 생각이 헤매인다" "그의 지아비와 마조 앉어 대구국을 끓여놓고 저녁을 먹는다"(「힌 바람벽이 있어」), "이집에가서 그 맛스러운 떡국이라도 한그릇 사먹으리라한다"(「杜甫나 李白같이」)와 같이 객지에서의 향수를 불러일으키거나 그 감정을 위로하는 방법으로 음식물이 등장한다.

  백석 시는 형태나 기법상에 있어서도 개성적인 특징을 보인다. 우선 시 형태상으로는 이미지즘의 영향을 받은 것으로 보이는 몇몇 시편을 제외하고는 지향하는 방향에 따라 뚜렷한 변화를 보이고 있다. "전통세계와 유년에 대한 그리움을 담고 있는 백석의 시세계가 문체의 뛰어난 힘에 의해 실감 있게 조응되고 있다"[64]고 할 수 있는 理想空間으로서의 始原회복을 모색한 시편들의 시형은 한 문장 안에 무수한 어휘들을 나열하거나 반복과 부연을 거듭하면서 풍속이나 풍

---

64) 김명인, 「백석 시고」, 『우보 전병두 박사 회갑기념논문집』, 1983., p. 126.

물을 재현하고 있다. 반면에 북방을 찾아나선 기행시편들에서는 시행과 시 전체의 길이가 짧아지고 시행 구분이 비교적 뚜렷하게 나타나면서 여행지의 특성을 포착하고 있다. 그리고 북방공간의 상실과 깊은 슬픔이 담긴 유랑시편들에서는 감상성을 현저히 노출시키면서 시행이 길어지고 줄글의 산문을 행갈이 해놓은 듯한 외형적인 특징을 보이고 있다. 또한 '―는 것이(었)다'는 종결형은 『사슴』 이후의 시에서 집중적으로 나타난다.65) 이것은 『사슴』에서는 볼 수 없는 것으로 대상과 주체 사이에 괴리가 발생하고 시가 뚜렷이 산문화되면서 나타나는 특징이다.

기법 상으로는 대부분의 작품이 '나'로 시작되는 1인칭의 시점을 택하고 있으면서 강한 서사성을 가지고 있다는 점이 눈에 띈다. 나의 유년의 기억을 재구하고 있거나 여행지의 풍물을 관찰하고 있고 또 자신이 처한 절망적인 상황에 대한 감상성과 이에 대한 극복의지를 드러내고 있다. 1인칭 화자의 진술을 통해 독자들에게 사실감과 친밀감을 주는 동시에 호소력을 획득하고 있다. 또한 시 전체가 서사적인 구조를 가지고 있지는 않지만 서사성이 강한 구절이나 단어를 사용함으로써 서정적인 토대 위에 강한 서사성을 차용해 오는 효과를 발휘하고 있다. '날기멍석을저간다는 닭보는할미를차굴린다는 땅아래 고래같은기와집에는언제나 니차떡에 청밀에 은금보화가그득

---

65) 이경수, 『한국현대시와 반복의 미학』, 월인, 2005., p. 111. 이경수는 '―는 것이(었)다'가 종결형으로 쓰인 시로 「나와 나타샤와 힌당나귀」, 「개」, 「넘언집 범같은 노큰마니」, 「童尿賦」, 「수박씨, 호박씨」, 「許俊」, 「歸農」, 「국수」, 「힌 바람벽이 있어」, 「杜甫나 李白같이」, 「七月 백중」, 「南新義州柳洞朴時逢方」 등이 있다고 조사하였다. 이밖에도 '―는 것이(었)다'의 변형인 '―는 것인데'라든가 '―는 탓이다,' '―는 길이다,' '―는 마을이다,' '―는 밤이다,' '―는 것' 등의 형태가 발견되는 시로 「昌原道」, 「固城街道」, 「膳友辭」, 「외가집」, 「내가 이렇게 외면하고」, 「夜雨小懷」, 「球場路」, 「木具」, 「澡塘에서」 등이 있다고 정리했다.

하다는 외밭가진조마구 뒷山어늬메도 조마구네나라가있어서'(「古夜」), "모닥불은 어려서우리할아버지가 어미아비없는 서러운아이로 불상하니도 몽둥발이가된 슳븐력사가있다"(「모닥불」), "얼근한 비릿한 구릿한 이 맛속에선 / 깜아득히 新羅백성의 鄕愁도 맛본다"(「咸州詩抄-北關」) 등에서 볼 수 있듯이 시 전면을 지배하는 서사는 아니지만 서사성을 가진 시어와 구절들이 시의 내용과 정서를 풍요롭게 하거나 강한 서사적인 여운을 남기는 효과를 발휘하고 있다. 백석의 서사적인 기법의 차용은 식민지하의 상황에서 '풍속과 음식, 오래된 관습으로 축적된 몸체험의 역사를 통해 민족 삶의 리얼리티를 마련'66)하는 것으로서 화해로운 이상공간을 기억하고 재구하려는『사슴』에서 한층 빛을 발한다.

다음으로는 반복과 나열 그리고 중첩으로 특징지어지는 백석 시 문장구성에 나타나는 특유의 병렬적 구조를 들 수 있다. 반복어법의 기능은 기표를 낭비하는 것이 아니라 정보를 좀 더 효율적으로 제공하거나 차이를 부각시키는 데 있다67)고 볼 때 백석 시의 반복기법은 '궁극적으로 이질적인 속성들이 서로를 해치지 않으며 공존하는 동시적 구조를 형성'68)하고 있다. 또한 "…아이들은 아이들끼리 옹간한방을잡고 조아질하고 쌈방이굴리고 바리깨돌림하고 호박떼기하고 제비손이구손이하고 이렇게화디의사기방등에 심지를몇번이나독구고 홍게닭이몇번이나울어서 조름이오면 아릇목싸움 자리싸움을하며…"(「여우난곬族」)에서처럼 병렬적으로 '개별적인 어휘와 통사구 통사절을 무수히 나열·중첩시키고, 또 그런 가운데 이들을 중간운

---

66) 김용희,「'몸말'의 민족시학과 민족 젠더화의 문제」,『여성문학연구』, 12호, 한국여성문학학회, 2005., p. 205.
67) Olivier Reboul, 박인철 역,『수사학』, 한길사, 1999., pp. 77~79 참조.
68) 이경수, 앞의 책, p. 273.

으로 연결시키는 독특한 리듬구사'69) 등의 방법은 백석이 그리고자 한 세계의 풍속과 풍물을 한층 사실감 있고 생동감 넘치게 구현하는 데 효과적으로 사용되고 있다. 하지만 재구하고자 한 대상이 사라진 기행시편 이후에는 이러한 기법 또한 사라지고 여행지에 대한 인상과 감상을 간략히 진술하거나 유랑지에서의 상실감과 쓸쓸한 감정을 토로하는 방식으로 바뀐다.

아울러 서사성을 가지면서 장황하게 반복하고 나열하는 산문성이 강한 백석 시 특성상 눈에 띄는 기법은 리듬감의 활용이다. 외형적으로 백석은 띄어쓰기를 의도적으로 무시하면서 자신의 호흡에 맞도록 정리하고 있는데 그 호흡 내에 3음보율을 기본으로 하고 2음보율을 혼용하는 리듬을 구사하며 율동성을 확보하고 있다. "아배는 / 타관가서 / 오지 않고 // 山비탈 / 외따른 / 집에 // 엄매와 / 나와 / 단둘이서"(「古夜」), "北關에 / 게집은 / 튼튼하다"(「絶望」), "오늘저녁 / 이 좁다란방의 / 힌 바람벽에 // 어쩐지 / 쓸쓸한것만이 / 오고간다"(「힌 바람벽이 있어」)에서 볼 수 있듯이 3음보율의 특징은 『사슴』에서 두드러지며 다른 시편에서도 기본적으로 나타난다. 특히 산문성이 강하게 나타나고 반복과 나열이 나타날 때에도 현저하게 등장한다. 한편으로는 무수한 반복과 나열 속에 정서적 교감을 이루어

---

69) 고형진, 「1920~30년대 시의 서사 지향성과 시적 구조」, 앞의 책, p. 106. 나열과 중첩 또는 병렬적인 구조에 대해서는 많은 연구자들이 용어를 조금씩 다르게 사용하고 있으나 공통적으로 백석 시의 특징이라고 지적하고 있다. 김명인은 '부연'(「백석 시고」, 앞의 책), 이숭원은 '소재열거의 취향'(「풍속의 시화와 눈볍의 미학」, 『한국시문학의 비평적 탐구』, 삼지원, 1985.), 정효구는 '열거식 병렬법'(「백석시의 정신과 방법」, 『한국학보』, 1989 겨울), 김재홍은 열거법(「민족적 삶의 원형성과 운명애의 진실미, 백석」, 『한국문학』, 1989. 10.), 심재휘는 '반복성'(「1930년대 후반기 시연구」, 고려대 대학원 박사학위 논문, 1997), 고형진은 '판소리사설의 미학' 또는 '전통시가의 엮음'(「백석 시와 '엮음'의 미학」, 박노준·이창민 외, 『현대시의전통과 창조』, 열화당, 1998.,「백석시와 판소리 미학」, 앞의 책) 등으로 각각 정의하고 있다.

내는 『사슴』 시편이나 산문체에 서사성을 담고 있는 「八院」, 「힌 바람벽이 있어」, 「南新義州柳洞朴時逢方」 등에서 보이는 독특한 감성은 내면적인 리듬을 빚어낸다.70)

조사와 접속사의 활용도 특징적이다. 강한 산문성과 체언에 명사들을 나열하는 시편들에는 '—는/은' '—고/며' '—도' 등의 조사를 효과적으로 사용하고 있다. 반면 감상성이 두드러지는 후기시편에는 '그리고,' '그리하여,' '이리하여,' '그런데,' '그러나' 등의 접속사를 효과적으로 사용하여 감정의 조절과 전환에 적절히 사용하고 있는 점도 주목되는 기법이다.

반면 백석의 북방시편들이 식민지 하에서 이상공간으로서의 '북방마을'을 재구하고 회복하고자 하거나 새롭게 찾고자 하고 또 상실에 따른 절망감을 담고 있으면서도 시대적 역사의식을 전면에 드러내지 않고 내성적이고 내부 지향적인 목소리를 내고 그에 어울리는 시어를 택하고 있다는 점에 대해서는 부정적인 관점에서 바라보는 시선도 있다. 하지만 내면 지향적이고 내성적인 화자의 태도 역시 시인 나름대로 선택한 시적 전략의 일환으로 볼 수 있다. 또한 감정을 배제한 맑고 투명한 시어로 시인이 지향하는 이상공간으로서의 북방을 재구하고 그 풍속과 풍물을 시로 담아냄으로써 한국시의 영역을 확대하고 시적 스펙트럼을 확대했다는 점은 1930년대 후반 한국시단에 백석이 이룩한 성과라고 많은 연구자들이 동의하고 높이 평가하는 지점이다.

---

70) H. Coombes는 리듬을 시의 외형적 구조나 정연한 규칙에서 발생하는 것 외에 "좋은 리듬이란 가장 효과적인 감동을 뜻하며 그것은 감동의 비율과 템포를 가진 진정한 강조 및 언어의 호응과의 상호작용에서 비롯한다"고 보았다(H. Coombes, *Literature and Criticism*, A Pelican Book, 1996., p. 17 참조).

# Ⅳ. 침통한 북방정조에 담은 시대와 민족의 비극

1. 1930년대 시단의 변화와 이용악
2. 시름 가득한 북방서정에 실은 비극의 서사
3. 절제된 목소리에 실은 서정과 서사의 울림

## 1. 1930년대 후반 시단의 변화와 이용악

### 1) 1930년 후반 모더니즘의 새로운 모색과 이용악

　1930년대 전반 모더니즘의 본격적인 대두와 순수문학의 대약진으로 특징지어지는 흐름은 30년대 시단을 관통하며 광범위하고 전방위적인 영향을 끼쳤다. 하지만 새로운 문명과 도시 그리고 신선한 감각을 앞세운 모더니즘의 흐름은 1930년대 중반에 이르러 위기론이 제기[1])되는 등 변화의 징후를 보이기 시작한다. 특히 1930년대 후반에 접어들어 전개되는 절망적인 현실은 문학에도 반영되어 암울한 정조와 불안, 절망감 등이 상실의식으로 나타나기 시작하였다. 현대시를 이식해 오는 시운동으로서, 1920년대 문학의 미숙성을 극복하

---

1) 당시 모더니즘 시운동과 시론을 이끌어 나간 김기림은 1939년 10월 『인문평론』 창간호에 실은 「모더니즘의 역사적 위치」에서 1930년대 중반에 이르러 '언어가 말초화' 하고, 문명이 어두워져서 지난날의 경향을 그대로 지속시킬 수 없는 위기에 이르렀다는 위기론을 제기하고 이를 타개하기 위해 모더니즘과 사회시를 합쳐야 한다고 주장을 내놓았다.

고 목적문학의 흐름에 대한 반동으로 모더니즘은 일정한 역할을 하였지만 1930년대 후반 일본의 확전과 가혹해져 가는 식민지의 수탈 및 정책 그리고 이로 인한 암울한 현실을 응시하고 응전하는 데까지는 미치지 못하였다.

1930년대 후반 활동한 일군의 시인들은 시문학파를 비롯한 앞선 시인들의 모더니즘을 계승하면서 암울한 현실상황에 대한 응전방식으로 새로운 시적 모색을 하였다. 1936년 11월 동인지『詩人部落』의 창간과 함께 등장한 오장환, 서정주, 유치환 등으로 대표하는 이른바 생명파 시인들은 앞선 모더니즘의 기교주의적이고 감각적인 경향에 반기를 들고 휴머니즘을 표방하였다. 이들은 '모더니즘의 서구적인 취향과 작위적인 기교도 아울러 배격하고, 현대문명에 변질되지 않은 내면의식의 자연스러운 표출을 꾀했'으며 "내용이 있고 벅찬 감격을 느끼게 하는 시를 쓰기 위해 생명의 충동을 강렬히 나타냈다."[2] 생명파 시인들은 당시의 암울한 시대적 상황을 반영하거나 식민통치에 항거하지는 않았지만 생명의 원시적 충동, 인간존재의 확인이라는 의미와 내용을 시에 담으려는 강렬한 활동을 하는 한편 현실을 뛰어넘는 존재론적이고 근원적인 생의 문제에 대해서도 집중적인 관심을 기울였다. 이밖에도 김동명, 김광섭, 박남수 그리고 청록파에 이르기까지 1930년대 후반에서 1940년대 초반에 등장한 시인들은 생명파가 취한 입장과 마찬가지로 현실상황에서 한 발짝 비켜서면서도 독자적인 방법으로 내면의 시세계를 추구하였다.

한편으로는 모더니즘의 세례 속에 출발하였으면서도 1930년대 후반의 시대적 상황에 대해 나름대로 응전하며 독특한 시세계를 일군 시인으로 백석과 이용악을 꼽을 수 있다. 이들은 모더니즘을 수용한

---

[2] 조동일,『한국문학통사 5』, 지식산업사, 1994., p. 423.

토대 위에서 나름대로 민족수난의 현실을 바라보는 통찰력을 가지고 응전하면서 북방의 敍事를 시 속에 끌어들였다. 1930년대 후반의 한 시적 특징3)이라고도 불리는 서사적 요소를 가진 일군의 시편에서 보이는 서사 또는 서사성은 '시적 주제를 계획적인 하나의 형식이나 표현방법을 통해 구조화 시키는 작업'4)으로 볼 수 있는 것으로 1930 년대 후반에 보이는 모더니즘의 중요한 변모양상이라고 할 수 있다. 모더니즘에 뿌리를 두고 출발한 이들은 서정시가 갖는 장르적인 특성을 유지하면서 성격을 지닌 인물과 질서를 갖춘 서사, 즉 이야기의 요소를 담고 있는 서사성을 가진 시편들로서 독특한 시세계를 펼쳐 보였다. 다만 백석이 '자신의 고향인 평북 정주의 마을풍속을 뛰어난 형상들로 잡아'5)내어 풍요로운 삶이 향수되는 과거로 회귀하려는 면모를 특성으로 가지고 있다면 이용악은 그와는 대조적인 면모를 보인다. 이용악은 궁핍하고 비극적인 개인과 '유배지'6)로서의 고향에 대한 자각에서 출발하여 '개인적 차원의 심정표출의 수준을 넘어서서, 민족현실에 대한 객관적인 인식의 단계로 이행하는'7) 과정

---

3) 김명인, 「李庸岳詩考」, 『경기대학교논문집』 30집, 1992., p. 22. 김명인은 1930년대 후반에 백석, 이용악, 오장환 등의 시와 심지어 서정주나 김영랑의 작품에 이르기까지 시 속에 서사적인 요소라 할만한 이야기가 많이 살펴지며 "시에 서사를 담고자 하는 필요는 1930년대 시가 현실의 상황적 조건에 대응하려 했던 모색임이 분명하지만, 이 새로운 방법론의 등장으로 말미암아 우리시의 폭이 그만큼 확대될 수 있었던 것이다"라고 진단하고 '이와 같은 형식적 갱신의 의욕은 1930년대 시로 하여금 우리 시의 다양화에 기여하게 만들었고, 서사적 전환과 질적 상승의 계기를 마련'하였다고 보았다.
4) Kevneth Burke, *The Philosophy of Literary Form*, California Univ. Press, Berkeley, 1973., p. 4.
5) 신범순, 「유랑하는 남과 여의 대비법」, 『문학사상』 1996. 12., p. 112.
6) 이병헌, 「境界人, 그 고뇌의 시적 歷程」, 『현대시학』, 1989. 10., p. 182 참조. 이병헌은 이용악의 작품 주된 배경은 고향을 중심으로 한 북방과 서울인데 서울은 지식인으로서의 활동공간으로, 고향은 삶의 근원적 회귀점이 아닌 아픈 기억의 공간으로 그의 내면을 지배하는 유배지로 그려진다고 보았다.
7) 이숭원, 「李庸岳詩의 現實性과 民衆性」, 한림대학교 논문집 제7집, 1989., p. 41.

을 보였다.

이용악의 문학적 출발은 '사색적 관념적 시도 試作하였으나 거개가 실패[8]한 '모더니즘 후예들'에 속하는 '일종의 경향시인'[9]이라는 당시 문단의 평가에서 볼 수 있듯이 모더니즘에 있다고 보는 것이 일반적이다. 데뷔작 「敗北者의 所願」을 비롯하여 「正午의 詩」, 「無宿者」, 「茶房」 등의 초기작들에는 그러한 모더니즘적 특성이 잘 나타나 있다. 도시지향적인 동시에 도시에서 소외되거나 유폐된 자아와 그 내면을 형상화하는 모더니즘 시의 일반적인 경향[10]을 나타내고 있는 것이다. 이들 초기시편들에는 원인불명의 좌절한 개인의 내면세계를 보이고 있거나 도회적이고 사색적인 시풍을 보이는 등의 모더니즘의 전형적인 면모를 담고 있다. '개인적 좌절에서 기인한 유폐된 자아와 그로부터 야기된 내면탐구'[11]로 특징지어지는 이용악 초기시의 모더니즘적 요소들은 1937년 펴낸 첫 시집 『分水嶺』에 이르러 자취를 감춘다.

이 시집에 이르면 초기 습작품에서 보이던 모호성과 관념성, 모호한 내면의식 등이 현저히 사라지고 기법이나 언어의 기교 그리고 세련성 차원에서 발전적으로 모더니즘을 계승하고 있다. 내용적인 면에서 1930년대 후반 이후의 북방의 비극적 현실과 이로 인한 유이민의 비극적 서사를 시에 도입하는 방식으로 뚜렷한 문학적 성취를

---

8) 최재서, 「시와 도덕적 생활」, 『문학과 지성』, 인문사, 1938., p. 203.
9) 백 철, 『조선신문학사조사』, 백양당, 1949., pp. 355~357.
10) 이승훈, 「포스트모더니즘은 가능한가」, 『민족과문학』, 1990년 봄호, pp. 21~22. 이승훈은 기본적으로 '모더니즘은 도시주의를 지향하며 따라서 모더니즘에서 "도시를 형상화한다는 것은 인간이 생활하는 장소이기보다는 인간으로서 자아를 상실하거나 그런 자아의 의미를 탐구케 하는 이른바 존재개념으로 나타난다"고 정의하고 있다.
11) 이은봉, 「1930년대 후기시의 내면의식 연구―백석·이용악·오장환의 시를 중심으로」, 숭실대 대학원 박사학위 논문, 1992., p. 131.

이룩하기 시작한다. 이용악은 초기에 발표한 모더니즘 성향의 작품들을 『分水嶺』과 이후의 시집들에 싣지 않음으로써 분명한 경계를 긋고 있는 것으로 보인다. 이는 그가 "근대성을 추구한 '진정한 모더니스트'라기보다는 그 창작기술을 수용하여 쓴 영향 받은 모더니스트라고 하는 것이 타당하다"12)는 것을 증거하고 있는 것이다. 모더니즘의 영향을 이용악은 기법적인 측면에서 발전적으로 수용하면서 서사성을 도입하여 직면한 시대의 비극적 현실상황을 담아낸 것이다. 특히 그는 1931년 만주사변 이후 다시 한 번 대규모로 발생한 流移民들13)이 뿌리를 잃고 떠돌며 박해받고 수난을 당하는14) 현장이자 자신이 나고 자란 북방에 줄곧 눈을 떼지 않고 응시하며 이를 핍진하게 '생활의 노래'로서 승화시켜냄으로써 근대 시단에 굵직한 족적을 남겼다.

---

12) 서준섭,『한국모더니즘 문학연구』, 일지사, 1988., p. 234.
13) 우리 민족의 북방(만주)으로의 대대적인 이주는 크게 3차로 구분된다. 1차 대이주는 1869년 한반도 북부지역에 대흉년이 들었을 때에 이루어졌고, 2차 대이주는 1910년 일제에 의한 한일합방으로 국권을 상실한 후 많은 사람들이 독립운동 및 기타 정치적인 이유나 생활의 빈궁 등으로 간도지방뿐만 아니라 만주 전역으로 건너갔다. 그리고 1931년 일제가 만주사변을 일으킨 후 만주침략을 보다 원활히 하기 위해 만주에서 2년 동안 일하면 땅을 주어 자립시켜 주겠다는 조건하에 토지가 없는 韓人들을 계획적으로 이주시켰는데 이것이 3차 대이주이다(유정갑,『북방영토론』, 법경출판사, 1991, pp.115~116 참조).
14) 漢族지주의 고리대와 높은 소작료, 중국의 국적 취득 종용 등의 박해와 일제가 만주사변 후 만주수탈을 위해 마련한 '동양척식회사'의 경제적 수탈, 1937년 중·일전쟁과 함께 가속화된 일인화 교육 등이 모두 조선족이 겪어야 했던 수난들이다(홍승직 편,『연변조선족자치주 연구』, 고대 아세아문제연구소, 1988., pp. 5~6).

## 2) 이용악의 시세계와 북방, 북방시

1929년 세계 대공황을 시작으로 1931년 만주사변, 1937년 중·일 전쟁, 그리고 1941년 태평양전쟁으로 이어지는 확전의 그늘이 짙어져가는 선상에 위치해 있는 1930년대 후반, 한반도 내에는 가장 혹독한 일제 식민통치가 전방위적으로 자행되었다. 이로써 1920년대 중반 이후 이미 '농가호수의 약 80%가 소작농'15)인 것으로 조사될 정도로 대부분의 조선농민이 소작농 또는 농촌과 도시 노동자로 전락하였다. 이러한 과정에서 절대빈농층 이하로 전락한 수많은 빈농들이 간도, 만주, 연해주 등 북쪽으로 流移民 길에 올라 떠도는 비극적 상황이 한반도 전역에 걸쳐 전개되었다.

李庸岳(1914~1971)16)은 유이민이 가장 대규모로 가장 또렷하게 일어난 현장인 북방의 실상을 가장 잘 담아낸 시인으로 평가받으며 그의 문학적 위치 또한 한국문학에서의 북방이라는 자리와 동일한 지점에서 논해진다. 북쪽 국경과 멀지 않은 함경북도 鏡城郡에서 태어난 이용악은 러시아와의 밀무역에 종사한 할아버지와 아버지, 그리고 아버지의 객사 후 어머니가 꾸리는 궁핍한 가정에서 성장하였다. 19세 때에 일본 히로시마의 興文中學 4년에 편입하고 니혼(日本)대학과 조지(上智)대학 신문학과에서 유학생활을 하면서도 막노동을 병행해야 했으며 방학이면 돌아와 고향의 문인들과 어울리곤

---

15) 사공표, 「조선경제와 조선공산주의자의 임무」, 배성찬 편역, 『식민시대 사회운동론』, 돌베개, 1987., p. 75.
16) 이용악의 연보는 윤영천 편, 『李庸岳詩全集』(창작과비평사, 1988.)과 윤영천의 「민족시의 전진과 좌절」, 『서정적 진실과 시의 힘』(창작과비평사, 2002.) 등을 참고하였다.

했다.

문학에 꿈을 품은 그는 1935년 『신인문학』에 「敗北者의 所願」을 발표하면서 작품활동을 시작하였고 유학지인 동경에서 동향(함북 명천)의 시인 김종한(1916~44)과 함께 두 사람의 동인지 『二人』을 5~6회 발행하였다. 이어 유학지인 동경에서 『分水嶺』(1937)과 『낡은집』(1938) 등 2권의 시집을 잇따라 펴냄으로써 문단의 주목을 받았다. 이어 40년대 초반 왕성한 작품활동을 하며 서정주, 오장환과 더불어 '문단의 三才'로 꼽힐 정도로 문단 중심에 진입했다. 1939년 유학에서 돌아온 뒤 최재서가 주관한 당대의 문예지 『인문평론』에 기자로 몸담았으나 생활은 여전히 밑바닥에서 헤어나지 못했다. 1941년 『인문평론』 폐간 후 한동안 귀향하여 함북지역의 유일한 신문이자 일본어 신문인 『淸津日報』 기자생활과 朱乙면사무소 서기생활을 하였으며 한동안 문필활동을 중단하기도 하였다.

해방이 되자 급거 서울로 돌아와 '조선문학가동맹'에 가담(1946)했으며 이 단체가 개최한 '전국문학자대회'에 참석하고 「全國文學者大會 印象記」를 썼다. 1947년에 세 번째 시집 『오랑캐꽃』을, 1949년에 네 번째 시집 『이용악집』을 각각 上梓하였다. 이후 '조선문화단체 총연맹'의 핵심요원으로 활동하다 1949년 '남로당 서울시 문련 예술과 사건'으로 검거되어 10년형을 선고받고 서대문 형무소에 수감되었다. 복역 중이던 1950년 6월 28일 북한군의 서울 점령 때 풀려 나와 고향인 북을 선택하였다. 1953년 임화 등 남로당계 인사들이 숙청당할 때 '공산주의를 말로만 신봉하고 월북한 문화인'으로 지목되어 한동안 집필을 금지당했으며 이후 「평남관개시초」 제작(1956)과 『역대악부시가』를 번역, 발간하는 데 참여하였고 1971년 폐병으로 사망한 것으로 알려지고 있다.

이용악의 전기사항과 작품들을 살펴보면 자의로든 타의로든 그가 고향인 북방과의 지속적인 교감을 가지고 이를 詩로 옮겼다는 사실과 궁핍한 밑바닥 생활을 전전하였다는 사실은 분명해 보인다. '만주·간도 등지를 배경한 침통한 북방의 정조'를 날카롭게 각인[17] 시켰다거나 '深切한 육체를 거쳐 나오는 인간 생활의 노래'[18]를 남긴 시인이라는 당대의 평가에서 알 수 있듯이 그는 '북쪽', 즉 함경도, 만주, 시베리아 등지에서 일어난 유이민의 참혹한 삶과 상실감을 침통한 정조로 형상화하는 데 탁월한 성과를 거두었다. 또한 이용악의 문학관을 직접 확인할 수 있는 詩論은 없지만 만주에 거주하는 조선인의 시선집인 『滿洲詩人集』에 대한 서평에서 감상성의 극복과 현실에 밀착하여 응전하는 '생활의 노래'[19]를 높이 평가하고 있는 데서 그의 문학관을 짐작해 볼 수 있다. 이런 연유 때문인지 그의 작품은 전기적 사실과 현실에 대해 정직하게 응전하는 '생활 노래'와 밀접하게 맞물려 있는 것으로 보이며 작품세계에 대한 연구자들의 평가 또한 편차가 크지 않다.

이용악에 대해 일찍이 주목하고 평가하면서 전집을 발간한 윤영천은 '그 시기에 대규모적으로 발생한 국내외 유이민의 비극적인 삶을 깊이 있게 통찰하고, 또 이를 민족모순의 핵심으로 명확히 인식, 자기 시에 정당화한 시인'[20]이라고 정의하고 있는데 많은 연구자들

---

17) 백 철, 앞의 책, p. 356.
18) 한 식, 「이용악 시집 『분수령』을 읽고」, 『조선일보』 1937. 6. 26.
19) 이용악, 「感傷에의 결별-'滿洲詩人集'을 읽고」, 윤영천 편, 『李庸岳詩全集』, 창작과비평사, 1995., pp. 180~181. "환경에 지내 젖어 버리면 되려 환경에 어두워지는 그런 불편은 어느 곳 누구에게나 있을 수 있는 것이지만, 사실 지나친 과장과 감상을 일삼는 시인들이 적지 않았다. -중략- 욕심을 부려 끄집어내자면 전혀 흠이 없는 것은 물론 아니겠으나, 지난날 즐겨 눈물을 청(請)하고 하던 만주의 시인들이 살림을 극복하고 지금 굳세인 생활의 노래를 들려준 것만으로도 우리는 박수를 아껴선 안 될 것이다."

이 대체로 동의하고 있다. 김종철은 '민중의 굶주림과 고난과 유랑의 경험이 단지 일화적으로 스케치되어 있지 않고, 식민지 현실에 대한 구조적 인식이라고 할 만한 것에 매개되어 생생하게 표현되어 있는 세계'21)를 시에 담음으로써 일제 하에 민족이 처한 핵심적인 문제이자 비극적인 현실을 다루었다고 평가하였다. 김재홍은 "이용악의 시는 시의 서정공간 속에 민족의 삶 또는 민중의 운명이라는 서사성을 담아 보여주었다"22)고 주목하였다. 최두석은 "그의 시가 갖는 지속적인 매력의 원천은 그의 시 쓰는 행위에 작용한 일종의 민족의식과 민족의식을 뒷받침하는 투철한 현실인식에 있다"23)고 말하고 있다. 또한 유종호는 기교주의와 偏內容主義에 거리감을 가지고 구차하고 가파로운 빈민생활의 직접성을 통해 시세계를 형성한 견고한 현실인식24)을 이용악이 다른 시인들과 변별성을 갖는 요소라고 설명하고 있다.

이처럼 이용악의 시는 일제 식민치하라는 비극적인 역사의식을 바탕으로 삼고 있다. 날로 극심해져 가는 일제말의 수탈로 인한 민중의 비참한 삶과 이로 인해 일어난 대규모 유이민 문제를 깊이 있게 통찰하고 이를 자신의 체험을 토대로 하여 시에 담아내었다고 할 수 있다. 특히 유이민이 가장 대규모로 일어난 비극적인 현장인 北方을 무대와 배경으로 하여 당대의 핵심적인 문제를 짚어내고 있는

---

20) 윤영천, 「민족시의 전진과 좌절」, 『서정적 진실과 시의 힘』, 창작과비평사, 2002., p 77.
21) 김종철, 「용악―민중시의 내면적 진실」, 『시적 인간과 생태적 인간』, 삼인, 1999., p. 145.
22) 김재홍, 「유이민문학의 한 표정, 이용악」, 『한국현대문학의 비극론』, 시와시학사, 1993., p. 161.
23) 최두석, 「민족현실의 시적 탐구」, 『리얼리즘의 시정신』, 실천문학사, 1992., p. 114.
24) 유종호, 「식민지 현실의 서정적 재현」, 『다시 읽는 한국 시인』, 문학동네, 2002., pp. 188~190 참조.

그의 역사의식과 문학적 성과는 주목할 만한 것이 아닐 수 없다. "역사의 현장으로서의 북·고향·자연은 구체적인 인물들과 함께 그의 현실인식의 주요한 시적 대상이 된다"25)는 지적과 같이 이용악에게 북방은 삶과 역사의 현장이자 시대적 사회적 인식의 대상이었으며 그는 처음부터 여기에서 눈을 떼지 않았다. 이는 김동환이 '20세기의 정신사로부터 외면당한 한촌을 배경으로 압제의 사슬에 신음하는 땅'26)으로 1920년대의 북방을 그리고 있다고 볼 때 그 연속선상에 위치하고 있다고 볼 수 있다. 반면 향토성 짙은 평북방언으로 기억 속 북방의 토속적 세계와 풍속을 화해롭게 재구해내고 있는 동시대의 백석과는 대조적인 위치에 있다. 또한 백석의 북방이 풍속과 풍물에 기반을 두고 그려지고 있다면 이용악의 시에 형상화된 북방은 '풍속을 배제하고 그 자리에 서경을 채워 넣'27)고 있으며 피폐한 현실을 생생히 담고 있다. 이는 당대의 현실을 바라보고 대응하는 시인의 시적 전략의 차이에서 기인하는 것이라고 볼 수 있다. 비극적 현실을 바라보며 백석이 현실과 반대로 유년의 기억 속 이상공간을 복원하고 회귀하고자 하였다면 이용악은 현실에 눈을 떼지 않고 응시하면서 개인과 이웃 그리고 민족의 고통스러운 삶과 현실을 생생하게 담아냄으로써 시적 울림을 확보하고 있다.

이용악의 시편에 나타나는 북방은 당대의 시대적 비극과 이로 인해 발생한 유이민의 비극적인 현실과 대체로 일치한다. 아버지의 제삿날 단 하루만 쉬고 일을 해야만 하는 힘든 삶을 이어가는 곳이며, 아기의 탄생이 팔아먹을 수나 있는 송아지만도 못하고 마침내는 일

---

25) 감태준, 「李庸岳 詩硏究」, 한양대 대학원 박사학위 논문, 1989., p. 26.
26) 오세영, 『한국 낭만주의 시 연구』, 일지사, 1988., p. 421.
27) 신용목, 「이용악 시에 나타난 유랑 의식 연구」, 고려대 대학원 석사학위 논문, 2005., p. 55.

가족이 무서운 북쪽으로 사라지고만 곳이고, 반도의 남단 전라도에서 여인이 술집 작부로 팔려온 곳이다. 생활을 위해 위험을 무릅쓰고 국경을 넘나들다 비참한 최후를 맞는 북방민들의 비극적 가족사가 서린 시름 많은 가난과 불모의 땅일 뿐만 아니라 대규모 유이민이 펼쳐진 슬픈 민족사의 현장인 것이다. 또한 해방을 맞아 귀향한 뒤에도 끝나지 않는 모순과 비극을 잉태한 북방은 수백 년에 걸쳐 무고한 고난이 반복되는 역사적 굴레를 쓴 곳으로 이용악은 북방을 그리고 있다.

따라서 이 글에서는 고향인 북방에 대한 이용악의 인식, 개인과 가족의 비극에서 민족의 비극으로 확장되는 비극의 현장 북방, 그리고 해방 후에도 계속되는 비극을 잉태한 북방과 모순 가득한 현실로 나누어 살펴볼 것이다. 이로써 같은 고장의 선배시인 김동환과 더불어 '북방의 정서'를 대표하는 시인의 하나[28]로 꼽히는 이용악의 작품세계에 나타나고 있는 북방공간과 그곳에서의 민중의 피폐한 삶과 의식을 조명하는 것은 1930년대에서부터 1940년대 중반, 해방 전후까지 관북지역을 중심으로 펼쳐진 북방시와 북방의식을 규명하는 방법으로 의미 있는 작업이 될 것이다.

---

28) 오세영, 『한국현대시 분석적 읽기』, 고려대학교 출판부, 1998., p. 370.

## 2. 시름 가득한 북방서정에 실은 비극의 서사

### 1) 가난과 불모의 고향, 북쪽

　북방시편에서 떠오르는 첫 이미지는 광활하게 펼쳐진 대륙을 배경으로 한 장엄한 풍경과 거대서사, 억센 북방 언어 그리고 힘이 넘치는 남성적인 어조와 기개 등 20년대 김동환이 보여준 것들이다. 하지만 이용악의 북방시편들은 이런 것들과는 거리가 있다. 이용악의 시에는 수탈이 절정에 달한 식민지 치하 민중의 삶과 유이민의 절박하고 고통스러운 상황을 육화된 자신의 목소리로 구체적이고 생생하게 형상화하면서도 동시에 서정성을 잃지 않고 있는 데 特長이 있다. 과장되거나 격앙된 언사가 아니라 현실체험을 소박하게 드러내고 있다는 점에서 오히려 이용악 특유의 개성이 발휘되어 '침울한 북방적 정서'[29]를 자연스럽게 노정시키고 있는 것이다.

---

29) 최동호, 「북의 시인 이용악론」, 『평정의 시학을 위하여』, 민음사, 1991., p. 33.

> 북쪽은 고향
> 그 북쪽은 女人이 팔녀간 나라
> 머언 山脈에 바람이 얼어붓틀째
> 다시 풀릴째
> 시름 만흔 북쪽 하눌에
> 마음은 눈 감을줄 몰으다
>
> 「북쪽」 전문(『分水嶺』, 1937.)30)

그의 첫 시집 『分水嶺』의 맨 앞에 수록된 「북쪽」은 고향에 대한 아련한 그리움과 슬픔을 담고 있는 '북방'에 대한 序詩라 할 수 있다. 6행에 불과한 소품이라 할 이 작품은 고향인 북쪽의 시름 많은 아픔을 빼어나게 형상화하고 있다. 동시에 우리는 여기서 북쪽에 대한 시인의 마음을 읽을 수 있다. 또한 북쪽을 '女人이 팔녀간 나라,' '머언 山脈,' '시름 만흔 북쪽 하눌' 등과 같은 강한 서사를 압축한 구절들을 통해 표현함으로써 시름 많은 북쪽을 동시대의 암울한 현실로까지 확대하여 환기시키는 효과를 낳고 있다.

화자는 북쪽은 고향이라고 하며 고향인 그 북쪽 땅은 여인이 팔려갈 정도로 피폐한 가난과 오욕의 땅이라고 고백한다.31) 그리움의

---

30) 인용된 시는 발표된 신문이나 잡지, 시집의 표기를 따랐다.
31) 유종호와 윤영천은 2행의 '그 북쪽은'에서 '그'는 고향을 '북쪽'은 여인이 팔려간 나라, 즉 만주 땅으로 읽을 수 있다(유종호, 앞의 책, pp. 186~187, 윤영천, 「유이민의 비극적 삶을 직핍한 북방시편들의 울림—한국 근대문학과 '북방적 상상력'」, 『대산문화』, 2003년 가을호, p. 41)고 보았다. 이명찬 역시 '그 북쪽은' 고향의 북쪽인 "女人이 팔녀간 나라"를 가리키며 그래야만 '팔녀간'이라는 표현이 자연스러움을 얻게 된다(이명찬, 「1930년대 후반 한국 현대시의 고향의식 연구」, 서울대 대학원 박사학위 논문, 1992., p. 120)고 하는데 이는 시 해석을 풍요롭고 깊이 있게 한다는 차원에서 긍정적으로 볼 수 있다. 하지만 이 시는 시인이 자신의 시름 많은 고향, 북쪽을 노래한 것으로 볼 때 다르게 해석될 수 있다. 1행은 북쪽이 고

대상으로 아늑하고 평화로운 기억의 공간을 재구하고 있는 것이 아니라 고통스럽고 부정적인 현실 속의 북쪽을 함축적으로 제시하고 있다. 그리하여 머언 산맥에 바람이 얼어붙고 또 다시 풀릴 때 즉 '수난의 역사로서 민족사의 영욕이 선명히 아로새겨'[32] 진 시름 많은 북쪽 하늘을 생각하면 마음은 눈을 감을 수 없다고 고백한다. 여기서 짧은 시행 속에 강렬하게 형상화한 고통스럽고 시름 많은 북쪽은 시인의 고향에 한정되지 않고 1930년대 말 극심해진 일제 수탈로 인한 궁핍하고 우환 가득한 조국의 현실과 같은 층위로도 읽힌다.

「북쪽」이 군더더기 없는 시어와 짧은 시행 속에 식민지하에 신음하는 북쪽 고향의 서사를 담는 동시에 강한 시적 여운을 남기는 데 성공하였다면 「晩秋」, 「國境」 등은 고통과 시름이 가득한 북쪽의 풍경과 삶의 모습을 한층 더 구체적으로 제시하고 있다. 또 「고향아 꽃은 피지 못했다」는 다소 장황하고 미학적인 완결성이 떨어지지만 이용악의 고향에 대한 의식을 보다 구체적으로 살필 수 있게 한다.

> 노오란 銀杏입 하나
> 호리 호리 돌아 湖水에 떨어저
> 소리 업시 湖面을 미쓰러진다
> 쏘 하나—
>
> 조이삭을 줏던 시름은
> 요지음 落葉 모으기에 더욱 더
> 해마알개젓고

---

향임을 밝힌 것이고 2행에서 그 고향 땅은 여인이 팔려간 가난과 오욕의 땅이라고 부연한 것으로 보아야 시적 흐름이나 논리적으로 자연스럽다. 그래서 시인은 그 시름 많은 북쪽 고향 때문에 마음은 눈감을 줄 모른다고 노래하는 것이다.
32) 김재홍, 앞의 책, p. 161.

하눌
하눌을 처다보는 늙은이 腦裡에는
얼어죽은 친지 그 그리운 모습이
쏘렷하게 피여 올은다고
길다란 담뱃대의 쏭잎 연기를
하소에 돌린다

돌개바람이 멀지안어
어린것들이
털 고운 톡기 껍질을 벳겨
귀걸개를 준비할째

기름진 밧고랑을 가져못본
部落民 사이엔
지난해처럼 쏘 쏘 그전해처럼
소름끼친 對話가 오도도오 썬다

「晚秋」 전문(『分水嶺』, 1937.)

새하얀 눈송이를 나혼 뒤 하눌은 銀魚의 鄕愁처럼 푸르다 얼어죽은 山톡기처럼 집웅 집웅은 말이 업고 모진 바람이 굴쑥을 싸고돈다 강건너 소문이 그사람 보다도 기대려지는 오늘 폭탄을 품은 검은 思想이 피에로의 비가에 숨어와서 유령처럼 나타날것 갓고 눈우에 크다아란 발자옥을 쏘렷이 남겨줄것 갓다 오늘

「國境」 전문(『分水嶺』, 1937.)

「晚秋」의 계절적 배경은 수확을 마치고 겨울을 준비하는 농촌에

서 가장 풍요로워야 할 때이다. 하지만 시인이 그리고 있는 농촌마을은 시름과 걱정으로 가득하다. 1연에는 노란 은행잎이 호수에 떨어지는 늦가을의 풍경을 보여준다. 2연과 3연에는 조 이삭을 줍던 시름에 이어 겨울에 연료로 사용할 낙엽을 줍는데 분주한 일상과 하늘을 쳐다보는 뇌리에는 얼어 죽은 친지의 모습이 또렷하게 떠오른다고 길다란 담뱃대에 뽕잎연기를 뿜어내는 노인의 모습을 대비시키고 있다. 이어 4연에는 토끼 껍질을 벗겨 귀걸개를 준비하는 천진한 아이들의 겨울맞이 준비를 보여주면서 5연에서 평생 기름진 밭고랑 한번 가져보지 못한 부락민들의 소름끼친 대화가 오도도오 떤다고 반복해서 대비시키는 구성을 통해 늦가을 북방 농촌마을의 황량한 모습을 절실하게 표현하고 있다. 5연의 기름진 밭고랑을 가져보지 못한 부락민의 삶은 새삼스러운 것이 아니다. "지난해처럼 쏘 쏘 그 전해처럼" 오랫동안 반복되는 것으로 이들의 황폐한 현재의 삶은 오래전부터 반복되는 것임을, 그리고 앞으로도 그들이 기름진 밭고랑을 가질 가능성이 없음을 말해준다. 부락민들의 고통스러운 굴레는 다름 아닌 '얼어죽은 친지 그 그리운 모습이 / 쏘렷하게 피어 올은' 것이 반복되는 그리고 벗어날 수 없는 고통스러운 현실이기에 소름끼친 對話가 오도도오 떠는 것이다. 이용악은 풍요롭고 따뜻해야 할 늦가을 농촌 풍경을 시름과 걱정으로 소름끼치게 떠는 역설적인 모습으로 제시하면서 1930년대 북방마을의 현실을 담담하게 그림으로써 강렬한 파장을 남기고 있다.

「國境」은 북방 국경마을의 쓸쓸하고 고요한 그리고 곧 무슨 일인가 일어날 것 같지만 끝내는 정지해 있는 팽팽한 긴장감이 서린 풍경을 담고 있다. 얼어 죽은 산토끼처럼 고요하고 적막한 마을 지붕 위로 모진 바람이 굴뚝을 싸고 도는 북방 국경마을의 겨울 풍경은

금방이라도 무슨 일이 일어날 것 같은 팽팽한 긴장이 감돈다. 이것은 '강건너 소문' '폭탄을 품은 검은 思想'으로 이어져 증폭되고 '피에로의 비가에 숨어와서 유령처럼 나타'나 북방 마을을 뒤덮고 있는 '눈우에 크다아란 발자옥'을 또렷이 남겨줄 것 같다고 화자는 말한다. 이 시는 북방의 황량함과 정적인 분위기 속에 돌발적인 사건이 일어날 것 같은 동적인 충동이 전체에 걸쳐 흐르고 있으면서도 마지막까지 정적인 긴장을 유지하고 있다. 그렇게 함으로써 북방이 고적한 정지상태에 있지만 오래지 않아 '폭탄을 품은 검은 思想'의 유령처럼 나타나 눈 위에 커다란 발자국을 남기고 마는 비극의 현장이 될 것임을 예견하고 있기도 하다.

    하얀 박꽃이 오들막을 덮고
    당콩 너울은 하늘로 하늘로 기어 올라도
    고향아
    여름이 안타깝다 뭃어진 돌담

    돌우에 앉았다 섰다
    성가스런 하로해가 먼 영에 숨고
    소리없이 생각을 드디는 어둠의 발자취
    나는 은혜롭지못한 밤을 또 불은다

    도망하고 싶던 너의아들
    가슴 한구석이 늘 차그윘길래
    고향아
    되지굴같은 방 등잔불은
    밤마다 밤새도록 꺼지고싶지 않었지

-중략-

「돌아오라 나의 아들아
까치둥주리 있는
아까시야가 그립지 않느냐
배암장어 구어 먹던 물방앗간이
새잡이하던 버들방천이
너는 그립지 않나
아롱진 꽃 그늘로
나의 아들아 돌아오라」

나는 그리워서 모두 그리워
먼길을 돌아왔다 만
버들방천에도 가고싶지 않고
물방앗간도 보고싶지 않고
고향아
가슴에 가로누운 가시덤불
돌아온 마음에 싸늘한 바람이 분다

이 몇을을 미칠듯이 살아온 내게
다시 너의 품을 떠날려는 내귀에
한마디 아까운 말도 속사기지 말어다오
내겐 한거름 앞이 보이지않는
슬픔이 물결친다

하얀것도 붉은것도

너의 아들 가슴엔 피지못했다
　　고향아
　　꽃은 피지못했다
　　　　　「고향아 꽃은 피지 못했다」 1~3연, 6~9연(『낡은집』, 1938.)

　　두 번째 시집 『낡은집』에 수록된 이 작품에서 화자는 고향이 그리워서 먼 길을 어렵사리 돌아왔지만 다시 고향을 등지려한다. 1~4연에서 돌담이 무너진 황폐화한 고향을 도망하고 싶던 화자는 "가슴 한구석이 늘 차그윗길래" 밤새 불이 꺼지지 않는 '되지굴같은 방'을 '마음의 불꽃을 거느리고' '멀리로 낯선 곳으로' 떠나갔다고 고향을 떠나야 했던 이유를 설명하고 있다. 그런 화자가 '아롱진 꽃 그늘로' 돌아오라는 막을 길 없는 고향이 부르는 소리에 못 이겨 돌아왔지만 그것은 마음 속 그리움의 부름일 뿐이다. 현실의 고향은 가슴엔 가시덤불이 가로 누워 있고 마음에는 싸늘한 바람만 부는 꽃을 피울 수 없는 불모의 공간으로 변질되어 있다. 까치둥지가 있는 아카시아 나무, 뱀장어 구어 먹던 물방앗간, 새잡이 하던 버들방천이 있는 아롱진 꽃그늘은 이제 기억 속에만 존재하는 것이다. 이러한 고향은 더 이상 지친 몸과 마음을 부릴 수 있는 안온한 휴식처가 아니다. 때문에 한걸음 앞이 보이지 않는 슬픔이 물결치는 마음을 안고 다시 등질 수밖에 없는 그런 공간이라고 고향을 인식하고 있는 것이다. '막막한 고향→떠남→막막한 타향→고향으로 귀환→막막한 고향→떠남'의 악순환의 구조33)로 이어지는 이 시는 고향에서도 타향에서도 희망(꽃)을 피우지 못하고 떠돌 수밖에 없는 현실에 대한 갈등과 슬픔을 담고 있다.

---
33) 감태준, 앞의 책, p. 104.

이용악에게 고향 북쪽은 복구하고 싶은 始原의 공간도 아니고 그리운 憧憬의 공간으로도 또 휴식처로도 인식되고 있지 않다. 시름 많은 피폐한 공간이자 돌아와도 꽃도 피지 못하는 불모지일 뿐이다. 그는 현실을 명확히 인식하면서 격앙되지도 과장되지도 않은 목소리로 피폐한 북쪽 고향을 진솔하게 그림으로써 공감을 끌어내고 있다.

### 2) 슬픈 가족사에서 비극의 민족사로

북쪽을 가난과 불모와 시름의 공간으로 인식하는 이용악의 기억과 시선은 가족에서부터 이웃으로, 동시대의 고통 받는 민중(유이민)에로 옮겨지고 나아가 시대상황에 대한 의식으로 확산된다. 북쪽 고향에 대한 비극적인 인식에서 출발하여 북방공간에서의 가족과 이웃, 동시대의 유이민의 비참한 삶과 모습 그리고 역사에 대한 비극적 인식으로 확대되는 것이다. 집도 고향도 아닌 어느 북방 땅에서 客死한 아버지에 대한 기억을 담고 있는 「풀벌렛소리 가득차잇섯다」는 비극적인 한 개인의 가족사이자 동시대 동지역 내 사람들에게 일어난 가족사로 읽힌다.

> 우리집도 안이고
> 일갓집도 안인 집
> 고향은 더욱 안인 곳에서
> 아버지의 寢床업는 최후 最後의 밤은

풀벌렛소리 가득차 잇섯다

露嶺을 단이면서까지
애써 자래운 아들과 딸에게
한마듸 남겨두는 말도 업섯고
아무을灣의 파선도
설룽한 니코리스크의 밤도 완전히 이즈섯다
목침을 반듯이 벤채

다시 쓰시잔는 두 눈에
피지못한 꿈의 꼿봉오리가 쌀안人고
얼름짱에 누우신듯 손발은 식어갈뿐
입술은 심장의 영원한 停止를 가르쳣다
째 느진 醫員이 아모 말 업시 돌아간 뒤
이웃 늙은이 손으로
눈빗 미명은 고요히
낫츨 덥헛다

우리는 머리맛헤 업듸여
잇는대로의 울음을 다아 울엇고
아버지의 寢床업는 최후 最後의 밤은
풀벌렛소리 가득차 잇섯다

「풀벌렛소리 가득차잇섯다」 전문(『分水嶺』, 1937.)

　이 시는 북방의 객지에서 신산한 삶을 마치고 침상도 없이 최후의 밤을 맞은 아버지의 죽음에 대한 음울한 유년의 기억을 담담한 어조로 생생하게 전달하고 있다. 러시아 땅을 넘나들며 가족을 책임

지던 아버지는 집도 친척집도 고향도 아닌 아무 연고 없는 객지에서 죽음을 맞고 그 최후의 밤을 지켜주는 것은 사방에 가득한 풀벌레 소리라는 설정을 1연과 4연에 배치하고, 2연에서는 아버지의 행적을, 3연에서는 아버지가 숨을 거두는 과정을 군더더기 없는 절제된 언어로 서술하고 있다. 아버지가 자식들에게조차 아무 말도 남기지 못하고 목침 하나 덩그러니 벤 채 반듯이 누워 죽음을 맞는 과정이 눈앞에 펼쳐지는 광경처럼 담담히 그려진다. 얼음장에 누운 듯 손발이 식어가고 입술은 심장의 정지를 가리킨다. 때늦게 도착한 의원이 아무 말 없이 돌아서는 것으로 아버지의 죽음은 확정되고 이웃 노인에 의해 하얀 무명이 얼굴에 덮어짐으로써 세상을 등진 아버지의 죽음이 영영 돌이킬 수 없는 현실임을 깊이 실감하게 된다. 이어 4연에서 일견 모순되기는 하지만 3연과 마찬가지로 자식들이 그 현장을 지키고 있었던 것처럼 있는 대로의 울음을 다 울었다고 함으로써 시적 효과를 높이고 있다.

특히 1연과 4연에서의 "아버지의 寢床업는 최후 最後의 밤은 / 풀벌렛소리 가득차 잇섯다"는 구절의 반복은 충격적인 아버지의 죽음과 그로 인한 슬픔을 강화시켜주는 동시에 시적 밀도를 강화하는 역할을 한다. 1연에서는 객지에서의 아버지의 쓸쓸한 죽음을 강조하는 역할을, 4연에서는 아버지의 죽음을 맞은 '우리'의 슬픔을 더해주는 역할을 한다. 이처럼 '다면적 층위의 세부에 비극적 정서를 내장하여 슬픔의 점층화, 확산화를 의도적으로 꾀하고'34) 있는 것이다. 이러한 아버지의 죽음은 일 년에 풀벌레 우는 가을철 단 하루 "아버지의 제사ㅅ날만 일을 쉬고" 남은 가족의 생계를 위해 국숫집에서

---

34) 조용훈, 「한국 근대시의 고향상실 모티프연구―김소월, 박세영, 정호승, 이용악을 중심으로」, 서강대 대학원 박사학위 논문, 1993., p. 207.

일을 하는 어머니와 국숫집 아이들(「다리우에서」)의 모습 그리고 아버지의 제삿날 밤 내내 우시는 어머니(「달있는 제사」)의 모습으로 각인되어 이용악 시의 밑그림으로 오랫동안 자리잡게 된다. 아버지 없는 슬픈 가족사는 나라를 잃은 식민지하의 아픈 민족사로 확장되어 이용악의 북방서사와 북방의식을 추동하는 원천이 되기도 한다.

이 작품에서 보이는 비극적 가족사라는 '서사충동의 서정적 처리는 소박한 직접성 때문에 매우 호소적'[35]이다. 개인의 가족사적인 체험이라는 면에서 절실한 진실성을 확보하고 있으며 제3자 입장에서 전달하는 듯한 기법을 사용하여 감정을 효과적으로 통제함으로써 더 큰 울림을 얻어내고 있다. 가장 힘겨웠던 가족사의 한 장을 설익은 관념으로 포장하거나 정제되지 않은 감정을 분출하는 방식이 아닌 담담하고 객관적인 방식으로 그려냄으로써 아버지의 죽음이 개인 또는 한 가족의 비극에 그치지 않고 일제하 비극적인 가족사의 전형성을 획득하는 성과를 거두게 되는 것이다. 시인에게 북쪽은 시름 많은 곳이자 아버지가 침상도 없이 객사한 가족사적 비극의 현장으로 인식되고 있다. 또한 이 시에서 보이는 이용악의 상황이나 사건에 대한 시적 거리감과 객관적인 태도 그리고 슬픔을 풀벌레 소리에 투사시키는 기법으로 '허구적 과거들의 사건을 현재의 사건처럼 목격'[36]하도록 하는 세련성 등은 다른 시인들의 초기시에서 보이는 미숙한 습작기의 모습과는 구분되는 것으로 이미 그가 상당한 문학적인 수련이 있었음을 보여주고 있는 면모라고 할만하다.

　　날로 밤으로

---

35) 유종호, 앞의 책, p. 186.
36) Paul Hernadi, 『장르論』, 김준오 역, 문장, 1983., p. 87.

왕거미 줄치기에 분주한 집
마을서 흉집이라고 꺼리는 낡은 집
이집에 살았다는 백성들은
대대 손손에 물레줄
은 동곳도 산호 관자도 갖지못했느리

재를 넘어 무곡을 단이던 당나귀
항구로 가는 콩시리에 늙은 둥글소
모두 없어진지 오랜
외양깐엔 아직 초라한 내음새 그윽하다 만
털보네 간곳은 아모도 몰은다

찻길이 뇌이기 전
노루 멧돼지 쪽제피 이런것들이
앞뒤 산을 마음놓고 뛰여단이던 시절
털보네 셋재 아들은
나의 싸리말 동무는
이 집 안방 짓두광주리 옆에서
첫울음을 울었다고 한다

『털보네는 또 아들을 봤다우
  송아지래두 붙었으면 팔아나 먹지』
마을 아낙네들은 무심코
차그운 이야기를 가을 냇물에 실어 보냈다는
그날밤
저릎등이 시름시름 타들어가고
소주에 취한 털보의눈도 일층 붉더란다

갓주지 이야기와
무서운 전설 가운데서 가난 속에서
나의 동무는 늘 마음조리며 잘았다
당나귀 몰고간 애비 돌아오지않는 밤
노랑 고양이 울어 울어
종시 잠 이루지못하는 밤이면
어미 분주히 일하는 방앗간 한구석에서
나의 동무는
도토리의 꿈을 키웠다

그가 아홉살 되든 해
사냥개 꿩을 쫓아단이는 겨울
이집에 살던 일곱 식솔이
어대론지 살아지고 이튼날 아침
북쪽을 향한 발자옥만 눈우에 떨고있었다

더러는 오랑캐영 쪽으로 갔으리라고
더러는 아라사로 갔으리라고
이웃 늙은이들은
모두 무서운 곳을 짚었다

지금은 아무도 살지않는 집
마을서 흉집이라고 꺼리는 낡은 집
제철마다 먹음직한 열매
탐스럽게 열던 살구
살구나무도 글거리만 남았길래

꽃피는 철이 와도 가도 뒤울안에
꿀벌 하나 날아들지 않는다

「낡은집」 전문(『낡은집』, 1938.)

아들이 나오는 올겨울엔 걸어서라두
청진으로 가리란다
높은 벽돌 담 밑에 섰다가
세해나 못본 아들을 찾어 오리란다

그 늙은인
암소 따라 조이밭 저쪽에 사라지고
어느 길손이 밥 지은 자췬지
끄슬은 돌 두어개 시름겨웁다

「강가」 전문(『오랑캐꽃』, 1947., 발표 『시학』, 1939. 10.)

 북방의 비극은 가족에게만 한정되지 않고 시인의 이웃들에게도 마찬가지로 나타난다. '당대의 민족적 비극을 성공적으로 시화한 대표적인 절창' '고도로 극화된 리얼리즘 시의 한 전형'37)이라고 평가받는 「낡은집」은 지금은 아무도 살지 않는 마을 내 흉가의 내력을 들려줌으로써 1930년대 가난을 이기지 못하고 한겨울에 야반도주하여 북방(만주 혹은 러시아)으로 유이민을 떠나는 한 가족의 비참한 내력을 담고 있는 한편의 이야기 시이다.
 1연과 2연은 낮밤으로 왕거미 줄치기에 분주한 마을의 흉집을 소개한다. 이 낡은 집은 대대로 물려받은 것도 물려 줄 것도 없는 백

---

37) 최동호, 앞의 책, pp. 35~38 참조.

성들이 살던 집이고, 당나귀에 곡식을 싣고 재를 넘어 곡식 무역을 다니던 털보네가 살던 집임을 나타내고 있다. 화자의 친구이기도 한 털보네 셋째 아들은 자동차 길이 놓이기 전 그러니까 무곡으로나마 근근이 가계를 꾸리기는 하지만 노루 멧돼지 등이 마음 놓고 앞뒤 산을 뛰어다니던 시절에 태어났다(3연). 그런데 그의 출생은 축복 받지 못한 것이다. 여기서 시인은 이례적으로 마을 아낙네들이 빨래터에 모여 앉아 나누는 "털보네는 또 아들을 봤다우 / 송아지래두 불었으면 팔아나 먹지"라는 대화를 직접 인용해 오는 화법을 사용해서 아이의 출생이 가축만도 못한 것이 현실임을 생동감 있게 표현한다. 이는 소주에 취해 눈이 일층 붉어진 털보의 눈에 나타나는 가난 때문이다(4연). 아버지는 다시 당나귀를 몰고 무곡을 나가고 어머니는 방앗간에서 분주히 일하는 가운데 갓주지 이야기와 무서운 전설과 가난 속에서 늘 마음 졸이며 자랐던 '나의 동무는 도토리의 꿈'을 키운다(5연). 하지만 친구가 아홉 살 되던 해 겨울, 털보네 일곱 식구는 가난 때문에 '북쪽을 향한 발자옥만 눈우에 떨고 있'는 흔적을 남긴 채로 남몰래 북쪽으로 유이민의 길을 떠난다(6연). 그들이 떠난 곳은 오랑캐 령 또는 아라사 령이라고 이웃 노인들이 짚는데 이는 유년의 화자에게 '무서운 곳'이라고 각인되어 있는 곳이다. 이는 털보네가 선택한 길이 더 험난하고 절망적인 것이 될 것임을 암시하고 있다(7연). 그리고 털보네가 떠난 집은 아무도 살지 않는 흉집이 되어 제철마다 탐스럽게 열매가 열리던 살구나무도 글거리만 남아 꽃 피는 철에도 꿀벌 하나 날아들지 않는다(8연).

    이용악은 8연 50행에 달하는 비교적 긴 이 시에서도 객관적인 서술과 담담한 어조, 그리고 감정에 함몰되지 않는 거리감을 유지하는 특유의 방법으로 끝내 유이민의 길에 오르고 만 일가족의 비극을 뛰어나게 형상화하고 있다. 또한 시간적으로는 현재(1, 2연)→과거(3~7연)→현재(8연)의 구성을, 형식적으로는 흉집으로 변한 현재의 낡은 집에서 과거의 낡은 집에 관한 이야기를 제시했다가 다시 현재로 돌아와 낡은 집에 대한 절망적인 상황과 전망을 제시하는 액자식 서사 구조를 도입하였다. 이 같은 '시간에 대한 자유로운 확장·압축은 시인의 시간의식이 매우 다층적으로 구성되어 있음'38)을 확인시키는 동시에 희망이 부재한 과거와 현재뿐 아니라 앞으로도 전망이 보이지 않는 당대의 절망적인 현실을 효과적으로 나타내는 역할을 한다.

그래서 이 작품은 한결 극적으로 피폐한 당대의 삶을 형상화하는 리얼리즘의 시적 성취를 이룩한다. 「풀벌렛소리 가득차잇섯다」가 개인의 비극이라면 「낡은집」은 이웃한 친구네 집의 비극을 그린 것이며 나아가 이러한 비극은 1930년대 유이민으로 대표되는 민족의 삶 전체로 확산되고 있다. 이 작품에서 '낡은 집'은 일제치하의 우리민족이 겪어야 했던 삶의 현실을 상징적으로 보여주는 공간39)으로서 더 큰 전형성을 확보하고 있다. 특히 4연의 "차그운 이야기를 가을 냇물에 실어 보냈다는," 6연의 "북쪽을 향한 발자옥만 눈우에 떨고 있었다" 등과 같은 구절은 시대적 배경이나 사건, 상황을 압축하는 동시에 이를 서정적으로 세련되게 치환시켜내는 이용악만의 빼어난 기법을 보여주는 것으로 주목할 만하다.

「강가」는 「북쪽」과 함께 간결하면서도 강한 시적 여운을 남기는, 즉 강렬한 서사를 군더더기 없는 시어로 짧은 시행 속에 담아내는 동시에 빼어난 서정성을 살려내는 이용악 특유의 미학이 잘 나타

---

38) 장석원, 「이용악 시의 대화적 구조 연구」, 고려대 대학원 석사학위 논문, 1999., pp. 59~61.
39) 오세영, 앞의 책, p. 378.

난 완성도 높은 수작이다. 3년이나 감옥에 갇힌 아들을 보지 못한 노인과 노인이 떠난 자리의 흔적을 제시함으로써 상실의 삶을 사는 식민지 시대 사람들의 어두운 심정을 비추고 있다. 이로써 '서사적 시간이나 사건이 존재하지 않는'[40] 서정시에 응축된 서사충동을 실어내는 역설적인 성취를 보이고 있다.

1연에서 노인은 세 해나 못 본 아들을 보기 위해 올 겨울에는 걸어서라도 청진에 가리란다고 한다. 아들은 높은 벽돌담, 즉 감옥에 갇혀 있는 것으로 추측된다. 아들이 감옥에 갇힌 이유는 밝히지 않고 있지만 독자는 시대적 상황을 비롯한 여러 가지 가능성을 유추하게 된다. 또한 한겨울에 걸어서라도 아들을 보러 가려는 노인의 父情이 시적 분위기를 고조시킨다. 2연은 장면이 바뀌어 노인은 암소를 따라 사라지고 그 자리엔 '어느 길손이 밥'을 지은 자취인지 불에 끄을은 돌 두어 개가 덩그러니 남아 있는 데 화자는 이 모습을 시름에 겹다고 말한다. '자연적 인식의 유형에 드는 시적 심상을 단편적 서사에 병치시킴으로써, 대개의 경우 개인적 차원의 정서에 긴장을 부여하고, 그 내밀성을 강화시키'[41]는 시적 효과를 거두고 있다. 여기서 2연 마지막 행의 "끄슬은 돌 두어개 시름겨웁다"는 「낡은집」의 "차그운 이야기를 가을 냇물에 실어 보냈다는"에서 보이는 것처럼 시 전체의 상황과 노인과 화자의 심정을 압축하는 효과와 함께 강렬한 시적 여운을 남긴다. 아들을 찾아가는 노인의 심사로, 이를 바라보는 화자의 심정으로 그리고 동시대를 사는 사람들의 핍진한 모습으로 읽히는 것이다. 시인에게 '북쪽'은 시름이 많은 곳(「북쪽」)이며, 꽃도 피지 못한 불모의 땅(「고향아 꽃은 피지 못했다」)이자, 힘겨운

---

40) 김영철, 「산문시·이야기시란 무엇인가」, 『현대시』 1993년 7월호, p. 33.
41) 김명인, 앞의 책, p. 18.

삶에 지쳐 떠나 버린 집에는 꿀벌 하나 날아들지 않는(「낡은집」) 어두운 곳이다. 그래서 북녘 강가의 '끄슬은 돌'조차 시름에 겨운 존재로 투사되고 있는 것이다.

어디서 호개 짓는 소리
서리찬 갈밧처럼 어수성타
깊허가는 大陸의 밤——

손톱을 물어 뜯다도 살그만히 눈을 감는
제비갓흔 少女야
少女야
눈 감은 양볼에 울ㅅ정이 돗친다
그럴째마다 네 머리를 써돌
悲劇의 群像을 알고십다

지금 오가는 네 마음이
濁流에 흡살리는 江가를 헤매는가
비새는 토막에 누덕이를 쓰고 안젓나
쭝쿠레 안젓나

감앗던 두 눈을 써
입술로 가져가는 유리잔
그 풀은 잔에 술이 들엇슴을 기억하는가
부푸러올을 손ㅅ등을 엇지려나
윤쌀 나는 머리칼에
어릿거리는 哀愁

胡人의 말모리 고함
놈나저 지나는 말몰이 고함—
쩌자린 채ㅅ죽 소리
젓가슴을 감어 치는가
너의 노래가 漁夫의 자장가처럼 애조롭다
너는 어느 凶作村이 보낸 어린 犧牲者냐

깊허가는 大陸의밤—
未久에 먼동은 트려니 햇살이 피려니
성가스런 鄕愁를 버리자
제비갓흔 少女야
少女야……

「제비갓흔少女야」 전문(『分水嶺』, 1937.)



알룩조개에 입마추며 자랐나
눈이 바다처럼 푸를뿐더러 까무스레한 네 얼골
가시내야
나는 발을 얼구며
무쇠다리를 건너 온 함경도 사내

바람소리도 호개도 인전 무섭지 않다만
어드운 등불밑 안개처럼 자욱한 시름을 달게 마시련다만
어디서 흉참한 기별이 뛰어들것만 같해
두터운 벽도 이웃도 못믿어운 북간도 술막

온갖 방자의 말을 품고 왔다
눈포래를 뚫고 왔다

가시내야
너의가슴 그늘진 숲속을 기어간 오솔길을 나는 헤매이자
술을 부어 남실남실 술을 따르어
가난한 이야기에 고히 잠거다오

네 두만강을 건너왔다는 석달전이면
단풍이 물들어 철리 철리 또 철리 산마다 불탔을겐데
그래두 외로워서 슬퍼서 초마폭으로 얼굴을 가렸더냐
두 낮 두 밤을 두루미처럼 울어 울어
불술기 구름속을 달리는양 유리창이 흐리더냐

차알삭 부서지는 파도소리에 취한듯
때로 싸늘한 웃음이 소리 없이 색이는 보조개
가시내야
울듯 울듯 울지 않는 절라도 가시내야
두어마디 너의 사투리로 떼아닌 봄을 불러줄께
손때 수집은 분홍 댕기 휘 휘 날리며
잠깐 너의 나라로 돌아가거라

이윽고 얼음길이 밝으면
나는 눈포래 휘감아치는 벌판에 우줄우줄 나설게다
노래도 없이 사라질게다
자욱도 없이 사라질게다
「절라도 가시내」 전문(『오랑캐꽃』, 1947., 발표 『시학』, 1939. 8.)

이 두 편의 시에는 유민 가운데 가난으로 '팔려간 여인'에 대한 서사가 담겨 있는 동시에 이를 바라보는 시인의 깊은 연민이 잘 표현되어 있다는 면에서 닮은꼴을 하고 있다. '강건너 酒幕에서'라는 부제를 달고 있는 「제비갓혼少女야」에서 시인은 '女人이 팔려간 나라'에서 팔려간 여인에 대해 다루고 있다. 시적 대상인 "제비갓혼 少女야 / 少女야"를 2연과 마지막 연에 반복하면서 안타까운 감정을 점층화하고 있다. 시인은 북방대륙의 주막에서 만난 제비처럼 어리고 여린 소녀를 보며 안쓰럽고 연민에 찬 심정으로 애상에 젖는다. 대륙의 밤이 깊어 가는 술집에서 만난 손톱을 물어뜯다가도 살그머니 눈을 감는 제비 같은 소녀는 조선의 어느 흉작촌에서 팔려온 어린 희생자이자 뼈저린 채찍 소리가 젖가슴을 감아 치는 것과 같은 고통을 감내하지 않으면 안 되는 조선의 '팔려간 여인'들의 전형적인 모습이다. 가난 때문에 팔려온, 그래서 제비처럼 떠도는 가녀린 소녀에 대한 애상에 잠긴 시인은 마지막 연에 이르러 소녀에게 이제 곧 먼동이 트고 햇살이 피려니 "성가스런 鄕愁를 버리자"고 말하는 것으로 맺는다. 여기서 향수를 버리자고 말하는 대상은 외형상으로는 어린 소녀이지만 사실은 주어진 비극 앞에서 슬픈 연민에 젖는 것 외에는 아무 것도 할 수 없는 시인 자신에게 하는 말이기도 하다. 무력한 개인의 체념을 표현한 것이기도 한데 이는 곧 비극적인 상황과 일정한 거리감을 확보하는 시적 장치가 되고 있다.

　「절라도 가시내」는 2년이라는 시차를 두고 있지만 좀 더 구체적인 묘사와 세련된 표현 등 기법상의 발전을 제외하면 「제비갓혼少女야」와 시적 모티브와 서사, 구성 등에 있어 큰 차이가 없다. 시간이 상당히 흘렀음에도 변하지 않는 현실을 더욱 성숙한 눈으로 서정적인 분위기 속에 녹여내고 있는 것이다. 함경도 사내가 북방대륙 술막에서 석 달 전에 두만강을 건너온 전라도가 고향인 '눈이 바다처럼 푸를뿐더러 까무스레한' 얼굴의 어린 작부를 만난다. 만난 곳은 어디서 흉참한 기별이 뛰어들 것만 같은 그래서 두터운 벽도 못미더운 흉흉한 북간도의 술막이다. 이곳에서 만난 이가 북쪽 끝의 함경도 사내와 남쪽 끝의 전라도 가시내라는 설정은 매우 극적이다. 한반도의 양 끝단의 사내와 여인의 만남이라는 점에서, 출신지역이 조선 내에서도 오래전부터 소외되고 차별 받아온 지역이라는 점에서 그래서 비극은 좀처럼 나아지지 않고 계속된다는 설정이 절묘하다. 또한 최북단과 최남단에서 온 사람들이라는 점은 북방으로의 유이민이 한반도 전역에서 예외 없이 발생하고 있는 현상임을 의미하는 것이기도 하다.

가시내가 이 낯선 대륙으로 팔려온 석 달 전이면 '철리 철리 또 철리' 한반도가 단풍으로 붉게 물들고 수확으로 연중 가장 풍요로워야 할 가을이라는 점에서 사내(화자)의 비감은 더하다. 그래서 "너의 가슴 그늘진 숲속을 기어간 오솔길을 나는 헤매이자"고 절규하기도 한다. 하지만 '울듯 울듯 울지 않는' 깊은 슬픔을 삼키는 가시내에게 무력한 함경도 사내가 할 수 있는 일이라고는 잠깐 너의 나라 고향으로 돌아가라고 두어 마디 전라도 사투리로 망향의 봄노래를 불러 위로해 주는 일이 전부이다. 그리고 날이 밝으면 사내는 우줄우줄 얼음길을 나설 것이고 그러면 지난밤의 노래도 자취도 사라지고 말 것이라는 체관어린 현실인식이 시의 저변에 깔려 있다. 여기서 함경도 사내가 대상으로 삼는 여인의 유랑은 곧 자기 자신의 유랑이기도 하다. 끝내 울지 않고 슬픔을 삼키는 팔려온 전라도 가시내와 이를 연민어린 시선으로 바라보고 위로하지만 날이 밝으면 다시 벌판으로 나서 사라질 수밖에 없는 함경도 사내 모두 뿌리 없이 북방을 떠도는 무기력한 유이민이다. 따라서 이 두 작품은 유랑민들의 고백록이라고 할 수 있다.

이용악은 북방에 팔려온 여인들의 모습과 처지를 통해서 '매우 선명한 형태로 제시된 식민지 백성의 몰락상'42)을 형상화하여 보여주고 있다. 아울러 팔려간 유이민들의 비참한 삶을 경직된 관념이나 구호적인 언어가 아닌 그들의 삶에 밀착한 일상어를 통해 전달함으로써 그 특유의 침통한 북방정서를 자연스럽게 노정시키고 있다. 또한 반복과 그로 인한 운율 그리고 서정적 묘사 등이 조화롭게 살아있는 능숙한 경지를 보여주고 있다. 이는 비슷한 소재를 다룬 다른 시인들이 도달하지 못한 호소력과 공감을 끌어내는 그만의 지점이라 할 수 있다.

북방에서 이처럼 계속되는 비극의 현장 한복판을 흘러온 두만강을 바라보는 시인의 시각 역시 비극적이다. 「天痴의 江아」(『分水嶺』)에서는 풀, 수목, 땅, 바윗덩이를 무르녹이는 전쟁포화의 열기와 '냉정한 듯 차게' 흐른다고 의인화 시킨 강의 '차가움'을 대립시켜 참담한 현실을 제시하는 한편 비극적 상황을 한층 더 부각시키고 있다. 오래 전부터 고난과 비극의 현장이었던 이곳은 이제 武裝列車가 국제 철교를 넘어 드나들고 언덕에 砲臺가 자리잡고 호령하는 포화로 선지피가 흐르는 혈전의 장이 되어 초조와 전율과 공포에 떨고 있는 한층 선연한 비극의 현장이 되어 있다. 이 참담한 현장을 두만강은 다른 동작 없이 무심하게 꿈만 이어 흐르고 있다고 한다. 화자는 이 강을 '天痴의 江'이라고 부르며 '흘러온 山峽에,' '흘러 가는 바다에' 자랑도 영광도 꿈의 향연도 전통도 있을 수 없다고 말한다. 무기력하게 지켜볼 수밖에 없는 시대의 비극 앞에서 자신을 포함한 민중들의 심정을 흐를 수밖에 없는 강의 속성에 투사시켜 무심하고 냉정하

---

42) 김용직, 「현실의식과 서정성-李庸岳論」, 『한국현대시사 2』, 한국문연, 1996., p. 412.

게 흐르고 있다고 이야기하는 것이다. 비극이 벌어지고 있는 현장인 두만강은 무심히 흐르기만 하고 조선의 민중은 무력하기만 하다. 백성들은 풀 속을 들쥐처럼 기어 강을 건너 국경을 넘고자 숨어 다니고 결국에는 墓標를 걸머진 듯이 좌절을 하지만 두만강은 이와는 무관한 듯 냉정하고 차갑게 흐르기만 한다. "江岸에 무수한 해골이 딩굴러도 / 해마다 季節마다 더해도 / 오즉 너의 꿈만 아름다운듯 고집하는 / 江아 / 天癡의 江아"라고 시인은 미래에 대한 희망이 보이지 않는 절망적인 현실을 天痴의 江으로 인식하고 있다.

    아모것두 바라볼수 없다만
    너의 가슴은 얼었으리라
    그러나
    나는 안다
    다른 한줄 너의 흘음이 쉬지않고
    바다로 가야할 곳으로 흘러 내리고 있음을

    지금
    차는 차대로 달리고
    바람이 이리처럼 날뛰는 강건너 벌판엔
    나의 젊은 넋이
    무엇인가 기대리는듯 얼어붙은듯 섰으니
    욕된 운명은 밤 우에 밤을 마련할뿐

    잠들지말라 우리의 강아
    오늘밤도
    너의 가슴을 밟는 뭇 슬픔이 목말으고
    얼음길은 거츨다 길은 멀다

기리 마음의 눈을 덮어줄
검은 날개는 없나냐
두만강 너 우리의 강아
북간도로 간다는 강원도치와 마조 앉은
나는 울줄을 몰라 외롭다

「두만강 너 우리의강아」 2, 3, 4, 5연(『낡은집』, 1938.)

 비극의 무대를 가로질러 흐르는 두만강을 바라보는 이용악의 시선은 다른 북방시편에서 보인 것과 마찬가지로 여전히 담담하게 거리감을 유지한다. 「두만강 너 우리의 강아」에서도 그의 비통한 심정은 같은 방식으로 나타난다. 두만강을 건너며 "나는 죄인처럼 숙으리고 / 나는 코끼리처럼 말이 없다 / 두만강 너 우리의 강아 / 너의 언덕을 달리는 찻간에 / 조고마한 자랑도 자유도 없이 앉았다"고 1연에서 화자는 죄의식과 자책감에 싸여 있다. 2연에서는 표면은 얼어 있지만 그 밑으로는 쉼 없이 가야할 곳으로 흘러가는 겨울강의 특성을 통찰하고 있다. 1, 2행은 "아모것두 바라볼수 없다만 / 너의 가슴은 얼었으리라"고 죄의식에 싸인 자신의 심정을 겨울 두만강과 동일시한다. 그러나 얼어붙은 표면 밑으로 흐름을 쉬지 않고 '바다로 가야할 곳'으로 흘러가고 있는 혹은 흘러갈 수밖에 없는 강의 속성을 '나는 안다'고 표현함으로써 중층적인 의미구조를 만들어낸다.
 얼어 있는 표면은 차는 차대로 달리고 바람이 이리처럼 거세게 부는 강 건너 벌판에 '나의 젊은 넋이' 얼어붙은 듯 서 있고 '욕된 운명'은 깊어만 가는 현실이다. 얼음 밑을 부단히 흐르는 강물은 '너의 가슴을 밟는 뭇 슬픔이 목' 마르지만 '잠들지말라'고 갈 길은 멀다고 가슴 속에서 부르는 소리이다. 또한 "잠들지말라 우리의 강아"

는 강이 아닌 자신을 향한 소리이자 욕되고 고통스러운 현실을 사는 사람들을 부르는 소리이다. 이 시는 '고통스러운 현재만 보지 않고 오히려 발전적 연장으로서 미래에 대한 확고한 전망을 지녀야 한다는'43) 의지를 담고 있다는 점에서 「天痴의 江아」와는 차이를 보이고 있다. 하지만 현실 앞에 선 시인은 여전히 무기력하기만 하다. 깊어가는 두만강의 비극 앞에서 화자는 잠들지 말라고 스스로를 각성시키지만 현실에서 고향을 버리고 강을 건너 '북간도로 간다는 강원도치'와 마주앉은 '나는 울줄을 몰라 외롭다'고만 토로하는 데 그치고 있다.

—긴 세월을 오랑캐와 싸홈에 살았다는 우리의 머언 조상들이 너를 불러「오랑캐꽃」이라 했으니 어찌보면 너의 뒷모양이 머리태를 드리인 오랑캐의 뒷머리와도 같은 까닭이라 전한다—

안악도 우두머리도 돌볼새 없이 갔단다
도래샘도 띳집도 버리고 강건너로 쫓겨 갔단다
고려 장군님 무지 무지 처 드러와
오랑캐는 가랑잎처럼 굴러 갔단다

구름이 모혀 골짝 골짝을 구름이 흘러
백년이 몇 백년이 뒤를 니어 흘러 갔나

너는 오랑캐의 피 한방울 받지않었건만
오랑캐꽃
너는 돌가마도 털메투리도 몰으는 오랑캐꽃

---

43) 윤영천, 「민족시의 전진과 좌절」, 앞의 책, p. 112.

두 팔로 해ㅅ빛을 막아줄께
울어보렴 목놓아 울어나보렴 오랑캐꽃

「오랑캐꽃」 전문(『오랑캐꽃』,1947. 발표『인문평론』, 1939. 10.)44)

이 시는 미묘하고 난해한 구조로 인식되며 해석상의 여러 이견을 낳고 있다. 1연의 "고려 장군님 무지 무지 처 드러와"라는 구절에서 오랑캐와 고려장군의 대립관계를 설정하면서 오랑캐에 연민어린 시선을 보내고 있는 반면 3연에서는 "너는 오랑캐의 피 한방울 받지 않었건만"이라고 오랑캐와 오랑캐꽃이 무관하다고 밝히고 있기 때문이다. 외견상 '오랑캐꽃'에 대한 시인의 태도가 이중적이거나 일관성이 없어 보인다. 이에 대해 윤영천은 "'오랑캐'와 '고려 장군님'의 시적 의미가 민족적 대립관계를 설정하는 것이 아니라는 사실이다. 여기서 '오랑캐'는 역사의 변방민을 표상하는 시적 징표로서 '고려 장군님'과의 교묘한 의미전위를 이룬 끝에 그 자리바꿈한 시적 의미를 고스란히 '오랑캐꽃'에 이월하고 있다"45)고 말한다. 김명인은 "실제와 전혀 관계없이 그릇된 명명을 받고 있는 오랑캐꽃에 대한 슬픔과 그것을 스스로의 처지와 동일시하는 重義的 상상력이 자리잡고 있다"46)고 보았다. 반면 최동호는 '일제의 침략에 쫓겨다니는 당대의 한민족이 바로 오랑캐꽃'이며 '오랑캐의 피 한방울 받지 않았지만 고려장군과 같은 일제의 폭력 앞에 쫓겨나는 불우한 운명에 처한 것이 바로 한민족'47)이라고 풀이하고 있다. 감태준은 1연의 오랑캐꽃과 3

---

44) 이 작품이 1939년 10월 『인문평론』 창간호에 발표되었을 때에는 1연 3행의 '고려 장군님'이 '고구려 장군님'으로 표기되어 있고 표제 다음에 나오는 오랑캐꽃에 대한 민간어원의 전승 내용을 설명하고 있는 '긴 세월을 오랑캐와…' 부분은 작품 말미에 있다.
45) 윤영천, 앞의 책, p. 123.
46) 김명인, 앞의 책, p. 19.

연의 오랑캐꽃은 동일 범주가 아니며 "전자는 우리민족의 의미를 넘보는 적대적 의미를 함축하고 있으며 후자는 정적인 식물의 이미지 그대로 남을 해칠 수 있는 힘을 지니지 못하고 있다"48)고 해석한다. 이숭원은 '오랑캐 꽃의 가련한 모습은 우리민족의 몰락상을 그대로 보여주'는 것이라며 '이 시는 민중의식과 관계없고 단지 피압박민족으로서의 비애감을 토로했을 따름'이라고 주장하며 이 시가 '이용악이 보여준 중요한 성취에 힙입어 지나치게 긍정적인 평을 받은 작품의 하나'49)라고 주장한다.

이처럼 해석과 평가가 갈라지는 이 작품을 볼 때 "이용악의 시 어디에도 우리는 나라와 민족에 대한 직접적인 언급도, 추상적인 애국심의 표현도 발견할 수 없다"50)는 지적을 유념해둘 필요가 있다. 이용악이 북방공간을 국경이 갈라지고 민족적으로 분리되는 공간으로 인식하고 있지 않고 고난의 역사적 경험을 오랫동안 공유해온 지역으로 인식하고 있다는 시각에서 볼 때 이 시의 해석은 명징해진다. 이례적으로 시의 맨 앞에 "긴 세월을 오랑캐와 싸홈에 살았다는 우리의 머언 조상들이 너를 불러 '오랑캐꽃'이라 했으니 어찌보면 너의 뒷모양이 머리태를 드리인 오랑캐의 뒷머리와도 같은 까닭이라 전한다"고 오랑캐꽃의 역사적 유래를 설명하고 있는 것도 같은 이유에서라고 할 수 있다. 또한 시인이 '이 가녀리고 아름다운 들꽃에 붙여진 당치 않은 이름을 애석하게 생각하며 꽃을 대신하여 그것을 슬퍼하고' 있으며 이를 통해서 "오랑캐꽃에 의탁해서 정당한 사유 없이 핍박당하는 변두리 피차별자의 설움과 소외 경험을 공감적으로

---

47) 최동호, 앞의 책, p. 42.
48) 감태준, 앞의 책, p. 125.
49) 이숭원, 앞의 책, p. 47.
50) 김종철, 앞의 책, p. 150.

노래하고 있다"51)는 유종호의 지적은 작품해석에 중요한 단서가 된다.

「오랑캐꽃」은 두만강을 사이에 둔 함경도와 만주 일원에 사는 북방지역 사람들의 처지와 시련과 무고함을 오랑캐꽃에 비유하고 있다. 1연에서는 고려장군의 정벌로 아낙도 우두머리도 돌볼 새 없이 도리샘도 띳집도 버리고 강 건너로 정신없이 쫓겨간 북방지역민 특히 여진족들의 모습을 통해 이 지역 사람들의 고난의 역사가 새삼스러운 것이 아닌 오랜 이력을 가지고 있는 것임을 보여주고 있다. 그래서 북방민의 고난은 '백년이 몇백 년이 뒤를 니어 흘러'간 뒤에도 계속된다. 오랑캐의 피 한 방울 받지 않은 꽃을 오랑캐꽃이라고 부르는 것처럼 무고한 사람들에게 계속되는 시련, 즉 '정당한 사유 없이 핍박당하는 변두리 피차별자의 설움과 소외 경험'을 암시하는 표상으로 오랑캐꽃을 제시하고 있는 것이다. 그래서 시인은 무고한 고난을 받는 꽃(북방민)더러 햇빛을 가려 줄 테니 목 놓아 실컷 울어나 보라고 말한다. 잘못도 없이 흉측한 이름을 가진 오랑캐꽃더러, 거듭되는 무고한 고난 속에 사는 북방지역의 사람들더러 마음 놓고 소리 내어 울어나 보라고 말하는 것이다.

이 시에서 우선적으로 이야기되어 있는 것은 민중의 고난이며, 그 고난을 대하는 시인의 슬픔이다. 이 경우 민족주의적 시각을 잣대로 하여 '고려 장군님 무지 무지 쳐 드러와'의 의미를 무리하게 굴절시키며 읽을 필요는 없으며 '민중이 일제하의 조선민중에 국한될 필요는 없는 것'52)이라는 시각에서 해석할 수 있다. 이용악은 북방공간을 국경과 민족에 의해 분리되는 공간으로 인식하고 있지 않은 것으로 보

---

51) 유종호, 앞의 책, p. 198, 201.
52) 김종철, 앞의 책, p. 153.

인다. 시인은 북방전체를 아주 오래 전부터 무고하게 고난 받는 하나의 공간으로 인식하고 그곳에서 뿌리내리지 못하고 차별받으며 고통스러운 삶을 사는 변방 사람들을 「오랑캐꽃」에 담아내고 있는 것이다.

이러한 해석은 앞서 살펴본 김동환과 백석에게서 보이는 북방에 대한 의식에서 공통적으로 찾아볼 수 있는 것이기에 한층 더 설득력을 갖는다. 김동환은 「國境의 밤」 2부에서 재가승의 유래를 밝히면서 북방만이 갖는 독특한 역사적 배경과 북방민의 삶을 보여주고 있다. 윤관의 고려군이 육진 정벌에 나서면서 이로 인한 여진족들의 패망과 고난의 삶을 보여주고 나아가 이 지역이 여진족, 조선족 등이 함께 살아온 공존의 공간임을 밝히고 있다. 백석 역시 「北方에서」에서 夫餘, 肅愼, 渤海, 女眞, 遼, 金 등 여러 민족과 자연이 누대에 걸쳐 함께 살아온 공동체적 공간의 태반으로 '북방'을 그리고 있다. 여기서 북방의 역사적 사실이 또는 신화와 전설 등이 이용악과 김동환, 백석의 '작품에 의해 이해되고 다른 작품 속에 확립되고, 실현된 관습에 의해 이해'[53]되는 상호텍스트성[54]을 띤다. 이들이 가지고 있는 북방에 대한 인식은 같은 토대 위에 있으며 각각이 처한 시대와 현실상황에 대한 인식에 입각하여 '인용의 모자이크로 구성되며 다른

---

53) 김준오, 「문학사와 패러디 시학」, 『한국현대시와 패러디』, 현대미학사, 1996., p. 31.
54) 상호텍스트성(intertextuality)은 서로 다른 텍스트와 텍스트 사이의 연관성 또는 영향관계를 가리킨다. "롤랑 바르트, 쥘리아 크리스테바 같은 이론가들에 따르면 어떤 텍스트도 다른 텍스트들과의 관계에서 떼어놓고 읽기는 불가능하다. 읽고 있는 텍스트의 내용과 형식 모두에 대해 일정한 예상을 지니게 만드는 이 텍스트들의 상호관계망에서는 어떤 텍스트도, 어떤 독자도 빠져나갈 수 없다"(조셉 칠더즈・게리 헨치 엮음, 황종연 역, 『현대문학・문화비평 용어사전』, 문학동네, 1999., p. 246). "작품자체가 항상 이전 작품에 대해 언급하거나 혹은 어떻게든지 암시한다"(Tzvetan Todorov, 「바흐친과 문학 비평」, 『바흐친과 문화이론』, 여홍상 편, 문학과지성사, 1995., p. 254).

텍스트의 흡수이자 변형'55)으로 나타나는 결과임을 확인할 수 있다.


### 3) 해방과 귀향, 끝나지 않은 비극


이용악은 고향을 그리운 공간 혹은 돌아가고픈 이상적 공간으로 생각지는 않은 것으로 보인다. '대가족 제도가 해체되기 이전 훼손되지 않은 공동체의 삶을 복원'하고 '현실적 상처를 위무하는 재생'56)의 시공간으로 북방 고향을 기억하고 또 부단히 이를 복원하고자 한 백석의 과거지향적인 태도와는 대조적인 면모이다. 이는 이용악이 농민가계의 출신이 아니고 고향 경성 또한 농촌이 아닌 읍지역이라는 점, 그리고 고통스럽고 힘겨웠던 가족사 등에서 기인하는 것으로 볼 수 있다. 뿐만 아니라 그의 시적 응전태도가 현실을 더 강하게 천착하고 있는 데서 오는 것으로도 볼 수 있다. 그가 전원과 고향의 세계를 그린 몇몇 시편을 살펴보면 평온하고 따뜻한 듯하면서도 묘한 불화가 도사리고 있음을 발견할 수 있다.

  들창을 열면 물구지떡 내음새 내달았다
  쌍바라지 열어 제치면
  썩달나무 썩는 냄새 유달리 향그러웠다

---

55) Julia Kristeva, 「말, 대화, 그리고 소설」, 『바흐친과 문학이론』, 여홍상 편, 문학과지성사, 1997., p. 237.
56) 박주택, 『낙원회복의 꿈과 민족정서의 복원-백석 시 연구』, 시와시학사, 1999., p. 59.

뒷산에두 꽃나무
앞산두 군데 군데 꽃나무

주인장은 매사냥을 다니다가
바위틈에서 죽었다는 주막집에서
오래 오래 예말처럼 살고 싶었다
「두메산골 1」, 전문(『오랑캐꽃』 1947., 발표 『순문예』, 1938. 8.)

참나무 불이 이글이글한
오지화로에 감자 두어개 묻어놓고
멀어진 서울을 그리는것은
도포 걸친 어느 조상이 귀양 와서
일삼든 버릇일까
돌아갈때엔 당나귀 타고 싶던
여러 영에
눈은 내리는데 눈은 내리는데
「두메산골 3」, 전문(『오랑캐꽃』, 1947.)

    1939년에서부터 1940년 사이 쓰여진 것으로 보이는 「두메산골」 연작 4편은 안온한 북방의 산골마을을 배경으로 하고 있으면서 이 세계와 일치하지 못하는 시인의 모습이 담겨 있다. 「두메산골 1」에서 시인은 '물구지떡 내음새'와 '썩달나무 썩는 냄새'가 유달리 향기로운 곳에 와 있다. 뒷산에도 앞산에도 꽃나무가 지천인 이곳은 고통스러운 현실에서 벗어난 평화로운 공간으로 보인다. 그런데 3연에서는 이곳에 머무를 수 없음을 역설하고 있다. "주인장은 매사냥을 다니다가 / 바위틈에서 죽었다는 주막집에서" 그는 오래오래 살았던 것도, 오래오래 살고 있는 것도 아니고 옛말처럼 오래 오래 살고 싶었다고 말한다. 과거시제 '—싶었다'가 의미하는 것은 살고 싶었지만 현실적으로는 그렇게 하지 못했음을 의미하는 것이며 '오래 오래'는 그런 상황을 강조하고 있다. 게다가 '주막'은 정착의 공간이 아닌 여행객들이 잠시 머무는 곳이며 그것도 바위틈에서 주인이 죽은 주막이어서 오랫동안 머물고 싶어도 그럴 수 있는 장소가 아니다. '나그네가 하룻밤 머무는 곳은 엄밀한 의미에서 집이 아니'며 '인간 존재의 중심에 자리잡고 있는 처소만이 집이 될 수 있'57)는 것이다. 즉 오래오래 머물고 싶은 마음은 있으나 현실적인 여건이 그럴 수 없었고 그래서 오래 머물지 못했다고 말하고 있다. 물구지떡과 썩달나무 썩는 냄새가 유달리 향기로운 전원은 그의 삶과 일치하는 터전이 아닌 것이다.

「두메산골 3」에서 역시 자꾸 눈이 내리는 겨울 "참나무 불이 이글이글한 / 오지화로에 감자 두어개 묻어놓고" 함경도 산골에 와 있는 화자의 마음은 서울을 향해 있다. 이것은 새삼스러운 것이 아니라 "돌아갈때엔 당나귀 타고 싶던" 귀양 온 선비들이 예로부터 일삼던 버릇이라고 말하면서 자신을 귀양 온 어느 조상의 후예로 생각하고 있다. 여기서 시인의 마음은 자꾸 눈이 내리는 심상치 않은 밖의 세계(서울)에 가 있다. 1941년 발표한 「등잔 밑」(『李庸岳集』)에서도 "모두 벼슬 없는 이웃이래서 / 은쟁반 아닌 / 아무렇게나 생긴 그릇이 되려 / 머루며 다래 까지도 나눠 먹기에 정다운 것인데 / 서울 살다 온 사나인 그저 앞이 흐리어"라고 비슷한 모습을 보이고 있다. 이러한 이중적 태도는 이용악이 혹독한 생활고에 시달렸고 밑바닥에서 허덕이는 서울 생활을 했다는 사실을 생각해보면 쉽게 이해되지

---

57) 김인환, 『상상력과 원근법』, 문학과지성사, 1993., p. 49.

않는 부분이다. 이것은 북방 고향에 안주하고 싶지만 그럴 수 없는 고된 현실과 그런 현실을 바라보는 그의 독특한 입장에서 기인하는 것이라고 할 수 있다. 끝없이 이어지는 비극의 현장을 줄 곧 응시해 온 그의 시적 응전방식이 이미 사라지고 상실한 공간을 찾는 자족적인 태도를 취하게 하기보다는 고된 현실을 좇게 하는 것이다.

이처럼 현실에서 눈을 떼지 못하는 이용악의 시선은 해방 후에도 여전히 북방의 유이민들을 주시하고 그들을 따라 이동한다. 해방을 맞은 북방의 모습은 이전과는 다른 양상의 유이민이 나타난다. 일제하 전 조선적으로 발생한 유이민 현상, 특히 수탈과 가난으로 고향을 등지고 북쪽으로 유이민을 떠나는 비극의 현장에서 다시 고향으로 돌아가는 사람들로 붐비는 것이다. 「하나씩의 별」은 해방 후 북방에서의 유이민 생활을 접고 기쁨과 희망을 안고 고향으로 돌아가는 사람들의 모습을, 「하늘만 곱구나」는 유이민에서 서울로 돌아온 사람들의 삶의 모습을 담아내고 있다.

무엇을 실었느냐 화물열차의
검은 문들은 탄탄히 잠겨졌다
바람 속을 달리는 화물열차의 지붕 우에
우리 제각기 들어누워
한결 같이 쳐다보는 하나씩의 별

두만강 저쪽에서 온다는 사람들과
쟈무스에서 온다는 사람들과
험한 땅에서 험한 변 치르고
눈보라 치기 전에 고향으로 돌아 간다는
남도 사람들과

> 북어쪼가리 초담배 밀가루 떡이랑
> 나눠서 요기하며 내사 서울이 그리워
> 고향과는 딴 방향으로 흔들려 간다
>
> 푸르른 바다와 거리 거리를
> 서름 많은 이민열차의 흐린 창으로
> 그저 서러이 내다보던 골짝 골짝을
> 갈 때와 마찬가지로
> 헐벗은채 돌아 오는 이 사람들과
> 마찬가지로 헐벗은 나요
> 나라에 기쁜 일 많아
> 울지를 못하는 함경도 사내
>
> 총을 안고 뽈가의 노래를 불르던
> 슬라브의 늙은 병정은 잠이 들었나
> 바람 속을 달리는 화물열차의 지붕 우에
> 우리 제각기 들어누워
> 한결 같이 쳐다보는 하나씩의 별
>
> 「하나씩의 별」 전문(『李庸岳集』, 1949. 발표 『민주주의 4』, 1946. 8.)

　해방을 맞아 북으로 갔던 많은 유이민들은 문이 탄탄히 닫힌 화물열차의 지붕 위에 누워 하늘을, 별을 바라보며 귀향을 기다린다. 두만강 저쪽과 '쟈무스' 등 북방대륙의 이곳저곳 '험한 땅에서 험한 변 치르고' 힘겹게 살던 사람들이 열차 위에서 북어 쪼가리며 떡이랑 나누며 고향으로 돌아간다. 그런데 이 설움 많은 이민열차에 오른 사람들은 북방으로 떠날 때와 마찬가지로 헐벗은 빈손이다. 고향으로 돌아간다는 희망만 안고 있을 뿐인 것이다. 그리고 북방 유이민의 힘겨운 삶을 지켜보던 함경도 사내(시인) 역시 모두들 고향으로 돌아가는 이민열차에 올라 고향이 아닌 서울로 간다. 낙향 했다가 해방을 맞아 다시 서울로 향하는 이용악의 눈은 귀향 유이민을 향해 있고 시선은 그들을 따라 이동하고 있는 것이다. 어느새 '총을 안고 뽈가의 노래를 불르던 / 슬라브의 늙은 병정은 잠이 들'고 화물열차 지붕 위에 드러누워 새 희망과 꿈을 품고 있는 이들을 바라보는 함경도 사내는 이 모습을 "우리 제각기 들어누워 / 한결 같이 쳐다보는 하나씩의 별"이라고 말한다. 이는 '그들 귀향유이민의 미래가 결코 순탄치 않을 것임을 짙게 암시'58)하고 있는 것이며 다시 새로운 일을 꿈꾸며 서울로 향하는 그 자신의 진로 또한 그러할 것임을 예감하고 있는 것이기도 하다.

집도 많은 집도 많은 남대문 턱 움속에서 두 손 오구려 혹 혹 입김 불며 이따금씩 쳐다보는 하늘이사 아마 하늘이기 혼자만 곱구나

거북네는 만주서 왔단다 두터운 얼음짱과 거센 바람 속을 세월은 흘러 거북이는 만주서 나고 할배는 만주에 묻히고 세월이 무심 찾아 봄을 본다고 쫓겨서 울면서 가던 길 돌아왔단다

띠팡을 떠날 때 강을 건늘 때 조선으로 돌아가면 빼앗겼던 땅에서 농사 지으며 가 갸 거 겨 배운다더니 조선으로 돌아 와도 집도 고향도 없고

거북이는 배추꼬리를 씹으며 달디 달구나 배추꼬리를 씹으며 꺼므테테한 아배의 얼굴을 바라보면서 배추꼬리를 씹으며 거북이는 무엇을

---

58) 윤영천, 앞의 책, p. 133.

생각하누

　　첫 눈 이미 내리고 이윽고 새해가 온다는데 집도 많은 집도 많은
남대문 턱 움속에서 이따금씩 쳐다보는 하늘이사 아마 하늘이기 혼자
만 곱구나
　　　　「하늘만 곱구나」 전문(『李庸岳集』, 1949., 발표 『개벽』, 1948. 1.)


　「하늘만 곱구나」는 이렇게 가던 길 울면서 돌아온 귀향이민의 달
라지거나 나아진 게 없는 현실을 거북네의 삶을 통해서 이야기하고
있다. 거북네 할아버지는 일제에 내몰려 만주로 쫓겨가 두터운 얼음
장과 거센 바람 속에 살았다. 그 사이 거북이 태어나고 할아버지는
끝내 만주 땅에서 눈을 감았다. '세월이 무심 찮아' 해방을 맞아 희
망을 가지고 고향으로 돌아왔으나 집도 없고 의지할 고향도 없다.
그들의 삶은 북방 유이민의 삶에 비해 나아지지 않고 가난과 비참한
고통 또한 계속된다. 거북네는 '띠팡을 떠날 때 강을 건늘 때' 고향
땅으로 돌아가면 '빼앗겼던 땅에서 농사지으며 가 갸 거 겨 배운다'
는 희망을 가지고 돌아왔으나 현실은 집도 고향도 없는 것이다. 거
북이는 궁핍함 속에 배추꼬리를 씹으면서 '꺼므테테한 아배의 얼굴
을 바라보면서' '집도 많은 남대문 턱 움속에서' 거지처럼 비참한 삶
을 살고 있는 것이다. 조국이 해방되어 봄소식 보겠다고 '쫓겨서 울
면서 가던 길 돌아'서 왔지만 돌아와도 집도 고향도 없는 역 유이민
의 현실을 통해 해방을 맞아 귀향했음에도 북방에서의 비참한 생활
이 계속되는 여전히 끝나지 않은 비극적 현실을 이용악은 놓치지 않
고 통찰하고 있다.

## 3. 절제된 목소리에 실은 서정과 서사의 울림

　이용악의 북방시 전편에는 두만강을 중심으로 이루어지고 이는 비극적인 서사를 담고 있으면서도 서정성을 잃지 않고 있다는 그만의 장점이 있다. 침통한 서정을 바탕에 두고 북방에서의 개인적인 체험이나 이웃과 민족의 고통스러운 삶의 敍事를 생생히 되살려내는 것은 그의 북방시편이 갖는 주요한 특징이다. 이용악의 서사성은 시의 형식적 특성에 따라 다르게 나타난다. 「낡은집」을 비롯하여 「하늘만 곱구나」 등과 같이 길이가 길고 산문성을 강하게 띤 시편에는 이야기로서의 서사구조를 갖추고 있으며 「북쪽」, 「만추」, 「강ㅅ가」, 「오랑캐꽃」 등 비교적 짧은 시행의 작품에서는 압축된 서사 또는 강렬한 서사충동을 담고 있는 형식으로 발현된다. 이용악의 시적 경향을 분명히 구분 짓기는 어렵지만 이러한 서사성은 초기 『分水嶺』, 『낡은집』 등에서 보다 강하게 노정되는 반면 후기 『오랑캐꽃』 이후에는 상대적으로 약화되어 나타나는 것으로 보인다.59) 또한 북방 특

---

　　59) 감태준은 이용악 시의 서사적 특성의 변화를 다음과 같이 관찰하였다. 초기의 첫
　　　　시집 『分水嶺』에는 고도의 압축된 언어표현에 의해 구체적 사건을 암시하고 이

유의 기개와 개척정신이 어린 '투박한 北關의 입말, 억센 남성적 어조, 대륙적인 시적 前景 등을 통해 간난어린 '선구자'의 꿋꿋한 기개를 적실히'60) 표출하는 김동환으로 대표되는 북방시편들과는 분명히 구분되는 변별성을 띠고 있다. 다루는 이야기가 개인에 한정되지 않고 시대적 전형성을 확보하고 있다. 동시에 시대적 비극과 울분에 대해 관념적이거나 선동적인 구호가 아닌 시적 상징이나 이미지, 비유 등을 잘 살려 절제된 목소리로 담담하게 서술하면서도 북방민중의 정서를 잘 담아내고 있다. 또한 3인칭 관찰자 시점을 통해 거리감을 가지고 비극적 상황을 객관화함으로써 더 큰 호소력을 획득하고 있다.

이용악의 북방시편들에서 우선 주목되는 것은 개개의 작품들이 강한 서사충동을 가지고 있으면서도 잘 읽힌다는 것이다. 바꾸어 말하면 그의 시에는 이야기가 분명하기 때문에 산문성을 강하게 띨 수밖에 없음에도 불구하고 시적 리듬이 살아 있다는 것을 의미한다. 이용악 시가 갖는 음률감의 바탕에는 적절한 첩어의 사용과 시어 또는 시행의 반복이 기초를 이루고 있음이 관찰된다. 리듬감을 주는 반복의 기법은 '정조의 통일'61)을 가져오는 동시에 "반복되는 단어나

 서사적 특성은 배경 역할을 하면서 시의 전경에는 이미지가 놓인다. 두 번째 시집 『낡은집』에서는 전경으로서의 이미지와 원경으로서의 서사성이 점진적으로 전경으로서의 서사성과 원경으로서의 이미지라는 양상으로 자리를 전환한다. 그런데 세 번째 시집 『오랑캐꽃』에 이르면 서사적 특성이 강하게 떠오르지 않고 전설, 민담 등 구비적 요소가 드러나며 서사성이 감소하는 대신 이미지가 강조된다. 신작이 12편에 불과한 시선집 성격을 띤 네 번째 시집 『李庸岳集』에는 서사적 특성보다는 이념적 진술이 강화되고 있다(감태준, 앞의 책, pp. 46~60 참조).
60) 윤영천, 「유이민의 비극적 삶을 직핍한 북방시편들의 울림 -한국 근대문학과 '북방적 상상력'」, 앞의 책, p. 39.
61) 작품에 대한 고유해석의 문제를 천착한 에밀 슈타이거는 서정양식의 주요한 특질로 정조의 통일을 들고 있으며 이는 반복 작용을 통해 이루어진다고 주장하고 있다(Emil Staiger, 『시학의 근본 개념』, 이유영・오현일 역, 삼중당, 1978., pp. 31~

이미지는 바로 그 반복된다는 사실 때문에 처음과 동일한 의미를 지닐 수 없다"62)는 차원에서 의미를 변화시키고 중층화하는 역할을 한다.

첩어와 시행의 반복적인 사용과 이로 인한 리듬감의 확보는 이 글이 대상으로 삼고 있는 북방시편에 두드러지게 나타난다. '최후 最後의'(「풀벌렛소리 가득차잇섯다」), '시름시름' '울어 울어'(「낡은집」), '남실남실' '철리 철리 또 철리' '두 낫 두 밤' '울어 울어' '울듯 울듯' '휘 휘' '우줄우줄'(「절라도 가시내」), '무지무지' '골짝 골짝을' '백년이 몇백 년이'(「오랑캐꽃」), '오래 오래'(「두메산골 1」), '거리 거리를' '골짝 골짝을'(「하나씩의 별」) 등의 첩어 사용은 리듬을 고려한 데서 나온 것이라 하겠다.

시행의 반복을 통한 리듬감 확보도 눈에 띄는 현상이다. "아버지의 寢床없는 최후 最後의 밤은 / 풀벌렛소리 가득차 잇섯다"(「풀벌렛소리 가득차잇섯다」1, 4연), "江아 / 天痴의 江아"(「天痴의 江아」 1, 3, 5연), "깊허가는 大陸의 밤"(「제비갓흔少女야」1, 6연), "제비갓흔 少女야 / 少女야"(「제비갓흔少女야」 2, 6연), "두만강 너 우리의 강아"(「두만강 너 우리의강아」 1, 5연), "돌아오라 나의 아들아 / 중략 / 나의 아들아 돌아오라"(「고향아 꽃은 피지 못했다」 6연), "왕거미 줄치기에 분주한 집 / 마을서 흉집이라고 꺼리는 낡은 집" "지금은 아무도 살지 않는 집 / 마을서 흉집이라고 꺼리는 낡은 집"(「낡은집」1, 8연), '가시내야(「절라도 가시내」 1, 3, 5연), "노래도 없이 사라질게다 / 자욱도 없이 사라질게다"(「절라도 가시내」 6연), "한결 같이 쳐다보는 하나씩의 별" "한결 같이 쳐다보는 하나씩의 별"(「하

---

55 참조).
62) Terry Eagleton, 『문학이론 입문』, 김명환 역, 창작과비평사, 1995., p. 145.

나씩의 별」 1과 4연), "… 이따금씩 쳐다보는 하늘이사 아마 하늘이기 혼자만 곱구나"(「하늘만 곱구나」, 1, 5연) 등과 같이 시행의 반복을 통해 리듬감을 살리면서 시적 울림을 강화하고 있다. 이러한 리듬감은 시어의 문제에 대해 깊이 있는 모색을 했던 앞선 모더니즘의 세례 속에서 이용악이 출발했다는 사실에서 찾을 수 있다. 여기에 "용악은 시를 '길을 걸어다니면서, 전차나 버스를 타고 손잡이 잡고 흔들거려 가면서 쓴다'고 했다"63)는 이용악의 시작방법에 대한 후배 시인 유정의 증언에서 확인할 수 있듯이 창작 과정상 자연스럽게 운율감이 더해진 것이라고 유추할 수 있다.

이처럼 '의미적 차원의 반복과 리듬의 고려, 양자를 모두 효과적으로 표현'해 내는 이용악의 반복은 '소위 리얼리즘 계열의 시에서부터 모더니즘 계열의 시에 이르기까지, 초기 시에서부터 해방이후의 시까지'64) 그의 시 전반에 걸쳐 광범위하게 쓰이는 대표적인 기법으로 자리잡고 있다. 특히 '이용악의 시에 나타나는 두드러진 반복은 문장이나 시행 시련 등이 시의 처음과 끝에서 대칭을 이루며 반복되는 경우'로 이러한 '대칭적인 반복은 일차적으로 구조적인 완결성에 기여하는데, 이러한 효과는 한시의 수미상관법이 지닌 효과와 관련 있는 것'65)으로 보이기도 한다. 또한 이용악은 "많은 경우에 현대시에서는 음악이 의미를 압도한다"66)는 진술이 어울릴 정도로 시의

---

63) 유 정, 「암울한 시대를 비춘 외로운 詩魂」, 『李庸岳 詩全集』, 창작과비평사, 1988., p. 197.
64) 장석원, 앞의 책, p. 39.
65) 이경수, 『한국현대시와 반복의 미학』, 월인, 2005., p. 177.
- 이경수는 이용악의 시에서는 대칭과 점층의 원리가 상호작용하며 전체적인 구조형성에 기여한다고 보았다. 대칭의 원리는 이용악의 시에서 처음과 끝이 반복되는 대칭적 반복의 유형으로 나타나며, 대칭적 반복은 시의 구조를 이원화함으로써 전체적인 의미 구조를 형성하는 원리로 작용한다고 보았다(같은 책 p. 276).
66) 김인환, 『비평의 원리』, 나남, 1994., p. 17.

의미를 중층화하고 핵심을 강조하는 방식으로 반복과 이로 인한 리듬을 잘 활용하고 있으면서 구조적인 완결성을 기하고 있다. 특히 북방의 서사성 또는 서사적 충동과 결합하였을 때 한층 강렬한 시적 효과를 발휘하며 그만의 독특한 특장점이 되고 있음을 확인할 수 있다.

다음으로 「북쪽」, 「강가」 등과 같은 짧고 간결한 시편에서 보이는 침울하고 슬픈 시어와 어조는 소품임에도 그것을 뛰어넘는 강한 시적 여운을 남기면서 북방지역의 애수와 정서로 흡인해 내는 효과를 발휘하고 있다. 특히 강한 서사성을 서정성으로 압축해 치환해 냄으로써 시적 효과를 높이고 있는 면모는 『분수령』과 『낡은집』 등에 실린 초기시편들에서 두드러지게 발견된다. "시름 만흔 북쪽 하눌에 / 마음은 눈 감을줄 몰으다"(「북쪽」), "소름끼친 對話가 오도도오 떤다"(「晩秋」), "차그운 이야기를 가을 냇물에 실어 보냈다는 / 그날밤," "북쪽을 향한 발자옥만 눈우에 떨고있었다"(「낡은집」), "끄슬은 돌 두어개 시름겨웁다"(「강가」)와 같이 시대적 배경이나 서사 및 상황, 화자의 심정 등을 압축하는 동시에 강한 여운을 남기는 세련된 서정적 기법은 이용악 특유의 언어미학이자 시적 효과를 극대화하는 방법이라고 할만하다.

이용악의 시어가 갖는 강점은 생경하게 관념적이거나 거칠고 구호적이지 않고 현실과 밀접한 당대 민중의 일상어를 쓰고 있으면서도 시적 울림이 크다는 점에 있다. 그가 왕성하게 활동한 시기는 1930년대 후반부터 해방기에 이르는 기간인데 이때가 일제의 수탈과 탄압이 극심해지고 아울러 모국어 사용에 대한 탄압이 극에 달한 시기라는 점을 고려하면 쉽고 평이하고 구체적인 현실어로 시대적 비극을 담아내면서 강한 호소력을 수반하고 있다는 점은 높이 평가

받아야 할 지점이다. 이는 그가 대상으로 삼고 있는 당대 민중의 삶에 밀착하여 얻은 체험에 바탕을 두고 가슴속 깊은 곳으로부터 퍼올려진 詩語를 사용함으로써 맺어진 결과물이기에 가능한 것이기도 하다.

그의 시에 인용하고 있는 북방지역의 지명과 북방방언 등의 시어들 또한 단순한 시적 장치에 머물고 있지 않다. '아무을灣, 니코리스크, 북간도, 두만강, 쟈무스' 등의 지명이 북방의 방언들과 어우러져 시 속에 자연스럽게 녹아 있는데 이는 이용악에게 북방이 머릿속에서 그려진 것이 아니라 체험을 바탕으로 하여 그곳에서 유이민의 삶과 애환을 함께 하며 온전히 담아내고 있는 것임을 확인할 수 있다. 그의 시 속에 북방공간은 식민지시대 우리 민족과 민중이 부대끼며 살아온 삶의 터로 온전히 자리잡고 있는 것이다. 오늘날 우리 문학에는 사라지고 없는 북방이 그에게는 살아있는 문학공간으로 생생히 숨쉬며 존재하는 공간이라고 할 수 있으며 한국문학의 공간확대에도 기여하고 있다.

더불어 이용악이 북방공간을 '북쪽' '북국' 등으로 표기하고 있는 반면 '만주'라는 표현은 그의 시에서 보기 어렵다. 이는 일본이 한반도를 강점하고 북방대륙으로 진출하면서 이 지역을 떼어서 분리시키고자 사용한 말이 '만주'이기 때문에 의도적으로 피하고 있는 것으로 보인다. 이러한 현상은 동시대의 다른 시인들에게도 공통적으로 발견된다. 김동환・조영출은 이용악과 함께 '북국' '북쪽', 박팔양・오장환・백석・이육사 등은 '북방', 이찬・김동환 등은 '北塞'라고 각각 지칭하고 있다. 이는 중국이 부르는 '동북', 일본이 사용하는 '만주'라는 단어를 의식적으로 피하려한 노력인 동시에 민족의 주체적인 입장을 담으려 한 결과라고 할 수 있다.

이러한 시어들이 결합하여 이룬 이용악 시의 강한 정서적 감염력 또한 주목할 만하다. 이용악의 시적 울림과 호소력은 특유의 언술에서 오는 것으로 보인다. 그의 많은 시편들은 화자의 말을 듣고 있는 상대방이 있는 것으로 가정하고 친절하게 호소하는 형식의 언술을 구사하고 있으면서 때로는 제삼자의 말을 직접화법이나 간접화법의 인용을 통해 수용하고 있다. 그의 시는 비표준어의 과감한 도입, 청유형과 명령형의 어조, 대화하는 듯한 함축적 표현이 많다. 즉 문맥에 의존하는 문어보다는 상황에 의존하는 구어가 훨씬 그의 시의 줏대를 형성67)하는 이러한 시적 언술은 강한 호소력을 동반하는 장치가 되고 있다. 아울러 화법의 적절한 구사를 통해 시의 호소력과 객관성을 높이고 있는 점 또한 주목된다. "아들이 나오는 올겨울엔 걸어서라두 / 청진으로 가리란다"(「강ㅅ가」), "안악도 우두머리도 돌볼 새 없이 갔단다"(「오랑캐꽃」), '거북네는 만주서 왔단다'(「하늘만 곱구나」), "누나는 / 별 많은 밤이 되려 무섭다고 했다"(「다리우에서」) 등과 같이 간접화법을 즐겨 사용하고 있는데 이용악은 이를 통해 객관성과 호소력을 높이는 한편 서정시가 갖는 단일화자의 단순성을 극복하고 있다. 한편으로는 "돌아오라 나의 아들아 / 중략 / 아롱진 꽃 그늘로 / 나의 아들아 돌아오라"(「고향아 꽃은 피지 못했다」), "털보네는 또 아들을 봤다우 / 송아지래두 불었으면 팔아나 먹지"(「낡은집」)와 같이 감정을 가감 없이 전달하는 직접화법을 파격적으로 사용해서 생동감을 획득하기도 한다.

물론 이용악의 시와 시어가 남기는 아쉬움은 있다. "더러 눈에 띄는 모호한 표현과 조사의 사용, 무엇을 의미하는지 분명치 않은 구절들이 거슬린다. 문장과 문법이 완전치 못한 결함을 지니고 언어유

---

67) 송희복, 「수난사에 핀 서정시의 꽃」, 『한국현대시인론』, 시와시학사, 1995., p. 283.

희나 문자놀음이 없는 반면에, 간혹 언어의 긴장감이나 함축적 질감이 부족한 듯하다"68)는 비판은 유효한 지적이다. 하지만 이용악의 시에서 보이는 모호함은 난해함과는 다른 모더니즘적인 요소의 잔흔으로 여겨진다. 분명한 것은 이용악의 북방시의 시어들이 건강한 서정성을 동반하며 암울한 시대의 민중의 삶과 서러움을 표현한 생생한 증언으로 그리고 객관적인 기록으로 남아 있다는 점이다.

이용악이 1930년대 유이민의 비극과 민중의 비참한 삶을 시적 대상으로 삼고 형상화한 것은 1920년대 카프진영 작가들과 맥이 닿아 있다고 할 수 있다. 이용악은 참혹하고 비극적인 민중들의 삶을 관념이나 구호에 경사되지 않고 쉽고 구체적인 일상어와 토속어로 그려냄으로써 호소력과 공감을 끌어내었다. 이 점은 앞선 세대인 카프 시인들이 수없이 시도했으나 도달하지 못한 실패를 딛고 이룩한 민중의 서사성과 서정성의 성취라는 점에서 값진 것이자 30년대 후반 시문학의 한 전진이라 하지 않을 수 없다.

이와 같은 이용악의 시적 성취는 '생활과 현실이 서정적 밀도와 강도 속에서 구상화'69)한 한국적 리얼리즘 성취의 한 경지라 할 수 있다. 이는 리얼리즘이나 모더니즘, 어느 한쪽을 편수용한 결과가 아니라 모더니즘과 리얼리즘의 균형 있는 수용과 조화에 기초를 둠으로써 이룩한 값진 성과이기도 하다.

---

68) 송희복, 앞의 책, p. 292.
69) 유종호, 앞의 책, p. 221.

# V. 근대 북방시편의 성과와 의의

1. 북방시편에 투영된 북방의식의 공통점과 의미
2. 북방을 바라보는 시점과 기법의 차이

## 1. 북방시편에 투영된 북방의식의 공통점과 의미

　김동환, 백석, 이용악이 북방시편을 통해 펼쳐 보인 북방의 삶과 풍습, 의식과 시대적 응전방식은 문학공간의 확장과 온전한 상상력의 회복이라는 면에서 의의를 가진다. 아울러 이들은 출신지역과 작품의 배경과 시대의 차이에도 불구하고 공통된 북방의식을 보이면서 근대 시사의 의미 있는 지점을 차지하고 있다. 앞서 살펴보았듯이 이들 세 시인에게 북방은 여러 민족이 때로는 부딪치고 때로는 화해롭게 공존하는 공동체적 삶의 공간이자 훼손되지 않은 시원의 공간으로 나타난다. 또 시대적 비극 속에서도 희망을 놓치지 않는 생명의 공간으로 자리잡고 있다.
　이들이 가지고 있는 북방에 대한 기본적인 인식은 같은 토대 위에 있으며, 각각이 처한 시대와 현실상황에 대한 인식에 입각하여 '인용의 모자이크로 구성되며 다른 텍스트의 흡수이자 변형'으로 나타나는 결과로 작품화 되고 있음을 확인할 수 있었다. 나아가 북방의 역사적 사실, 신화, 전설 등은 각각의 방식으로 김동환, 백석, 이용악의 작품에 이해되고 형상화되고 있으며 또 상호 텍스트성을 띠고 있는 것으로 보인다. 이들은 일제 강점기라는 시대적 비극의 현장을 생생한 밑그림으로 놓고 북방공간의 역사와 삶과 풍속과 풍물 등을 독특한 시선과 시어와 기법으로 형상화한 개성적인 세계를 보여주었다. 이로써 북방을 통시적·공시적으로 조망할 수 있게 했을 뿐만 아니라 북방공간에 대한 공통적인 인식을 각각의 작품에 노정시켰다.

이들은 공통적으로 유년시절이나 그보다 더 오랜 과거에서 출발하여 '삶의 순수한 원천, 최초의 삶, 최초의 인간적인 삶에 도달'[1]하는 공간으로 북방을 그리고 있다. 그리고 북방을 국경과 같이 분리된 경계나 민족단위로 배타적 삶을 영위하는 공간이 아니라 북방의 여러 부족이 부대끼면서 함께 공존하는 공동체적 공간으로 인식하고 있다. 金東煥은 「赤星을 손까락질 하며」에서 북방을 異民族들이 대립하지 않고 함께 모닥불을 쬐는 공간으로 그리고 있다. 험난한 환경 속에서도 '白熊이울고 北狼星이눈깜짝일때마다' 이방인의 새파란 눈을 보면서 서로를 부둥켜안고 氷原벌에서 춤을 추고 그리고 赤星을 가리키며 희망을 접지 않는 호방한 북방의 기개와 의식을 보여주었다. 또 「國境의 밤」 2부에서는 재가승의 유래를 밝히면서 북방공간이 조선민족뿐만 아니라 여진족 등 연고가 있는 다른 부족들이 고락을 같이하며 함께 살아온 곳이라는 북방만의 독특한 역사적, 지역적 배경과 삶을 담아내었다. 또한 「國境의 밤」에서 보여주는 청년과 순이가 가슴에 담고 있는 순수했던 북방의 과거는 20년대의 식민

---

1) 바슐라르에 따르면 유년의 시절을 향한 몽상 속에서 인간을 세계와 묶고 인간과 세계의 시적 일치를 가능케 하는 원형을 창출한다. 또한 그는 우리 자신이었던 옛날의 어린애를 생각하다 보면 가족사를 넘고, 회한의 지대를 지나서, 향수의 환상을 흩어트린 후에, 무명의 어린시절, 삶의 순수한 원천, 최초의 삶, 최초의 인간적인 삶에 도달한다고 보았다(Gaston Bachelard, 『몽상의 시학』, 김현 역, 기린원, 1989., pp. 136~142 참조).

지적 상황과 대비됨으로써 일종의 유토피아적 성격을 띠고 있으며 동시에 원시적 생명력을 가진 '하나의 사회적 비전으로 승화'되고 있음을 확인할 수 있다.

　白石은 「北方에서」에서 夫餘, 肅愼, 渤海, 女眞, 遼, 金 등 여러 민족과 자연이 누대에 걸쳐 함께 공존하며 살아온 공동체적 공간의 태반으로 '북방'을 그렸다. 북방을 지배했던 나라와 민족들을 고대부터 거슬러 올라가 역사적 기원을 차례대로 서술하고, 북방의 산맥과 강들을 나열하며 북방의 광활한 영역을 설명한다. 이어 우리 민족이 북방을 떠나 남으로 내려올 때 북방의 수목들과 여러 종족들이 슬퍼하고 붙들었던 일을 회상하고 있다. 이를 통해 북방공간이 경계지어진 대립의 공간이 아닌 여러 민족과 자연이 경쟁하고 또 공존하는, 그리고 조화를 이루면서 누대에 걸쳐 함께 살아온 공동체적 공간의 胎盤임을 역설하고 있다. 이러한 의식은 하찮고 보잘것없는 것들이 모여 따뜻한 불꽃을 발하는 포용의 정신, 신분 고저와 노소를 막론하고 그것을 둘러싼 것들을 평등하게 공존케 하는 정신, 그리고 과거와 당대의 슬픈 역사를 환기시키면서 품어내는 화합의 정신을 담고 있는 「모닥불」 등에 잘 형상화되어 있다. 이는 온갖 이질적인 요소들이 하나로 어우러져 평화롭게 공존하며 사는 삶을 이상적 공간으로 재구하고 있는 시집 『사슴』의 전반에 걸쳐 나타난다.

　李庸岳은 「오랑캐 꽃」에서 북방의 무고하게 거듭되는 수난과 고통을 오랑캐꽃에 투사시켜 보여주고 이를 위로하고 있다. 고려장군의 정벌로 아낙도 우두머리도 돌볼 새 없이 도리샘도 띳집도 버리고 강 건너로 정신없이 쫓겨 가고 가랑잎처럼 굴러간 북방 지역민 특히 여진족들의 모습을 통해 이 지역의 사람들의 고난의 역사가 새삼스러운 것이 아니고 오랜 이력을 가지고 있음을 설명하고 있다. 나아가 북방지역 사람들의 처지와 시련을 오랑캐와 무관한데도 흉측한 이름을 가지고 있는 오랑캐꽃에 비유함으로써 북방공간을 국경과 민족에 의해 분리되는 공간으로 인식하고 있지 않고 아주 오래 전부터 무고하게 고난 받고 있는 하나의 공간으로 인식하고 있다. 그리고 그곳에서 뿌리내리지 못하고 계속해서 고통스러운 삶을 사는 많은 사람들의 모습을 북방시편에 담아내었다.

아울러 이들의 북방시가 담고 있는 북방의식은 강한 서사성을 띠면서 발현되고 있다. 이들은 서정시가 갖는 장르적인 특성을 유지하면서 성격을 지닌 인물과 질서를 갖춘 서사, 즉 이야기의 요소를 담고 있는 서사성을 가진 시편들로서 독특한 시세계를 펼쳐 보였다. 이들의 북방시편은 강한 서사적 충동이 발현되고 있으며 이것이 서정성과 조화를 이룰 때 높은 문학적 호소력과 성취를 이룩하고 있음을 확인할 수 있다. 김동환은 문학적 형상화나 완결성 등에 있어 많은 문제점을 노출하고 있지만 북방공간과 서사를 우리 문학의 공간으로 끌어들이고 험준한 북방 자연환경과 정서를 식민지시대의 암울한 상황과 연결하여 당대의 비극과 모순을 담은 북방의식으로 형상화 해냈다. 백석은 고향인 평북 정주의 마을 풍물과 풍속을 뛰어난 형상들로 잡아내어 풍요롭고 평화로운 삶이 향수되는 공간을 재구하는 회귀적인 면모를 특성으로 가지고 있다. 반면에 이용악은 백석과는 대조적으로 직면한 시대적 비극과 고통스러운 현실상황에 밀착한 강렬한 서사를 울림이 큰 시어로 담아냄으로써 민중의 서사성과 서정성의 성취를 이룩하였다.

## 2. 북방을 바라보는 시점과 기법의 차이

앞서 살펴본 바와 같이 이들은 시공을 넘어서 북방에 대한 공유점을 가지고 있다. 하지만 '대상 속에 깊게 감추어진 奧義를 끄집어내는 것이 시적 인식의 중요한 실마리'2)라고 볼 때 이들은 시대적 상황과 이에 대한 인식 그리고 시적 전략에 따라 서로 다른 시선과 응전 방식을 표출하고 있다. 김동환이 바라보는 북방은 시원의 생명력을 가진 이상공간이라는 계몽적인 시선과 제국주의의 침탈 등으로 피폐해져가며 순결한 생명력을 잃어가는 곳이라는 회의적인 시선이 교차하며 나타난다. 「國境의 밤」에서 청년에게는 북방은 건강한 원초적 생명력을 가진 이상공간으로서 돌아가고 또 회복하고 싶은 공간으로 그려지며 그 대상으로 순이가 북방과 동일하게 인식된다. 반면에 시원의 생명공간으로서의 북방을 상징하는 순이에게 북방은 모든 것이 다 얼어붙어 추운 데서 나서 추운 데서 묻히는 곳이자 '密輸入馬車'에 목숨을 걸고 근근이 생계를 의지하는 곳이다. 게다가

---

2) 조남현, 「시적 인식의 두 바탕」, 『한국문학의 저변』, 새미, 1995., p. 125.

외부 조건 때문에 점점 순결한 생명력을 잃어가며 인습과 관습의 굴레에 함몰된 곳으로 더 이상 옛날의 북방이 아니다. 북방은 원초적 생명력을 가진 공간인 동시에 식민지하에 불안과 공포에 물들어가며 점점 피폐해져가는 공간이라는 두 개의 상반된 의식이 김동환에게 자리잡고 있으며 이는 후에 그가 북방서사를 버리고 낙관에 찬 민요시로, 그리고 친일의 길로 나아가게 되는 원인이 되기도 한다.

백석이 북방을 바라보는 시각은 과거 지향적이다. 한 세대 앞선 김동환이나 동세대의 이용악의 북방이 피폐한 민중의 삶을 그린 현실공간이라면 백석이 복원하고자 한 북방공간은 이상적 시원의 공간, 즉 그가 희구하는 유토피아이다. 백석은 이상공간으로서의 북방을 재구하고 북방의 삶과 풍속과 풍물을 온전히 담아냄으로써 한국시의 영역을 확대하였다. 그는 『사슴』에서 유년의 기억과 시선을 이용하여 신화적이고 평화롭고 또 풍요로운 시원의 공동체 세계로 북방마을을 재구해냈다. 이는 과거를 통해 시대를 바라보는 것이며 한국시에서는 관서지방 북방마을의 삶과 풍속과 풍물을 온전히 담아내는 한편 소박하고 평화로운 공간을 품는 시적 확장과 성과를 거두게 되는 것이기도 하다. 이러한 백석이 지향하는 북방세계는 더 큰 과거로 회귀하여 북방의 태반을 모색(「北方에서」)하기도 하지만 결국에는 내향적이고 체념적인 것으로 귀결(「흰 바람벽이 있어」, 「南新義州柳洞朴時逢方」)된다. 이상공간의 복원을 허락지 않는 절망적인 현실은 깊은 유랑과 상실감의 토로로 이어지기도 하지만 종국적으로는 이러한 현실을 수용하면서 깊은 성찰을 통해 새로운 의지를 표출해내는 독특한 체념의 미학으로 승화시키고 있다.

반면 이용악은 시대와 북방의 현실을 정면에서 응시하는 현재 지향적인 태도를 강하게 나타내고 있다. 모더니즘의 세례 속에서 출발한 동세대인 백석이 보인 과거지향적인 태도와는 대조적으로 민족수난의 현실을 북방이라는 공간을 통해 바라보는 통찰력을 보이면서 비극적인 시대상황에 응전하였다. 그는 북방을 배경으로 고대의 영화로운 거대서사의 복원을 꿈꾸거나, 북방을 始原의 이상공간으로 그리는 것이 아닌 고통 받고 절박한 상황에 내몰린 유이민의 삶을 구체적이면서도 담담한 목소리로 형상화함으로써 큰 울림을 이룩하였다. 이용악의 의식은 궁핍하고 비극적인 개인과 '유배지'로서의 고향에 대한 자각에서 출발하여 개인적 차원의 심정표출의 수준을 넘어섰다. 가족에서 이웃으로, 다시 민중으로 비극적 현실에 대한 인식을 확산시키는 데까지 나아간 것이다. 특히 그는 1930년대 후반 집중적으로 발생한 뿌리를 잃고 떠도는 대규모 流移民과 그들의 비참한 삶의 현장인 동시에 자신이 나고 자란 북방에 눈을 떼지 않고 줄곧 응시하였다. 그리고 감상성에 경도되지 않고 현실에 밀착하여 이를 '생활의 노래'로 승화시켜냄으로써 근대 시단에 굵직한 족적을 남겼다.

〈北方을 바라보는 관점, 서술자 시점, 시어의 특성 비교〉

|  | 북방을 바라보는 관점 | 서술자 시점 | 시어의 특성 |
|---|---|---|---|
| 김동환 | 과거지향 | 3인칭 전지자 시점 | 투박하고 장중한 남성적 시어 |
| 백 석 | 과거지향 | 1인칭 관찰자/서술자 시점 | 방언, 음식어, 유년어 |
| 이용악 | 현재지향 | 3인칭 관찰자 | 민중의 일상어, 현실어 |

이들의 시대적 인식과 응전방식에 대한 차이는 시점과 시어의 선

택에서도 나타난다. 김동환은 「國境의 밤」을 비롯하여 서사성이 강한 작품들에서 3인칭 전지적 시점이 강하게 나타난다. 등장인물의 내적 독백과 그들의 내면 심정을 분석하는 작자의 서술, 그리고 등장인물의 행위에 대한 객관적인 제시, 사건의 전체를 개관, 논평하는 '편집자적 논평'을 보이고 있다. 이는 북방을 시원의 생명력을 가진 이상공간으로 보는 계몽적인 시선과 제국주의의 침탈 등으로 날로 피폐해져가며 순결함을 잃어가는 곳이라는 회의적인 시선이 교차하는 데서 기인하는 것이다. 시어도 민요시로 변화하는 과정에서 일상어의 사용, 토속어를 사용한 리듬감 획득 등의 변화된 모습을 보이지만 북방시편에서는 투박한 북관의 입말, 억센 남성적 어조, 대륙적인 기개와 개척정신 등의 시적 前景을 통해 간난 어린 '선구자'의 꿋꿋한 기개를 표출함으로써 강렬한 북방서사와 조응을 이루는 특성을 보인다.

　식민지하의 이상공간을 유년의 북방마을에서 찾는 과거 지향적인 시선이 갖는 특성 때문에 백석은 대부분의 작품에 '나'로 시작되는 1인칭의 시점을 택하고 있다. 1인칭 화자의 진술을 통해 '나'의 유년의 기억을 재구하고 있거나 여행지의 풍물을 관찰하고 있고 또 자신이 처한 절망적인 상황에 대한 감상성과 이에 대한 극복의지를 드러내고 있다. 이를 통해 독자들에게 사실감과 친밀감을 주는 동시에 호소력을 획득하고 있는 것이다. 시어에 있어서도 북방마을의 공간과 감정을 재구하는데 효과적인 방언이나 음식에 관한 시어 등 유년의 언어를 구체적이고 생동감 있게 구사하였다. 또한 시 전체가 서사적인 구조를 가지고 있지는 않지만 서사성이 강한 구절이나 단어를 사용함으로써 서정적인 토대 위에 강한 서사성을 차용해 오는 효과를 발휘하고 있다. 전체적으로는 자신이 선택한 내면 지향적이고 자기만족적인 북방세계에 걸맞은 시어를 사용하였다.

이용악은 1930년대의 극심해진 일제말의 수탈과 이로 인해 전국적으로 일어난 유이민 문제에 주목하고 특히 두만강을 중심으로 벌어지는 비극적인 서사를 생생히 담아냈다. 그는 3인칭 관찰자 시점을 취함으로써 객관성과 거리감을 확보하고 일상어를 사용하여 서정성을 유지하고 있다. 그의 북방시편이 갖는 주요한 특징은 침통한 서정을 바탕에 두고 북방에서 벌어지는 한 개인의 체험이나 이웃과 민족의 고통스러운 삶의 敍事를 생생히 되살려내는 것이다. 이는 이야기가 개인에 한정되는 데 그치지 않고 시대적 전형성을 확보하고 있으며 동시에 시대적 비극과 울분에 대해 관념적이거나 선동적인 구호가 아닌 시적 상징이나 이미지, 비유 등을 잘 살려 절제된 목소리로 담담하게 서술하면서도 북방민중의 정서를 잘 담아내는 데서 기인하는 것이다. 특히 상대방을 두고 대화하는 듯한 화법과 평이하고 구체적인 현실어를 사용하여 시대적 비극을 담아내면서 강한 호소력과 울림을 수반하고 있다는 점은 높이 평가받아야 할 지점이다. 또한 서사가 분명하기 때문에 산문성을 강하게 띨 수밖에 없음에도 불구하고 첩어의 사용, 시어 및 시행의 반복 등 시적 리듬을 살리는 독특한 음률감을 구사하는 성취를 이룩하였다.

# VI. 결론

이 글은 1920~40년대 한국 근대시에 나타난 '北方'이란 어떤 공간이고 어떻게 그려지고 있는가를 살펴보려는 데 목적이 있었다. 이를 위해 김동환, 백석, 이용악의 북방시편들을 통해 근대시에 있어서의 북방공간의 의미와 북방의식을 고찰하고 아울러 북방시편들이 갖는 시어와 기법의 특징은 무엇인가를 규명하고자 하였다.

북방은 우리 민족의 뿌리가 시작된 시원의 공간이자 역사적으로 우리 민족이 가장 강성했던 시기의 기억을 가지고 있는 곳이다. 또한 아주 오래 전부터 지배해 왔고 실질적인 삶의 터를 이룬 생활의 공간이라고 할 수 있다. 압록강, 두만강을 중심으로 한 함경도, 평안도 지역과 간도를 포함한 한반도 북쪽과 고토였던 만주대륙 일원의 북방공간의 삶과 정서를 담은 작품들은 1920년대 김동환에 의해 처음 발표되기 시작한 이래 1940년대 중후반까지 여러 시인들에 의해 발표되었다. 따라서 위의 세 시인으로 한정하여 북방시편과 북방의식을 다루는 것은 나름의 한계를 갖는다는 지적이 있을 수 있다. 하지만 이들의 작품에는 북방공간이 한국문학에 처음 등장한 1920년대에서부터 사라진 해방과 분단기까지의 북방정서나 의식이 가장 도드라지게 부각되어 나타나 있다. 또한 이들은 각각의 방식으로 시대적 상황에 응전하며 강한 서사적 충동과 함께 시적 울림을 보이는 문학적 성취를 보이고 있다. 그러므로 북방과 북방의식의 발현에서 사라지기까지의 흐름과 진폭, 그리고 특성을 이들의 북방시편들을 통해 총체적으로 확인할 수 있다는 데 의의가 있다. 더하여 오랜 분단과 분단체제의 고착화로 말미암아 사라지고, 잊혀진 북방이라는 문학공간과 여기서 발현하는 북방의식을 회복하고 한반도와 그 북쪽 일원을 조망하는 우리 민족의 온전한 상상력을 되찾는다는 점에서 의미가 각별하다.

이들은 근대문학 초기인 1920년대와 한국시사의 전성기라 할 1930년대, 그리고 식민수탈이 극에 달한 일제말의 암흑기와 해방 그리고 분단에 이르는 1940년대에 걸쳐 왕성한 작품활동을 하면서 개성 있는 시세계를 구축하고 전개하였다. 따라서 이 글의 II장과 III, IV장은 이들 각각의 북방시편과 북방의식 그리고 북방시편이 보인 시어와 기법의 특성을 고찰하였다. 그리고 V장은 이들의 북방시편과 북방의식의 공통점과 차이점, 그리고 북방을 바라보는 시점 등에 대해 살피는 것으로 그 성과와 의의를 정리하였다.

II장에서는 김동환의 북방시편과 북방의식을 살펴보았다. 1920년대 김동환이 들고 온 북쪽의 변방과 광활한 대륙의 거칠고 험난한 자연환경, 여기에 겹쳐지는 식민치하에 본격화되기 시작한 초기 유이민의 고통과 비애, 그리고 가없이 펼쳐지는 북방설원 속에서 장중한 남성적 어조로 펼쳐지는 서사 등 북방을 매개로 한 소재와 양식의 새로움은 당시 시단에 새롭고 낯선 충격을 일으켰다.

한국문학에서 1920년대는 서구적 개념의 근대문학을 급속히 수용하는 과정에서 필연적으로 겪을 수밖에 없는 시행착오와 혼란, 그리고 많은 실험이 이루어진 시기라고 할 수 있다. 이러한 현상은 1920년대를 관통하면서 나타나며 특히 1920년대 전반기는 낭만주의와 퇴폐주의가 남긴 감상주의의 잔영에서 새로운 길을 찾지 못하고 정체상태에 처해 있었다. 이러한 상황에서 김동환의 북방시편들은 문학양식상으로는 복잡다기한 시대적 상황을 담아낼 서사시로의 확장을 이룩하였다. 내용상으로는 종래에 한국문학의 공간으로 주목받지 못했던 북방공간을 암울하고 시련이 가득한 일제하의 민족수난이라는 시대적 상황의 象徵空間으로 담아냄으로써 1920년대 시단에 '재생의 햇발'을 보내는 새로운 길을 모색하였다. 낭만주의 계열의 도회적 감상에서 벗어나지 못한 당시 시단에 북방이라는 새로운 공간과 남성적이고 대륙적인 정조를 개척하였다는 점과 이러한 정조를 바탕으로 최초의 서사시라 할 「國境의 밤」과 『昇天하는 靑春』 등을 발표함으로써 한국시의 외연을 확대한 것이다.

「國境의 밤」을 비롯한 장엄하고 험준한 북방을 배경으로 한 북방시편들은 그를 문학사에 최초의 근대 장편 서사 시인으로서 확고하게 자리매김하게 해 주었다. 이러한 북방시편들은 제1기, 즉 데뷔작 「赤星을 손까락질 하며」에서부터 그가 『삼천리』誌를 창간한 1929년까지 사이에 발표한 작품들 가운데 대부분 들어 있다. 이 시기의 북방시편들은 김동환의 원체험을 바탕으로 하고 있기에 생동감 있고 호소력 깊게 다가온다. 겨울을 배경으로 한 북방지역의 혹독한 환경과 중국, 러시아와 국경을 맞대고 있음으로써 빚어지는 팽팽한 긴장감, 북으로 이주하는 유이민들의 황량하고 고통스러운 삶의 모습, 그리고 출몰하는 마적 떼와 감시하는 순사들이 자아내는 긴장감 어린 북방의 분위기와 정서 등을 생생히 옮기는 데 성공함으로써 북방의식을 형성하고 있다. 여기에 식민치하의 민족 수난사를 오버랩시킴으로써 시적 생명력과 울림을 확보하였으며 이러한 성과는 1920년대 문학사에서 그가 차지하는 자리이기도 하다. 이 북방정서는 선 굵은 파인의 북방시편과 서사시뿐만 아니라 1920년대에 발표된 그의 서정시들에도 적지 않은 자양분을 제공했고 초기시에 여러 형태로 변주되어 나타난다. '북방'은 김동환 초기시의 핵심적인 화두이며 그의 시세계 전반에 걸쳐 가장 의미 있게 빛나는 지점이라 할 수 있다.

광활한 북방대륙과 북방을 배경으로 선이 굵고 스케일이 큰 남성적인 북방의 정조를 담은 김동환의 북방시편들의 시어와 기법상의 특성은 일관된 흐름을 가지고 나타나지는 않는다. 1기 초반의 북방의식과 서사충동이 담긴 서정시에는 낯설고 이국적인 북방 이미지를 형성하는 장중한 남성적 시어들과 북방의 이미지를 더욱 강렬하게 하는 시간적·계절적 배경이 주목된다. 이어 북방을 무대로 북방의 서사를 담은 서사시「國境의 밤」에는 전편의 북방정서가 가득한 서정시들의 성취와 시어적 특성을 바탕으로 3인칭 전지적 시점을 사용하여 다양한 기법적인 실험을 보여주고 있다. 북방의 잔영이 드리운 서정시와 민요시(1기 중·후반)에는 북방의식과 서사충동이 현저히 축소되는 반면 간결한 압축과 일상어의 사용 그리고 리듬감의 획득 등으로 시어적인 성취나 미학적 완결성면에서는 오히려 완성도가 높은 것으로 평가된다.

김동환의 시세계 전반에 걸쳐 지적되는 미숙한 미학적 완결성과 근거 없는 낙관에 입각한 민족의식의 약화와 친일문제, 그리고 건강한 북방서사와 의식의 추동력 부족 등 많은 문제점은 분명한 한계이고 비판받아 마땅하다. 하지만 북방의 서사와 정서를 한국 시단에 끌어들임으로써 한국문학의 공간을 광활한 북방대륙으로까지 확장하였으며 동시에 1920년대 한국시단에 충격을 주며 새로운 길을 모색하는 활로를 열었다는 점 등은 의미가 크다. 그리고 최초의 서사시 「國境의 밤」과 『昇天하는 靑春』을 상재함으로써 서사시의 전개와 계보형성이라는 문학사적 줄기를 확보한 점은 한국문학사에 있어서 그가 차지해 마땅한 자리라 하지 않을 수 없다. 또한 그에 의해 확보된 북방이라는 문학공간의 서사와 의식은 1930년대에 백석과 이용악이라는 걸출한 북방시인들의 등장을 예비하고 한 차원 격상된 북방문학의 지평을 여는 데 기여했다고 할 수 있다.

Ⅲ장에서 살펴본 백석의 북방시편들이 그리고 있는 북방은 회복하고자 하고 지향하는 공간이지만 도달할 수 없는 상실한 현실공간에 대한 반응물이다. 백석의 시선은 북방에 대한 기억을 향하고 있는 과거지향적인 특성을 보인다. 처음에는 폐허라는 인식에서 출발하여 유년의 화자를 설정하여 理想空間으로서의 始原의 북방마을에 대한 기억을 동화적 세계로 복원하려 한다. 다음으로는 기억 속의 이상공간과 현실의 괴리감을 극복하기 위하여 성인 화자를 통해 직접 북방을 찾는 여정을 거치며 마침내는 시원의 북방을 회복하려는 노력의 좌절로 인한 절망감과 쓸쓸함, 비애 등을 표출하고 있다. 이 과정에서 머물지도 떠나지도 못하는 유랑의 비애와 감상성에 빠지지 않고 이를 진솔한 자기성찰을 통해 현실을 딛고 일어서려는 의지를 담은 체념의 미학으로 발전시키는 시적 성취를 보이고 있는 것으로 정리할 수 있다.

『사슴』에서 유년의 기억과 시선을 이용하여 신화적이고 화해롭고 풍요로운 시원의 공동체 세계로 북방 마을을 재구해내고 있다. 하지만 백석이 회귀하고 또 복원하고자 한 북방공간은 이상적 시원의 공간이지만 이미 그 공간은 시인이 처한 현실에는 존재하지 않는 폐허가 되어버린 상실의 공간이자 유년의 기억에 남아 있는 과거공간이라는 점에 문제가 있다. 이 지점에서 시원의 이상공간을 회복하기 위한 노력은 벽에 부닥칠 수밖에 없게 되고 현실공간에서의 새로운 모색이 불가피해진다. 동화적 세계에서 현실의 세계로 나선 백석이 택한 길은 여행이며 그 산물이 기행시편들이다. 이 시편들은 이상공간으로서의 북방마을에 대한 기억과 그리움을 투명하게 그려낸 초기 시세계와 시원의 이상공간을 회복할 수 없는 현실에 좌절하고 유랑과 깊은 슬픔에 잠겨 체념의 미학을 발현하는 후기 시세계의 중간에 위치한다. 줄곧 시도했던 시원의 이상공간의 회복이 불가능해진 절망적인 현실상황에 대한 백석의 시적 반응은 이를 운명론적으로 수용하고 그 절망감을 표현하는 형태로 발현한다. 하지만 이 시기의 시들이 절망적인 감정과 상실감의 토로에 그치지 않고 근원에 대한 깊은 자기성찰로 이어지고 탁월한 시적 감각과 절제된 詩語 사용을 통해 시 전체가 감상성에 함몰되지 않도록 통어하는 데 성공하고 있다. 뿐만 아니라 절망적인 현실을 수용하는 태도를 보이면서도 그 속에서 새로운 희망의 의지를 찾는 울림이 큰 諦念의 미학을 발현시키는 데까지 나아갔다.

　백석 시의 詩語的 特性으로는 평북방언의 사용과 무수히 쏟아지는 음식에 관한 시어들을 들 수 있다. 백석이 선택한 시어로서의 방언은 자신이 영향을 받은 모더니스트들의 도시적이고 세련된 시어와는 반대되는 지점에, 앞선 카프계열의 시인들이 보인 생경하고 구호적인 관념어와는 차별적인 지점에 위치해 있다. 방언은 『사슴』에서는 매우 두드러지지만 기행시편이나 유랑시편에는 현저하게 감소하는 현상을 보인다. 이상공간으로서의 유년의 기억 속 북방 마을을 재현하고자 할 때 방언은 매우 효과적이지만 이미 실존하지 않는 공간을 찾아나서거나 유랑하며 상실감에 젖어 있는 성인 화자에게는 그리 필요치 않기 때문이다. 음식에 관한 시어는 백석의 시 95편 가운데 67편에 걸쳐 나타나고 등장하는 음식물은 150여 종에 이르고 있을 정도로 방언만큼이나 시 전편에 걸쳐 지속적으로 나타난다. 이는 백석의 시세계가 관념적이고 형이상학적인 공간이 아니고 삶과 밀착된 또는 밀착하려는 공간을 대상으로 하고 있다는 것을 의미한다. 음식물에 대한 시어 역시 『사슴』 시편에서는 이상공간으로서의 북방마을의 평화롭고 따듯한 삶을 생생히 재구하는 역할을 하지만 기행시편에서는 여행지의 특성을 파악하고 정의하는 방법으로, 유랑시편에서는 객지에서의 향수를 불러일으키거나 객수를 위로하는 방법으로 나타난다.

    형태나 기법에 있어서도 개성적인 특징을 보인다. 형태상으로는 理想空間으로서의 始原회복을 모색한 시편들에서는 한 문장 안에 무수한 어휘들을 나열하거나 반복과 부연을 거듭하면서 풍속이나 풍물을 재현하고 있다. 기행시편들에서는 시행과 시 전체의 길이가 짧아지고 시행구분이 비교적 뚜렷하게 나타나는 반면 유랑시편들에서는 감상성을 현저히 노출시키면서 시가 길어지고 줄글의 산문을 행갈이 해놓은 듯한 특징을 보이고 있다. 기법 상으로는 대부분의 작품이 '나'로 시작되는 1인칭의 시점을 택하고 있으면서 강한 서사성을 가지고 있다는 점이 눈에 띈다. 또한 시 전체가 서사적인 구조를 가지고 있지는 않지만 서사성이 강한 구절이나 단어를 사용함으로써 서정적인 토대 위에 강한 서사성을 차용해 오는 효과를 발휘하고 있다. 또한 반복과 나열 또는 중첩시키고 있는 문장구성이라는 특유의 병렬적 구조를 보이며 독특한 리듬감을 선보이고 조사나 접속사를 활용하여 시의 효과를 더하거나 감정을 조절하는 데 성공하고 있다.

백석의 북방시편들에 대해 엄혹한 식민치하의 절망감을 담고 있으면서도 시대적 역사의식을 드러내지 못하고 내성적이고 내부 지향적인 시어와 목소리를 택함으로써 시대정신의 회피 또는 부재를 나타내고 있다는 부정적인 시각도 있다. 하지만 감정을 배제한 맑고 투명한 시어로 일구어낸 세계가 시원의 공동체 공간이며 전대의 우리 문학에서 볼 수 없었던 관서지역을 중심으로 한 북방의 풍속과 삶과 정서라는 점이 그의 북방시편이 도달해 있는 빛나는 지점이다. 따라서 내면 지향적인 화자의 시적 태도는 이에 적합한 전략적 선택으로 이해할 수 있다. 백석은 이상공간으로서의 북방을 재구하고 북방의 삶과 풍속과 풍물을 온전히 담아냄으로써 한국시의 영역을 확대하고 시적 태도의 스펙트럼을 확대했다는 점에서 의의가 있다. 특히 그가 보인 시세계와 시어와 기법 등이 한국시단의 전성기를 이룩한 30년대 전반의 다른 시인들과 분명히 구분되면서도 독특한 문학적 성취를 이룩했다는 점에서 1930년대 중·후반 한국시단이 이룩한 값진 성과라고 할 수 있다.

Ⅳ장에서는 이용악의 북방시편을 고찰하였다. 이용악은 일제 식민지치하의 비극적인 역사의식을 바탕으로 극심해진 일제말의 수탈과 이로 인해 전국적으로 일어난 유이민 문제에 주목하고 특히 유이민이 가장 대규모로 일어나고 비참한 삶의 현장이었던 북방을 깊이 있게 천착하였다. 그는 북방을 배경으로 고대의 영화로운 거대서사 복원을 꿈꾸거나, 북방을 始原의 이상공간으로 그리는 것이 아니라 고통 받고 절박한 상황에 내몰린 유이민의 삶을 구체적이면서도 담담한 목소리로 형상화하였다는 면에서 앞선 김동환과 백석이 보인 그것과는 변별되는 특성을 가지고 있다. 그는 3인칭 관찰자 시점을 택

하여 분노하거나 감정에 함몰되지 않고 일정한 거리감을 확보함으로써 더 큰 울림을 이루어내는 시적 성취의 바탕을 만들어 내었다.

이용악에게 고향 북쪽은 복구하고 싶고 돌아가고 싶은 始原의 공간도 아니고 그리운 憧憬의 공간으로도 또 휴식처로도 인식되고 있지 않다. 시름 많은 피폐한 공간이자 돌아와도 꽃도 피지 못하는 불모지일 뿐이다. 가난과 불모와 시름의 공간으로 북쪽을 인식하는 데서 출발한 이용악의 기억은 혹은 시선은 가족에서부터 이웃으로, 동시대의 민중(유이민)에로 옮겨지고 나아가 시대상황에 대한 의식으로 확산되는 양상을 나타낸다. 북쪽 고향에 대한 비극적인 인식에서 출발하여 북방공간에서의 가족과 이웃, 동시대의 유이민의 비참한 삶과 모습 그리고 역사에 대한 비극적 인식으로 확대되는 것이다. 이처럼 북방의 비극적 현실에서 눈을 떼지 못하는 이용악의 시선은 해방 후에도 여전히 북방의 유이민들을 따라 이동한다. 수탈과 가난으로 고향을 등지고 북쪽으로 유이민을 떠나는 비극의 현장에 다시 고향으로 돌아가는 이전과는 다른 양상의 유이민이 나타난다. 해방 후 북방에서의 유이민 생활을 접고 기쁨과 희망을 안고 고향으로 돌아가는 사람들의 모습을, 그리고 유이민에서 서울로, 고향으로 돌아온 사람들의 삶의 모습을 이용악은 놓치지 않고 날카로운 예지력으로 담아내고 있다. 그는 격앙되지도 과장되지도 않은 목소리로 피폐한 북방을 진솔하게 그림으로써 현실에 대해 명확히 인식하면서 공감을 끌어내는 데까지 나아갔다.

이용악 시에 나타나는 詩語와 기법상의 특성은 현실에 뿌리를 둔 쉽고 구체적인 시어, 거리감을 확보하고 담담하게 그리는 비극적 서사, 울림이 강한 건강한 서정성으로 정리할 수 있다. 이러한 특성이 북방공간을 배경으로 한 시대적인 비극과 상황을 담아낼 때 강력한 호소력과 울림을 획득하게 되는 것이다. 그의 시어가 갖는 강점은 생경하게 관념적이거나 거칠고 구호적이지 않고 현실과 밀접한 당대 민중의 일상어를 쓰고 있으면서도 울림이 크다는 점에 있다. 일제의 수탈이 극심해지고 모국어 사용에 대한 탄압이 극에 달한 시기에 쉽고 평이하고 구체적인 현실어로 시대적 비극을 담아내면서 강한 호소력을 수반하고 있다는 점은 평가받아야 할 지점이다.

형태와 기법적인 면에서는 비극적인 서사를 담고 있으면서도 서정성을 잃지 않고 있다는 장점이 있다. 북방의 서사성 또는 서사적 충동과 서정이 결합하였을 때 한층 분명한 시적 효과를 발휘한다. 여기에 적절한 첩어의 사용과 시어 또는 시행의 반복이 음률감을 주는 기초가 되어 시적 리듬감을 살려내고 있다. 또한 강한 서사성을 서정성으로 압축해 치환해 내는 기법으로 시적 효과를 높이고 있는 점과 상대방이 있는 것을 가정하고 절절하게 호소하는 형식의 언술, 직·간접화법의 적절한 구사 등은 이용악의 시적 울림과 호소력을 강화하고 돋보이게 한다.

한편, 이용악이 1930년대 유이민의 비극과 민중의 비참한 삶을 시적 대상으로 삼고 있는 것은 1920년대 카프진영 작가들과 맥이 닿아 있다고 할 수 있다. 이용악은 참혹하고 비극적인 민중들의 삶을 관념이나 구호에 경사되지 않고 쉽고 구체적인 일상어와 토속어로 훌륭히 그려내고 또 호소력과 공감을 끌어내었다. 이 점은 앞선 세대인 카프 시인들이 수없이 시도했으나 도달하지 못한 실패를 딛고 이룩한 민중의 서사와 서정성의 성취라는 점에서 값진 것이자 30년대 후반 시문학의 커다란 전진이라 하지 않을 수 없다. 이와 같은 이용악의 시적 성취는 '생활과 현실이 서정적 밀도와 강도 속에서 구상화'한 한국적 리얼리즘 성취의 한 경지라고 평가할 수 있다. 이는 리얼리즘이나 모더니즘, 어느 한쪽을 편수용한 결과가 아니라 모더니즘과 리얼리즘의 균형 있는 수용과 조화에 기초를 둠으로써 이룩한 값진 성과이기도 하다.

이 글에서는 그동안 우리 문학연구에서 주목받지 못한 혹은 소외되어온 북방공간과 북방의식을 담은 북방시편들을 연구대상으로 삼고 김동환, 백석, 이용악의 시편들을 고찰하였다. 이들의 북방시편들은 북방을 훼손되지 않은 시원의 웅혼한 생명공간으로, 그리고 여러 민족들이 부대끼고 또 공존하며 희노애락을 같이해 온 화해로운 삶의 공간으로 형상화하면서 이를 회복하기 위해 각자의 시적 응전과 방법을 보이고 있다고 볼 수 있다. 한편으로는 이러한 북방시편이 발표되고 활발히 전개된 시기가 민족적으로는 가장 고통 받고 절망적이며 비극적인 상황에 처해 있던 일제 식민지 치하였다는 점에서 이들 시편은 우리 시사에서 중층적이면서도 다의적인 의미를 갖는다고 할 수 있다. 따라서 앞서 이야기했듯이 김동환, 백석, 이용악 세 시인만으로 1920년대부터 1940년대 해방과 분단에 이르는 기간 동안 나타난 북방시편의 특성과 의식, 그리고 시사적 의미 전반을 꼼꼼히 논하기에 충분하지 않을 수 있다. 그러나 근대 북방시편을 대상으로 삼아 고찰하고 북방의식을 규명하고자 한 이 글의 시도는 북방시편이 보여준 공간과 의식에 대한 이해를 돕고 나아가 근대시사 연구의 영역과 외연을 넓힘으로써 보다 깊이 있고 다양한 후속 연구들을 불러오는 데 도움이 될 수 있을 것으로 기대한다.

# [참고문헌]

1. 기본자료

김동환, 『國境의 밤』, 한성도서주식회사, 1925.
_____, 『昇天하는 靑春』, 경성신문학사, 1925.
_____, 「애국문학에 대하야―국민문학과의 이동과 그 임무」, 『동아일보』, 1927. 5. 14.
_____, 「시조배격소의」, 『조선지광』, 1927. 6.
_____, 「망국적 가요 소멸책」, 『조선지광』, 1927. 8.
_____, 「조선민요의 특질과 기 장래」, 『조선지광』, 1929. 1.
이광수·주요한·김동환, 『詩歌集』, 삼천리사, 1929.
김영식 편, 『巴人 김동환전집』 1권, 국학자료원, 1995.
백  석, 『사슴』, 선광인쇄주식회사, 1936.
고형진 엮음, 『정본 백석 시집』, 문학동네, 2007.
김재용 편, 『백석전집』, 실천문학사, 1997.
김학동 편, 『백석전집』, 새문사, 1990.
이동순 편, 『백석 시전집』, 창작과비평사, 1987.
이숭원 주해, 이지나 편, 『원본 백석 시집』, 깊은샘, 2006.
정효구 편, 『백석』, 문학세계사, 1996.
이용악, 『分水嶺』, 일본 동경 삼문사, 1937.
_____, 『낡은집』, 일본 동경 삼문사, 1938.
_____, 『오랑캐꽃』, 아문각, 1947.
_____, 『李庸岳 集』, 동지사, 1949.

윤영천 편,『李庸岳詩全集』, 창작과비평사, 1988.
──,『한국근대시사자료집성』, 태학사, 1988.
김민수 외 편,『금성판 국어대사전』, 금성출판사, 1991.
사회과학원 주체문학연구소,『문학예술사전·중』, 과학백과사전 종합출판사, 1991.
조셉 칠더즈(Joseph Childers)·게리 헨치(Gary Hentzi) 엮음, 황종연 역,『현대문학·문화비평 용어사전』, 문학동네, 1999.
한글문화연구회,『겨레말용례사전』, 한글문화연구회, 1996.


2. 잡지, 신문


『금성』, 제3호, 1924.
『대산문화』, 2003. 가을.
『문장』, 1940. 5.
『문학사상』, 1975. 3., 1987. 2., 1996. 12.
『민성』, 1948. 10.
『민족과문학』, 1990. 봄.
『세계의문학』, 1988. 가을.
『사상계』, 1965. 9.
『시와 정신』, 2003. 가을.
『시인춘추』, 1938. 1.
『신조선보』, 1945. 12. 28.
『외국문학』, 1988. 겨울.

『인문평론』, 1939. 10., 1941. 1.
『한국문학』, 1989. 10.
『현대문학』, 1963. 1., 1989. 3.
『현대시』 1993. 7., 1996. 10.
『현대시학』, 1989. 10.
『동아일보』, 1925. 5. 20., 1938. 12. 24.
『조선일보』, 1934. 8. 10~9. 12., 1936. 1. 29., 1937. 6. 25., 1937. 9. 17~18.
『한겨레신문』, 2001. 5. 1.

3. 국내논저

1) 평론 및 논문

감태준, 「李庸岳 詩硏究」, 한양대 박사학위 논문, 1989.
강순기, 「이용악 백석 비교연구―統辭構造를 중심으로」, 연세대 교육대학원 석사학위 논문, 2002.
강연호, 「뿌리 뽑힌 자아의 발견과 성찰」, 『시와 정신』, 2003년 가을호.
고형진, 「1920~30년대 시의 서사지향성과 시적구조」, 고려대 대학원 박사학위 논문, 1991.
─────, 「백석 시 연구」, 고려대 대학원 석사학위 논문, 1983.

──, 「백석 시와 '엮음'의 미학」, 박노준·이창민 외, 『현대시의 전통과 창조』, 열화당, 1998.
──, 「백석시와 판소리 미학」, 『현대문학이론연구』 제21집, 현대문학이론학회, 2004.
곽효환, 「이용악의 북방시편과 북방의식」, 『어문학』, 한국어문학회, 2005.
권 혁, 「이용악 시 「낡은 집」 연구」, 『홍익어문』 15집, 1996.
김경훈, 「수난을 딛고 대륙에 싹 틔운 민족의식―조선족 문학에서의 북방의 상상력」, 『대산문화』, 2003년. 가을호.
김광현, 「내가 본 시인―정지용, 이용악 편」, 『민성』, 1948. 10.
김기림, 「모더니즘의 역사적 위치」, 『인문평론』, 1939. 10.
──, 「"사슴"을 안고―白石시집 독후감」, 『조선일보』, 1936. 1. 29.
김기진, 「10年間 朝鮮文藝變遷過程」, 『新文藝思潮史』, 신구문화사, 1968.
김동리, 「신세대의 정신」, 『문장』, 1940. 5.
김동석, 「시와 정치―38도에서를 읽고」, 『신조선보』, 1945. 12. 28.
김명인, 「백석 시고」, 『우보 전병두 박사 회갑기념논문집』, 1983.
──, 「李庸岳 詩考」, 『경기대 논문집』, 1992.
김세아, 「김동환의 「國境의 밤」 서사성 연구」, 『대전어문학』 18호, 2001.
김 억, 「서문」, 김동환, 『國境의 밤』, 한성도서주식회사, 1925.
김영민, 「백석 시의 특질연구」, 『현대문학』, 1989. 3.
김영철, 「산문시·이야기시란 무엇인가」, 『현대시』 1993. 7,
김우종, 「어두운 역사의 서사시」, 『문학사상』, 1975. 3.
김용직, 「격랑기의 시와 인간―파인 김동환론」, 『파인 김동환탄생

100주년기념집』, 도서출판 선인, 2002.
─────, 「서정, 실험, 제 목소리 담기」, 김우종 외, 『한국현대문학사』, 현대문학, 1993.
─────, 「토속성과 모더니티─백석론」, 『한국현대시사 2』, 한국문연, 1996.
─────, 「현실의식과 서정성─李庸岳論」, 『현대시』, 1993. 7.
김용희, 「'몸말'의 민족시학과 민족 젠더화의 문제」, 『여성문학연구』 12호, 한국여성문학학회, 2005.
김우창, 「시의 언어와 사물의 의미」, 『심미적 이성의 탐구』, 솔, 1992.
김윤식, 「파인 김동환의 세계─평가사항과 음미사항」, 『파인 김동환 탄생100주년기념집』, 도서출판 선인, 2002.
─────, 「허무의 늪 건너기─백석론」, 『김윤식 선집 5』, 솔, 1996.
김재용, 「근대인의 고향상실과 유토피아의 염원」, 『백석 전집』, 실천문학사, 1997.
김재홍, 「문학의 歷史性과 예술성」, 『한국논단』, 1990. 6.
─────, 「민족적 삶의 원형성과 운명애의 진실미─백석」, 『한국문학』, 1989. 10.
─────, 「유이민문학의 한 표정, 이용악」, 『한국현대문학의 비극론』, 시와시학사, 1993.
─────, 「파인 김동환─서사적 저항과 순응주의」, 『한국현대시인연구』, 일지사, 1986.
─────, 「한국의 서사시와 역사의식」, 『한국현대문학의비극론』, 시와시학사, 1991.
김종철, 「30년대의 시인들」, 『시와 역사적 상상력』, 문학과지성사, 1978.

─── , 「용악―민중시의 내면적 진실」, 『시적인간과 생태적 인간』, 삼인, 1999.

─── , 「자기 객관화와 향수」, 『문학사상』, 1975. 3.

김종한, 「시단시평」, 『인문평론』, 1941. 1.

김창수, 「전환기의 문학양식」, 『문학사상』, 1987. 2.

김춘수, 「서사시는 가능한가」, 『사상계』, 1965. 9.

김팔봉, 「파인 시집 <국경의 밤>에 대하야」, 『동아일보』, 1925. 5. 20.

김헌선, 「한국시가의 백석시의 변용」, 『한국현대시인연구』, 신아, 1988.

김현이, 「李庸岳 詩 硏究」, 한국외대 대학원 석사학위 논문, 1992.

나명순, 「白石 詩 硏究」, 고려대 대학원 박사학위 논문, 2004.

노 철, 「李庸岳 詩世界 變貌過程 硏究」, 고려대 대학원 석사학위 논문, 1990.

류순태, 「李庸岳 詩 硏究」, 서울대 석사논문, 1994.

문호성, 「이야기 시의 텍스트성 연구―백석·이용악의 시를 중심으로」, 텍스트언어학 15, 2003.

박건명, 「이용악론」, 건국대 대학원 논문집, 1991.

박경수, 「1930년대 시의 현실지향과 저항적 문맥」, 부산외대 『문화연구 4집』, 1992.

박용철, 「白石 시집 '사슴' 評」, 『박용철 전집 2』, 동광당서점, 1940.

박윤희, 「이용악 시세계 연구」, 연세대 대학원 석사학위 논문, 1996.

박주택, 「백석 시 연구」, 경희대 대학원 박사학위 논문, 1998.

박태일, 「한국 근대시의 공간 현상학적 연구」, 부산대 대학원 박사학위 논문, 1991.
박호영, 「김동환과 이용악의 비교연구」, 『국어교육』, 2001.
방연정, 「1930년대 시에 나타난 북방정서―백석 이용악 이찬의 시를 중심으로」, 『改新語文硏究』 제15집, 1998.
백　철, 「모더니스트의 후예들」, 『조선신문학사조사―현대편』, 백양당, 1949.
사공표, 「조선경제와 조선공산주의자의 임무」, 배성찬 편역, 『식민시대 사회운동론』, 돌베개, 1987.
성민엽, 「동북 변방의 황폐화하는 삶, 그리고 도저한 비관주의―중국문학에서 북방이란 무엇인가」, 『대산문화』, 2003년 가을호.
송희복, 「수난사에 핀 서정시의 꽃」, 『한국현대시인론』, 시와시학사, 1995.
신범순, 「백석의 공동체적 신화와 유랑의 의미」, 김은전·이숭원 편저, 『한국현대시인론』, 시와시학사, 1991.
―――, 「유랑하는 남과 여의 대비법」, 『문학사상』, 1996. 12.
신용목, 「이용악 시에 나타난 유랑 의식 연구」, 고려대 대학원 석사학위 논문, 2005.
심재휘, 「1930年代 後半期 詩 硏究」, 고려대 대학원 박사학위 논문, 1997.
안　천, 「한국 북방 역사문화의 특성과 협력증대방안」, 『한국북방학회논집 12』, 한국북방학회, 2005.
안함광, 「이용악 시집 『낡은 집』 평」, 『조선일보』, 1938. 12. 28.
안효순, 「이용악 시의 리얼리즘적 특성 연구」, 충북대 대학원 석

　　　　　사학위 논문, 1990.
여지희, 「이용악 시 연구」, 서울시립대 대학원 석사학위 논문, 1991.
염무웅, 「서사시의 가능성과 문제점」, 백낙청·염무웅 編, 『한국문학의 현단계』, 창작과비평사, 1982.
오교정, 「이용악·오장환 시에 나타난 고향 이미지의 대비 연구」, 전주대 대학원 석사학위 논문, 1992.
오선영, 「이용악 시 연구」, 연세대 대학원 석사학위 논문, 1990.
오세영, 「국경의 밤과 한국서사시의 문제」, 『국어국문학』 75호, 1977.
──, 「국민문학과 경향문학의 양면성─세 번의 문학적 변모를 통해 본 김동환의 문학성향」, 『파인 김동환탄생100주년기념집』, 도서출판 선인, 2002.
──, 「떠돌이와 고향의 의미─백석론」, 『한국현대시인연구』, 월인, 2003.
──, 「오세영의 분석적 시읽기─이용악의 '낡은 집'」, 『현대시』, 1996. 10.
──, 「파인의 문학론과 문학」, 김영식 편, 『파인 김동환탄생100주년기념집』, 도서출판 선인, 2002.
──, 「한국 모더니즘詩의 전개와 그 特質」, 『20세기 한국시 연구』, 새문사, 1989.
오장환, 「백석론」, 『풍림』 통권 5호, 1937.
와타나베 나오키(渡辺直紀), 「기억·망각의 형식으로서의 사소설─'만주'와 일본문학」, 『대산문화』, 2003년 가을호.
유재엽, 「悲哀와 所望의 詩精神─巴人 金東煥의 文學世界」, 『출판잡지연구』 제9권 제1호, 통권 제9호, 2001.

유재천, 「백석 시연구」, 이선영 편, 『1930년대 민족문학의 인식』, 한길사, 1990.
———, 「백석 시의 문학적 대응 방식」, 『문예연구』 30, 2001년 가을호.
유　정, 「암울한 시대를 비춘 외로운 詩魂」, 『李庸岳 詩全集』, 창작과비평사, 1988.
윤내현, 「고조선의 위치와 강역」, 『한국고대사신론』, 일지사, 1986.
유종호, 「넘치는 사랑과 슬픔 속에」, 「시원회귀와 회상의 시학」, 『다시 읽는 한국시인』, 문학동네, 2002.
———, 「시와 토착어 지향」, 『동시대의 시와 진실』 유종호전집 2, 민음사, 1995.
———, 「서정적 진실의 실종」, 『서정적 진실을 찾아서』, 민음사, 2001.
———, 「한국의 페시미즘」, 『현대문학』, 통권 81호, 1961.
윤영천, 「민족시의 전진과 좌절」, 『서정적 진실과 시의 힘』, 창작과비평사, 2002.
———, 「유이민의 비극적 삶을 직핍한 북방시편들의 울림—한국 근대문학과 '북방적 상상력'」, 『대산문화』, 2003년 가을호.
윤지관, 「순수시의 정치적 무의식—정지용과 백석」, 『외국문학』, 1988년 겨울호.
———, 「영혼의 노래와 기교의 사—이용악론」, 『세계의문학』, 1988년 가을호.
윤호병, 「시집 『國境의 밤』에 나타난 김동환의 시세계」, 『陸士論文集』 20집, 1980.
이경수, 「백석 시 연구」, 고려대 석사학위 논문, 1993.

─── , 「한국 현대시의 반복 기법과 언술 구조」, 고려대 대학원 박사학위 논문, 2002.

이경훈, 「대륙과 대중 : 무대위의 발해─한국 대중문화에 투영된 북방)」, 『대산문화』, 2003년 가을호.

이동순, 「민족시인 백석의 주체적 시정신」, 『白石詩全集』, 창작과 비평사, 1988.

이동하, 「김동환의 서사시에 나타난 지식인과 대중」, 『우리문학의 논리』, 정음사, 1988.

이명찬, 「1930년대 후반 한국 현대시의 고향의식 연구」, 서울대 대학원 박사학위 논문, 1992.

─── , 「이향과 귀향의 변증법」, 『민족문학사연구』, 1998. 8.

이병헌, 「境界人, 그 고뇌의 詩的 歷程」, 『현대시학』, 1989. 10.

이성환, 「근대와 탈근대」, 『모더니티란 무엇인가』, 민음사, 1994.

이수남, 「한국 현대 서술시의 특성연구─임화, 박세영, 백석, 이용악의 시를 중심으로」, 부산외국어대 교육대학원 석사학위 논문, 1995.

이수형, 「용악과 용악의 예술에 대하여」, 『李庸岳集』, 동지사, 1949.

이숭원, 「李庸岳詩의 現實性과 民衆性」, 『論文集』, 한림대학교, 1989.

─── , 「풍속의 시화와 눌변의 미학」, 『한국시문학의 비평적 탐구』, 삼지원, 1985.

이승훈, 「포스트모더니즘은 가능한가」, 『민족과문학』, 1990. 봄.

이원규, 「한국시의 고향의식 연구」, 성균관대 대학원 박사학위 논문, 2004.

이은봉, 「1930년대 후기시의 현실 인식 연구」, 숭실대 대학원 박사학위 논문, 1992.

이정애, 「이용악 시 연구」, 서울대 대학원 석사학위 논문, 1990.

이 탄, 「이용악론」, 『한국대표시인론』, 문학아카데미, 1994.

이해문, 「중견시인론」, 『시인춘추』, 1938. 1.

이희경, 「이용악 시 연구」, 전북대 대학원 석사학위 논문, 1991.

이희중, 「백석 연구의 지평」, 『한국문학연구의 새로운 모색을 위한 국제학술대회 자료집』, 2005.

―――, 「백석의 북방시편 연구」, 『우리말글』 32, 우리말글학회, 2004.

장석원, 「李庸岳 詩의 對話的 構造 硏究」, 고려대 대학원 석사학위 논문, 1999.

장영수, 「吳章煥과 李庸岳의 比較硏究」, 고려대 대학원 박사학위논문, 1987.

장윤익, 「김동환 시에 나타난 근대의식」, 『국제언어문학』 1호, 2000.

―――, 「한국 현대 서사시 연구」, 명지대 박사논문, 1984.

정재형, 「백석 시의 시어 연구」, 고려대 대학원 석사학위 논문, 1999.

정효구, 「백석시의 정신과 방법」, 『한국학보』, 일지사, 1989. 겨울.

조남현, 「서사시 논의의 개요와 쟁점」, 『한국 현대문학사상 연구』, 서울대학교출판부, 1994.

―――, 「파인 김동환론」, 『국어국문학』 75호, 1977.

―――, 「파인 김동환의 서사시에 대한 연구」, 『인문과학논집』 11, 건국대 인문과학연구소, 1978.

조용훈, 「한국 근대시의 고향상실 모티프연구―김소월, 박세영, 정호승, 이용악을 중심으로」, 서강대 대학원 박사학위 논문,

1993.
주요한, 「김동환의 시세계」, 『현대문학』, 1963. 1.
최동호, 「북의 시인 이용악론」, 『평정의 시학을 위하여』, 민음사, 1991.
―――, 「탄생 백년을 맞는 시인들―이상화, 심훈, 김동환의 시」, 『근대문학, 갈림길에 선 작가들』, 민음사, 2004.
최두석, 「1930년대 시의 표현에 관한 고찰」, 서울대 대학원 석사학위논문, 1982.
―――, 「민족현실의 시적 탐구」, 『리얼리즘의 시정신』, 실천문학사, 1992.
―――, 「백석의 시세계와 창작방법」, 『리얼리즘의 시정신』, 실천문학사, 1992.
최정례, 「백석 시의 근대성 연구」, 고려대 대학원 박사학위논문, 2004.
―――, 「백석 시 연구」, 고려대 대학원 석사학위 논문, 2001.
최재서, 「詩와 道德과 生活」, 『조선일보』, 1937. 9. 17~18.
최학출, 「1930년대 한국모더니즘 시의 근대성과 주체의 욕망체계에 대한 연구」, 서강대 대학원 박사학위 논문, 1995.
한상철, 「李庸岳 詩의 이미지 硏究」, 충남대 석사논문, 1996.
한 식, 「분수령을 읽고」, 『조선일보』, 1937. 6. 25.
허병두, 「백석과 이용악의 시적 상상력 연구」, 서강대 대학원 석사학위 논문, 1993.
홍기삼, 「한국서사시의 실제와 가능성」, 『문학사상』, 1975. 3.
홍효민, 「북레뷰, 이용악 시집 『낡은 집』 평」, 『동아일보』, 1938. 12. 24.
황인교, 「이용악 시의 언술 분석」, 이화여대 대학원 박사학위 논문, 1991.


2) 단행본

강석화, 『조선후기 함경도와 북방영토의식』, 경세원, 2000.
고형진, 『한국시의 서사 지향성과 미적 구조』, 시와시학사, 2003.
_____, 『백석 시 바로 읽기』, 현대문학, 2006.
국사편찬위원회 편집부, 『한국 근대의 북방영토와 국경문제』, 국사편찬위원회, 2004.
권택영, 『소설을 어떻게 볼 것인가』, 문예출판사, 1995.
김대행·최동호, 『어두운 시대의 빛과 꽃―탄생 100주년 문학인 기념문학제 논문집 2003-2004』, 민음사, 2004.
김영식 편, 『파인 김동환탄생100주년기념집』, 도서출판 선인, 2002.
김용직, 『한국근대시사』 상권, 학연사, 1986.
_____, 『한국현대시사 2』, 한국문연, 1996.
_____, 『한국 현대시 해석 비판』, 시와시학사, 1993.
김우종 외, 『한국현대문학사』, 현대문학, 1993.
김우창, 『궁핍한 시대의 시인』, 김우창 전집 1, 민음사, 1993.
_____, 『시인의 보석』, 김우창 전집 3, 민음사, 1993.
_____, 『심미적 이성의 탐구』, 솔, 1992.
김윤식, 『한국 근대문학사상 비판』, 일지사, 1984.
_____, 『한국근대문학양식론』, 아세아문화사, 1980.
_____, 『한국 현대시론 비판』, 일지사, 1975.
김윤식·김현, 『한국문학사』, 민음사, 1973.

김윤식·유종호 외, 『근대문학, 갈림길에 선 작가들—탄생 100주년 문학인 기념문학제 논문집 2001-2002』, 민음사, 2002.
김은전·이숭원 편저, 『한국현대 시인론』, 시와시학사, 1995.
김인환, 『기억의 계단』, 민음사, 2001.
―――, 『비평의 원리』, 나남, 1994.
―――, 『상상력과 원근법』, 문학과지성사, 1993.
―――, 『한국문학이론의 연구』, 을유문화사, 1987.
김인환·정호웅 외, 『주변에서 글쓰기, 상처와 선택—탄생 100주년문학인 기념문학제 논문집 2006』, 민음사, 2006.
김재근, 『이미지즘 연구』, 정음사, 1973.
김재홍, 『한국현대시인연구』, 일지사, 1986.
―――, 『한국현대문학의 비극론』, 시와시학사, 1991.
김종길, 『시를 어떻게 읽을 것인가』, 고려대학교 출판부, 1998.
김종철, 『시와 역사적 상상력』, 문학과지성사, 1978.
―――, 『시적 인간과 생태적 인간』, 삼인, 1999.
김준오, 『도시시와 해체시』, 문학과비평사, 1993.
―――, 『詩論』, 삼지원, 1982.
―――, 『한국현대시와 패러디』, 현대미학사, 1996.
김필영, 『소비에트 중앙아시아 고려인문학사』, 강남대학교출판, 2004.
김헌선, 『한국현대시인연구』, 신아, 1988.
나병철, 『근대성과 근대문학』, 문예출판사, 1995.
―――, 『한국문학의 근대성과 탈근대성』, 문예출판사, 1996.
민병욱, 『한국서사시의 비평적 성찰』, 지평, 1987.
박노준·이창민 외, 『현대시의 전통과 창조』, 열화당, 1998.

박주택,『낙원회복의 꿈과 민족정서의 복원—백석 시 연구』, 시와 시학사, 1999.
박혜숙,『백석—우리문화의 원형탐구와 떠돌이 삶』, 건국대학교 출판부, 1995.
방학봉·장월령,『고구려 발해 유적 소개』, 중국 길림성 내부자료, 1995.
배성찬 편역,『식민시대 사회운동론』, 돌베게, 1987.
백낙청,『민족문학의 새단계』, 창작과비평사, 1990.
———,『현대문학을 보는 시각』, 솔, 1991.
백낙청·염무웅 편,『한국문학의 현단계』, 창작과비평사, 1982.
백산학회,『한국의 북방영토』, 백산자료원, 1998.
백 철,『新文藝思潮史』, 신구문화사, 1968.
———,『조선신문학사조사』, 백양당, 1949.
북방문제연구소 편집부,『韓民族의 北方領域』, 북방문제연구소, 2005.
배성찬 편역,『식민시대 사회운동론』, 돌베게, 1987.
서준섭,『한국모더니즘 문학연구』, 일지사, 1988.
송희복,『한국현대시인론』, 시와시학사, 1995.
신범순,『韓國現代詩史의 매듭과 魂』, 민지사, 1992.
염무웅·최원식 외,『해방 전후, 우리문학의 길 찾기—탄생 100주년 문학인 기념문학제 논문집 2006』, 민음사, 2005.
오성호,『한 근대주의자의 행로 김동환』, 건국대학교출판부, 2001.
오세영,『20세기 한국시 연구』새문사, 1989.
———,『문학연구방법론』, 시와시학사, 1993.
———,『문학과 그 이해』, 국학자료원, 2003.

──, 『한국 낭만주의 시 연구』, 일지사, 1988.
──, 『한국 현대시 분석적 읽기』, 1995. 고려대학교출판부, 1998.
──, 『한국현대시인연구』, 월인, 2003.
오양호, 『韓國文學과 間島』, 문예출판사, 1988.
유정갑, 『北方領土論』, 법경출판사, 1991.
유종호, 『다시 읽는 한국시인』, 문학동네, 2002.
──, 『동시대의 시와 진실』, 유종호 전집 2, 민음사, 1995.
──, 『문학이란 무엇인가』, 민음사, 1989.
──, 『비순수의 선언』, 유종호 전집 1, 민음사, 1995.
──, 『서정적 진실을 찾아서』, 민음사, 2001.
유종호 외, 『한국 현대문학 100년―20세기 한국문학을 어떻게 볼 것인가』, 민음사, 1999.
윤내현, 『한국고대사신론』, 일지사, 1986.
──, 『한국고대사』, 삼광출판사, 1989.
윤영천, 『서정적 진실과 시의 힘』, 창작과비평사, 2002.
이규태, 『이규태의 신열하일기』, 신원문화사, 1997.
이경수, 『한국현대시와 반복의 미학』, 월인, 2005.
이기백, 『한국사신론』, 일조각, 1967.
이동하, 『우리문학의 논리』, 정음사, 1988.
이명찬, 『민족문학사연구』, 1998. 8.
이선영 편, 『1930년대 민족문학의 인식』, 한길사, 1990.
이성환, 『모더니티란 무엇인가』, 민음사, 1994.
이숭원, 『한국시문학의 비평적 탐구』, 삼지원, 1985.
──, 『백석 시의 심층적 탐구』, 태학사, 2006.
──, 『백석을 만나다』, 태학사, 2008.

이은봉, 『한국현대시의 현실인식』, 국학자료원, 1993.
이　탄, 『한국대표시인론』, 문학아카데미, 1994.
장윤익, 『북방문학과 한국문학』, 인문당, 1990.
정한숙, 『현대한국문학사』, 고려대학교출판부, 1982.
조남현, 『한국문학의 저변』, 새미, 1995.
──, 『한국 현대문학사상 연구』, 서울대학교출판부, 1994.
조동일, 『敍事民謠硏究』, 계명대출판부, 1983.
──, 『한국문학통사 5』, 지식산업사, 1994.
조성일·권철주 편, 『중국조선족문학사』, 연변인민출판사, 1990.
조연현, 『한국현대문학사』, 성문각, 1982.
최동호, 『시읽기의 즐거움』, 고려대학교출판부, 1999.
──, 『평정의 시학을 위하여』, 민음사, 1991.
──, 『한국현대시사의 감각』, 고려대학교출판부, 2004.
──, 『현대시의 정신사』, 열음사, 1985.
최동호 외, 『백석 시 읽기의 즐거움』, 서정시학, 2006.
최두석, 『시와 리얼리즘』, 창작과비평사, 1996.
──, 『리얼리즘의 시정신』, 실천문학사, 1992.
한용환, 『서사이론과 그 쟁점들』, 문예출판사, 2002.
홍승직 편, 『연변조선족자치주 연구』, 고대 아세아문제연구소, 1988.
홍이섭, 『한국정신사서설』, 연세대학교출판부, 1983.


4. 번역서 및 국외논저

백낙청 편, 『리얼리즘과 모더니즘』, 창작과비평사, 1995.

Bachelard, Gaston, *La Poetique de le space*, P. U. F., 1957.
──, 『공간의 시학』, 곽광수 역, 민음사, 1990.
──, 『몽상의 시학』, 김현 역, 기린원, 1989.
Benjamin, Walter, 『발터 벤야민의 문예이론』, 반성완 역, 민음사, 1996.
Bergson, Henri, 『물질과 기억』, 홍경실 역, 교보문고, 1991.
Bourdieu, Pierre, 『예술의 규칙』, 하태환 역, 동문선, 1999.
Burke, Kenneth, *The Philosophy of Literary Form*, California Univ. Press, Berkeley, 1973.
Coombes, H., *Literature and Criticism*, A Pelican Book, 1996.
Eagleton, Terry, 『문학이론 입문』, 김명환 역, 창작과비평사, 1995.
Fiedler, Leslie 외, 『포스트모더니즘론』, 정정호・강내희 편, 도서출판 터, 1989.
Frank, Joseph, *The Widening Gyre*, Indiana Univ. Press, 1968.
Frye, Northrop, 『비평의 해부』, 임철규 역, 한길사, 1989.
Genette, Gerard, 『서사담론』, 권택영 역, 교보문고, 1992.
Hernadi, Paul, 『장르論』, 김준오 역, 문장, 1983.
Houser, Arnold, 『문학과 예술의사회사―현대편』, 백낙청・염무웅 역, 창작과비평사, 1974.
Hume, T. E., 『휴머니즘과 예술철학에 관한 성찰』, 박상규 역, 현대미학사, 1983.
──, *Speculations,* Routledge & Kegan Paul, 1960.
Jakobson, Roman, "Closing Statement: Linguistics and Poetics," in Thomas A. Sebeok(ed), *Style in*

　　　　*Language,* Cambridge Massachusetts, MIT Press, 1960.
──, 『문학 속의 언어학』, 신문수 역, 문학과지성사. 1989.
Jameson, Fredric, 『변증법적 문학이론의 전개』, 여홍상·김영희 공역, 창작과비평사, 1984.
Ker, W. P., *Epic and Romance,* Dover Publication, 1957.
Kristeva, Julia, 「말·대화, 그리고 소설」, 『바흐친과 문학이론』, 여홍상 편, 문학과지성사, 1997.
Kuhn, R., *Literature and Philosophy,* Routledge & Kegan Paul, 1971.
Maritain, Jacques, 『시와 미와 창조적 직관』, 김태관 역, 성바오로출판사, 1982.
Lukacs, Gyorgy, *Realism in Our Time,* Harper & Rdw Pub. 1971.
Lukacs, Gyorgy 외, 『리얼리즘 미학의 기초이론』, 이춘길 편역, 한길사, 1988.
Paz, Octavio, 『흙의 자식들 외』, 김은중 역, 솔, 1999.
Pound, Ezra, 『현대시학입문』, 이덕형 역, 문예출판사, 1984.
Reboul, Olivier, 『수사학』, 박인철 역, 한길사, 1999.
Staiger, Emil, 『시학의 근본 개념』, 이유영·오현일 역, 삼중당, 1978.
Schneidau, Herbert N., *Ezra Pound: The Image and the Real,* Louisiana State University Press, 1969.
Todorov, Tzvetan, 『構造詩學』, 곽광수 역, 문학과지성사, 1998.
──, 「바흐친과 문학비평」, 『바흐친과 문화이론』, 여홍상 편,

문학과지성사, 1995.
Williams, Raymond, 『현대 비극론』, 임순희 역, 학민사, 1985.
Welleck, Rene & Warren, Austin, 『문학의 이론』, 이경수 역, 문예출판사, 1989.